天下文化
BELIEVE IN READING

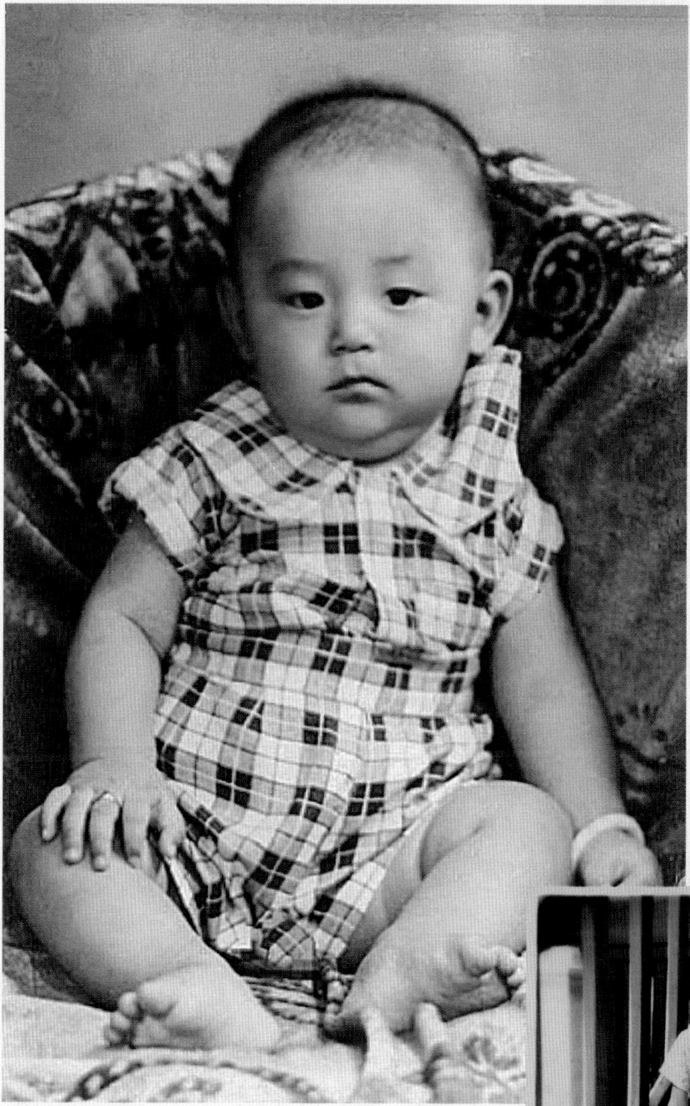

四個月大的吳作棟。

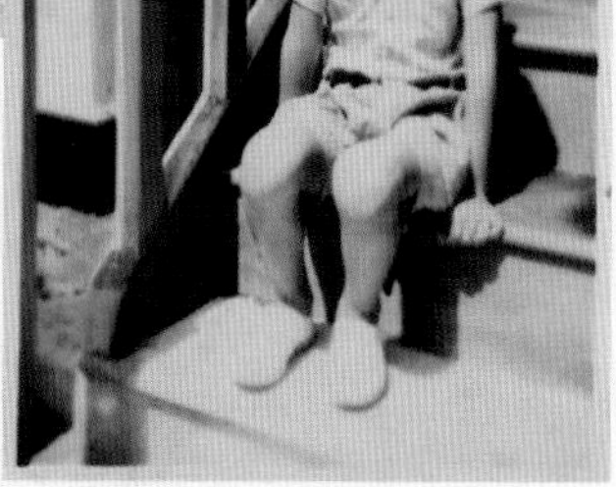

童年吳作棟在巴西班讓住家前留影。

◎ 圖片未標示來源者，均為吳作棟提供。

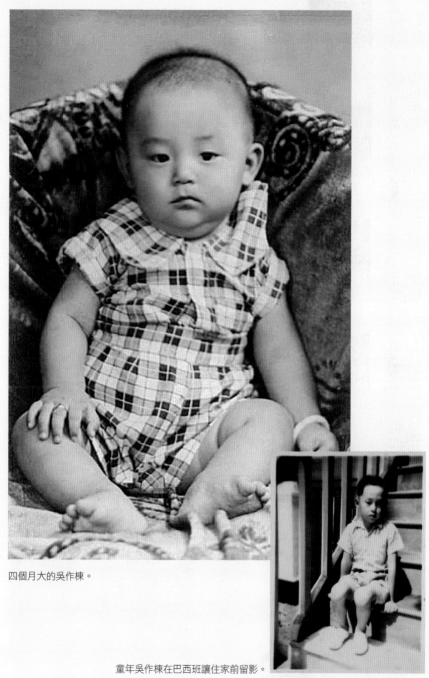

吳作棟（左一）七歲那年與父親吳佳昆、母親柯桂華及弟弟妹妹合拍全家福。

巴西班讓路744號這座老房子，是吳家在戰後與另一戶家庭合租的房子，也是吳作棟（左一獨自站立者）成長的故居。

巴西班讓英文小學五年級班級照，吳作棟（最後一排左一）的身高優勢已是顯而易見。

吳作棟與小學同學在2014年一起重返母校，圖右為李喬松。當年的巴西班讓英文小學校舍至今還保留昔日模樣，充作「新加坡突破宣道」中途之家。

吳作棟少年時期總是騎著腳踏車往返巴西班讓住家和學校。圖為他 15 歲那年在家門前騎著腳踏車留影。

16 歲的吳作棟（右一）與童軍團團員和萊佛士書院同學合影。站在他右邊的是陳清木。

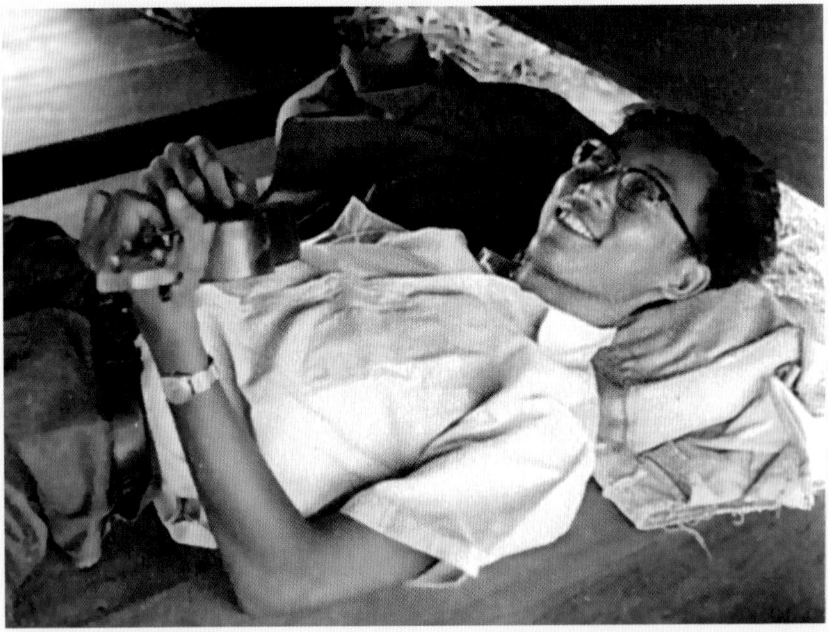

1957 年，16 歲的吳作棟在裕廊公園童軍營內把玩著一把烏克麗麗。

18歲青春正盛的吳作棟（後排左四）是萊佛士書院水球校隊代表。

吳作棟（最後一排右四）也是萊佛士書院學長團團員。

1950年代末，仍是在野黨領袖的李光耀應邀到萊佛士書院向學生發表演説。這是李光耀和吳作棟最早的一次交集。當時吳作棟是以萊佛士書院歷史學會主席身分邀請李光耀到校內演講，談論民主課題。

1959年，吳作棟（右一）在18歲那年與萊佛士書院同學同遊實馬高島。圖左為李喬松。

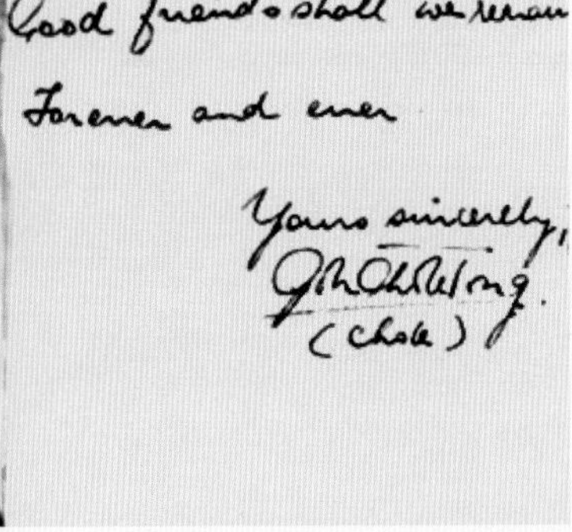

26·1·60

Dear Bock,

Good friends we have been
Good friends shall we remain
Forever and ever

Yours sincerely,
(Chok)

1960年1月，萊佛士書院畢業在即，吳作棟親筆寫給陳清木的臨別贈言。

親愛的清木：

曾經摯友，一生摯友。

吳作棟

（阿作）

（陳清木　提供）

1960年，吳作棟（右一）在19歲那年與兩位友人同遊吉隆坡，住進未來妻子陳子玲的家。圖為四人在陳子玲住家外一隅合影。

聯邦通道這棟大牌55座組屋六樓的一個三房式單位，是吳作棟一家當年買下的第一套房子，1960年代初，吳作棟與母親和弟妹曾在這裡生活。2014年，獲悉聯邦通道組屋即將拆除重新發展，吳作棟專程回返老家，在故居前拍照留念。

1964年，吳作棟（左二）23歲，以經濟學文學士一等榮譽學位佳績戴上方帽，參加新加坡大學畢業典禮。走在前頭率領眾人的是同學陳慶珠（右二）。

1964年，新加坡大學畢業典禮，吳作棟從新加坡大學校長李光前手中獲授文學士學位證書。

1965年，吳作棟與陳子玲大喜之日，這對新人回巴西班讓老家敬茶，與家人在家門前拍了全家福。前排左一是在他父親過世後負責照顧他的二叔，前排右二坐著的是在吳家擔下一家之主重任的祖母。母親柯桂華則坐在新娘陳子玲身邊，坐在吳作棟身邊的則是伴郎李喬松。

1965年，吳作棟與陳子玲於大喜之日在馬里士他路租住的房間內留影。

1966年，吳作棟在麻薩諸塞州威廉斯學院生平第一次看到雪景。

吳作棟（左一）與威廉斯學院發展經濟學1967年畢業班同學合影，班上聚集了來自16國的20名年輕官員。

1973年，吳作棟與一對雙胞胎子女仁軒仁婷在映月景的住家前合影。

1978年，吳作棟與兒子仁軒共享親子時光。

1973年，在維也納舉行的國際船運業大會結束後，吳作棟與眾同業夥伴歡聚一堂。左二為在1997年出任香港特區首任行政長官的董建華。

1975年，倉儲物流與運輸私人有限公司斥資6500萬在裕廊鎮興建的一座工業大樓落成開幕，吳作棟以海皇船務公司董事經理身分出席盛會；其他與會嘉賓尚有裕廊鎮管理局主席溫華想（左一）。（新聞及藝術部藏品／新加坡國家檔案館 提供）

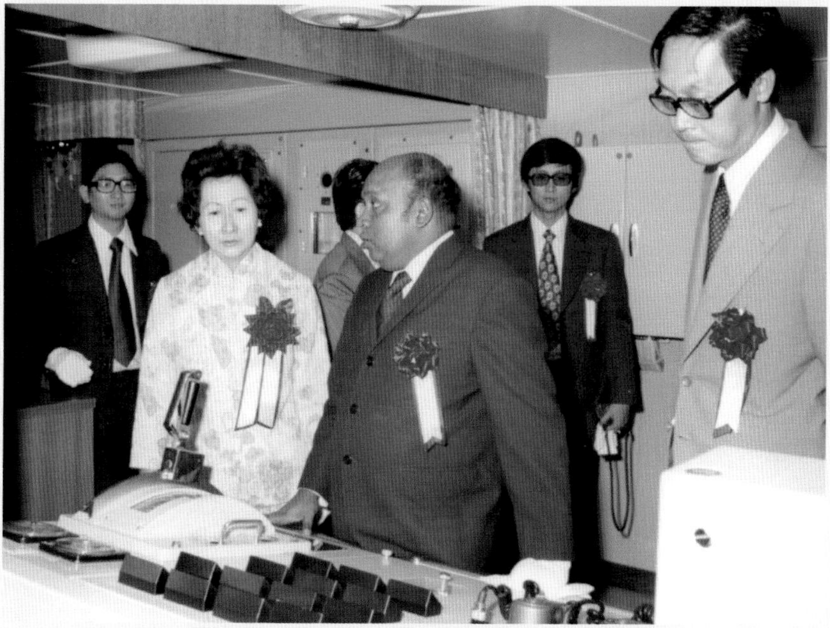

1976年，海皇第一艘特意建造的貨櫃貨輪「海皇珍珠號」舉行下水儀式，由楊錦成夫人主持。右二是負責監督造船工程的林文興。

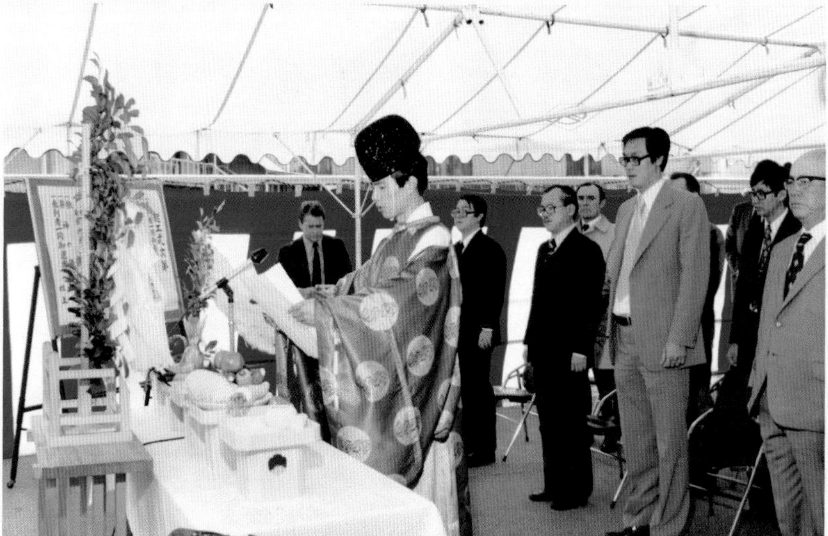

1977年7月31日，海皇的貨櫃貨輪「安羅淡馬錫號」，在日本神戶川崎重工業船塢舉行下水禮，請來日本神道道士誦經祈福。吳作棟也參與了盛會。

1976年12月13日全國大選提名日，人民行動黨新候選人吳作棟抵達尚志中學提名站提交提名表格。（©新加坡報業控股《海峽時報》提供）

1976年全國大選競選期間，吳作棟在競選群眾大會上初試啼聲。（新聞及藝術部藏品／新加坡國家檔案館 提供）

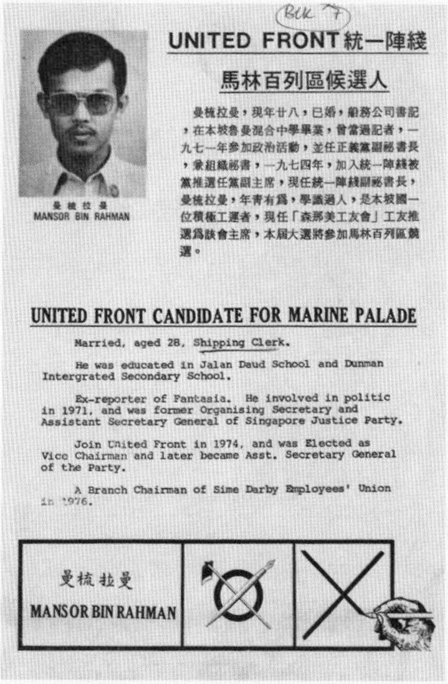

UNITED FRONT 統一陣綫

馬林百列區候選人

曼梳拉曼，現年廿八，已婚，船務公司書記，在本坡魯曼混合中學畢業，曾當過記者，一九七一年參加政治活動，並任正義黨副秘書長，兼組織秘書，一九七四年，加入統一陣綫被黨推選任黨副主席，現任統一陣綫副秘書長，曼梳拉曼，年青有爲，學識過人，是本坡國一位積極工運者，現任「森那美工友會」工友推選爲該會主席，本屆大選將參加馬林百列區競選。

曼梳拉曼
MANSOR BIN RAHMAN

UNITED FRONT CANDIDATE FOR MARINE PALADE

Married, aged 28, Shipping Clerk.

He was educated in Jalan Daud School and Dunman Intergrated Secondary School.

Ex-reporter of Fantasia. He involved in politic in 1971, and was former Organising Secretary and Assistant Secretary General of Singapore Justice Party.

Join United Front in 1974, and was Elected as Vice Chairman and later became Asst. Secretary General of the Party.

A Branch Chairman of Sime Darby Employees' Union in 1976.

曼梳拉曼 MANSOR BIN RAHMAN		

1976年全國大選，吳作棟在馬林百列的競選對手曼梳拉曼的投票卡宣傳單。這位統一陣線的候選人把馬林百列的英文名稱「Marine Parade」拼錯了。

VOTE P.A.P.
YOUR FUTURE IS SAFE WITH P.A.P.
MASADEPAN ANDA ADALAH
SELAMAT DENGAN P.A.P.
有了行动党前途就有保障

吳作棟在同屆大選中派發給馬林百列選民的投票卡宣傳單。

吳作棟
GOH CHOK TONG
M. PARADE
CHOK

1976年12月24日淩晨，吳作棟第一次參選出征漂亮報捷後，支持者振奮不已，馬林百列區內巴剎的攤販們將他扛在肩上遊街謝票。（馬林百列行動黨支部 提供）

1973 年興建中的馬林百列新鎮。這是第一個在填海地段平地而起的住宅區。（新加坡建屋發展局 提供）

1977年植樹節，時任財政部高級政務部長的吳作棟在馬林百列為小樹苗澆水。（馬林百列民眾聯絡所藏品／新加坡國家檔案館 提供）

吳作棟為馬林百列居民委員會中心主持揭幕儀式。居委會組織於1978年成立，概念源自吳作棟。（新聞及藝術部藏品／新加坡國家檔案館 提供）

1979年人民行動黨新一屆中央執行委員會大合照，第二代領導團隊（後排）首次加入黨內元老一代行列（前排），兩代一同亮相，象徵著黨內世代交替程式正式開啟。（王鼎昌藏品／新加坡國家檔案館 提供）

1979年2月10日，人民行動黨在七區補選大獲全勝後，吳作棟以行動黨選舉委員會主席身分率領黨內當選議員在維多利亞中學計票站召開記者會，這是他作為第二代領導層要員所統籌的第一場選舉。在那年補選所引進的候選人後來都被賦予重任，其中，蒂凡那（左二）和陳慶炎（右三）分別出任新加坡第三和第七任總統。侯永昌（右一）和不戰而勝的鄭章元（不在圖中）也受委為部長。左一為這場補選的副統籌林子安，右二為當選議員葉堯清。（新聞及藝術部藏品／新加坡國家檔案館 提供）

1979年2月10日，行動黨候選人蒂凡那在安順區補選勝出，受到支持者的熱烈簇擁；行動黨組織祕書吳作棟（左一）在旁一同慶賀。在隔年大選中，蒂凡那再度以高支持率保住安順區議席。可是隨即在1981年，蒂凡那因為受委出任總統而必須辭去議員職務，行動黨在補選中突遭敗績，失去安順區議席，遭遇建國以來的最大重挫。（新聞及藝術部藏品／新加坡國家檔案館 提供）

1979年6月，政壇七俠中的五人隨同總理李光耀到歐洲進行正式訪問，在當時西德的首都波昂留影。（左起）丹那巴南、林子安、陳天立、吳作棟和陳慶炎。（林子安 提供）

行動黨第二代領袖公餘經常相約聚餐，其中一個聚會地點就是王鼎昌住家。左起為吳作棟、林子安、陳慶炎、賈古瑪，背對鏡頭者左起為王鼎昌、丹那巴南。（王鼎昌藏品／新加坡國家檔案館 提供）

1983年，第二代領袖展開每月選區訪問活動，以體察民情、深耕基層政治。圖為吳作棟在訪問波那維斯達選區時與居民親切交流。（新聞及藝術部藏品／新加坡國家檔案館 提供）

1984年，吳作棟在紅山選區訪問活動中與居民談笑風生。右一是紅山區議員林子安。

1980年，吳作棟隨李光耀到中國訪問。

1980年，吳作棟出訪中國，在雲南昆明留影。訪問團團員包括：（左起）社會事務部長麥馬德、吳作棟、內部安全局局長林再興、保安與情報司司長張贊成。（張贊成 提供）

1981年 10月 31日安順區補選成績揭曉當晚，吳作棟與行動黨候選人馮金興面對媒體提問。這是行動黨自獨立建國以來的第一次在選舉中落敗。（©新加坡報業控股《星洲日報》提供）

1981年 10月 31日，安順區補選結果揭曉，顏永成中學計票站內，工人黨主席黃漢照興奮地恭賀候選人惹耶勒南當選（圖左），而行動黨支部祕書王雅興（右一）則在另一個角落安慰一臉茫然失落的馮金興（右二）。（©新加坡報業控股《海峽時報》提供）

1981年9月12日，新加坡中央醫院新大廈落成開幕，時任衛生部長的吳作棟迎接總理李光耀蒞臨主持儀式。（新加坡中央醫院 提供）

1982年，時任國防部長的吳作棟在巡視新加坡炮兵團第22營時裝置迫擊炮。（新加坡國防部 提供）

1982年，吳作棟在巡視炮兵團時與士兵們聊天，向他們傳達了軍中戰友情誼的重要性。（新加坡國防部 提供）

1984年的最後一天，吳作棟率領第二代領導團隊集體於總統府召開記者會宣布新內閣陣容：吳作棟與王鼎昌（左一）分別出任第一與第二副總理，陳慶炎（左二）是財政、教育兼衛生部長、賈古瑪（左三）是內政兼第二律政部長、丹那巴南（右一）是外交兼社區發展部長。這是新加坡政府歷來第一次為宣布新內閣名單而召開記者會，並全權由年輕領導層主持，象徵了國家第二代全新的政治領導時代正式開啟。圖為記者會後第二代政治領袖相互祝賀鼓勵，信心滿滿地迎接新世代。（©新加坡報業控股《海峽時報》提供）

1st Copy

南洋·星洲

联合早报

Lianhe Zaobao

（第一次版）

RECEIVED 27 MAY 1987

李显龙告诉外国报人

新加坡不容外国报章散播错误消息搞颠覆

HELSINKI 1987

从事共党活动被捕16男女首脑

陈华彪大阴谋 15年内夺政权

叶汉源　曾志成　谢文争　陈平彪　钟金全

郑方生　张善兰　雷丽莉　林利国　黄淑仪　黄美玲　马丽玲　刘月玲　陈智成　戴尔文德苏沙　钟丽辉　陈丽清

内部安全局昨天发表文告指出，该局已揭发了一个企图通过共党统战策略，颠覆新加坡现有社会与政治体系的地下组织。这个组织的幕后主使人为目前在英国的陈华彪，目前在内部安全法令下被捕的16人，也涉及这项阴谋。

被扣留16男女中 五名是留英学生 第7页

马克思集团 颠覆行动分两类 第8页

环姐今日诞生

本报明日刊出两版彩照

龙江川菜

色香味俱佳 道道皆佳肴！

提取现款 举手之劳

只要把您的大华银卡交给我们首创的"大华快银服务台"

1987年5月27日，媒體首次披露共有16人因涉嫌共產黨活動，在未經審判之下被捕。官方定調為「馬克思主義陰謀」的這起事件，是吳作棟從政以來面對的第一項重大的內部安全挑戰。（©新加坡報業控股《聯合早報》提供）

1986年9月11日，時任副總理的吳作棟在西德首都波昂拜會了西德總理柯爾。吳作棟在這段期間出訪多個國家，希望在正式接任總理之前多認識世界各國領導人，在國際間開拓人脈。（©新加坡報業控股《海峽時報》提供）

1987年5月29日，時任副總理的吳作棟到北京訪問，第一次在沒有李光耀護航的情況下拜會了中國最高領導人鄧小平。兩人在人民大會堂會面，談笑風生。鄧小平還向吳作棟透露自己抽煙60年，生平只戒過一次煙，就是1978年在新加坡會見李光耀的時候。吳作棟也把1978年鄧小平在新加坡種下的海蘋果樹長大後的照片送給他。一老一少兩位領袖會談長達一小時。（©新加坡報業控股《海峽時報》提供）

1988年7月31日，時任總理的李光耀在總統府設晚宴款待到新加坡訪問的英國首相柴契爾夫人。1990年11月28日，吳作棟宣誓就任新加坡總理當日，也正是柴契爾夫人首相在連任21年後正式引退的日子。（©新加坡報業控股《海峽時報》提供）

1988年8月18日，吳作棟以行動黨助理祕書長和1988年9月3日全國大選策略委員會主席身分，在黨總部召開記者會，向媒體宣布行動黨的競選主題：英文競選標語是「More Good Years」，而中文標語則是「年年繁榮年年好」。吳作棟透露，李光耀起初對第二代領袖選定的競選標語不滿意，擔心年輕一代向選民過度承諾，最終卻無法履行。（新聞及藝術部藏品／新加坡國家檔案館）

1988年9月4日大選結果揭曉後淩晨，行動黨在新加坡大會堂召開選後記者會，新加坡前後三代總理李光耀、吳作棟、李顯龍難得在同個鏡頭中同時出現。坊間戲稱三人為「父、子、聖吳」，嘲笑吳作棟不過是李家父子之間的夾心人、暖席者。然而1988年行動黨以壓倒性優勢勝出後的這第一場記者會，卻是由時任第一副總理兼黨助理祕書長的吳作棟全權主導。總理李光耀在發表了簡短開場白後，就把場子交給這位準接班人，並對全國人民說：「交接過程已經順利完成。未來就全看這支年輕班子了。」（©新加坡報業控股《海峽時報》提供）

1988年9月4日的同個場合，李光耀放心地看著吳作棟輕鬆自若地面對媒體提問。不過幾個星期前，李光耀才剛公開地嚴厲批評這位準接班人，指他並非自己心目中的第一人選。（©新加坡報業控股《海峽時報》提供）

1990年11月28日，吳作棟在宣誓就任新加坡第二任總理後，步出政府大廈向聚集在外頭的人民揮手致意。他後面站著的是新內閣成員，包括內閣資政李光耀。（©新加坡報業控股《海峽時報》提供）

「納高」團隊成員及《海峽時報》總編輯韓福光（右二）與吳作棟合影。（左起）劉錦華、謝瑞英、作者白勝暉、（右一）李珮瀅。（李培煬 攝）

「納高」編採團隊在總統府吳作棟辦公室與他進行採訪。吳作棟右手邊逆時針方向依序為作者白勝暉、謝瑞英、劉錦華、李珮瀅，吳作棟左手邊為韓福光。（新加坡通訊及新聞部 攝）

吳作棟傳

新加坡的政壇傳奇

（1941～1990）

Tall Order

The Goh Chok Tong Story

白勝暉 著　林琬緋 譯

俗話說：「好人難出頭」，可是吳作棟的人生故事卻對這句老話做出了最堅定的駁斥。他就是新加坡普通市民的化身——誠實、勤奮，就像是身邊一個趣味相投的同事，或是隔壁人家一個親切友善的鄰居，不會以自己的聰明才智或滔滔演說技巧，讓你覺得有壓力甚至害怕；他就只是一個自強不息、立志爭取成功的老實人。他那真誠、親切而獨特的個人風格，總能讓人放下戒心敞開胸懷；在他隨和的表象之下，懷著明晰透徹且堅定果斷的內在特質，讓吳作棟這位第二任總理在新加坡烙下他個人的鮮明印記。這部著作充滿了個人深刻的見解和輕鬆的趣聞軼事，輝映出的是這個人的本性，這位領導者的風範。

——何光平，悅榕集團執行主席

近半世紀的新加坡政治與經濟發展模式，堪為全世界發展中國家的典範。讀李光耀親撰的《李光耀觀天下》，讓我們見識到新加坡的卓越領導。吳作棟總理的這本傳記，則增補了這個城市國家對人才的栽培與磨練機制。尤其難能可貴的，吳總理於本書坦陳與李光耀在政治上師徒關係的信任，共同創造新加坡在一九八〇年代後的獨特性與發展性。在當今全球化、快速滾動的世界中，深具參考價值。

——高希均，遠見．天下文化事業群創辦人

吳作棟是一位我很珍惜的朋友。不過更為重要的是，新加坡能成為一個對內總是充滿信心面向未來、在外廣受世界尊重的國家，他發揮了舉足輕重的作用。作棟總是透過稜鏡看世界，著眼的不光是各種事件對新加坡的意義，也關注這些事件對整個世界的影響。簡而言之，他是當之無愧的政治家。

——梅傑（Sir John Major），英國前首相

一位無心插柳而竄起的政治人物，繼傳奇性的李光耀之後領導新加坡，譜寫出一部非比尋常又振奮人心的人生傳記。這部傳記打開了一扇窗，讓讀者洞察吳作棟在鞏固並開創新加坡基業的大道上如何克服挑戰、排除萬難，昂首挺胸走出自己的路。他的強處、他的價值觀，與新加坡的優勢、信念兩相輝映，亦彼此強化。

——莫迪（Narendra Modi），印度總理

對新加坡年輕一代尤其出身貧寒的年輕人來說，我們的第二任總理吳作棟的生平故事是非常鼓舞人心的。只要你能幹、勤奮，再加上一點運氣，每一個公民在新加坡的發展都沒有極限。我很喜歡這本書。

——許通美，新加坡巡迴大使

吳作棟的這本傳記是所有對新加坡現代政治歷史和政治傳承感興趣的人都不容錯過的。這本書對新加坡內閣內部作業情況與政府的決策過程，提供了非常寶貴的見解和洞察機會，與《李光耀回憶錄》上下輯並列，均是瞭解新加坡施政治國與政治文化的重要著作。吳作棟的訪談在書中還原，更是讓閱讀體驗生色不少。

——陳慶珠，新加坡巡迴大使

這本書不只是吳作棟的個人生平事蹟。套用他自己的話說，這本書「寫的是新加坡從李光耀到第二代領導層的交接與傳承」。站在局外旁觀，我看到作棟扮演著不可或缺的戰略性角色，以確保交棒過程順利平穩且鼓舞人心。這本書是當代政治的一份活生生的證明，也是新時代公共行政的最佳寫照。對政府作業與政治體制感興趣的追隨者和研究者都不容錯過。

——董建華，香港特別行政區首任行政長官

這部傳記，透過亞洲一位聲名顯赫的政治領導人前半生的治國歷程，展現了許多扣人心弦且啟迪思考的深刻見解。身處這個瞬息萬變的世界，榮譽國務資政吳作棟為新加坡勾勒了一個更包容、更可持續的、全新的新加坡夢，讓這個新加坡夢的價值、願景、勇氣，變得更清晰明確，更啟迪人心。

——潘基文（Ban Ki-moon），聯合國前祕書長

吳作棟是新加坡第二任總理。在他執政期間，新加坡的社會、經濟完成了一次重大的轉型。今天人們所看到的新加坡的輝煌，和吳作棟的遠見與作為密不可分。本書鮮明地展現了吳作棟的從政經歷，不僅是吳作棟做為成功的政治人物的故事，更是新加坡不斷更新和超越自身的成功故事。相信讀者和我一樣，讀後會有很多深刻的感受和思考。——鄭永年，新加坡國立大學東亞研究所所長

打從新加坡獨立建國以來，它所取得的偉大成就，吳作棟做為國防部長乃至後來的第二任總理，都扮演著舉足輕重的角色。在他任內，我對他瞭解頗深。他的洞察力總是深刻敏銳，他為推動國家繼續成功，總是無條件地承諾與付出；他對澳洲和新加坡兩國維持密切聯繫的重視，從未讓我懷疑過。我會繼續珍惜與他的友情，以及他對當前課題的觀點。

——霍華德（John Howard），澳洲前總理

（依中文姓氏筆劃排列）

目錄

part 3

創建品牌

part 4

邁向總統府

出版者的話

新加坡走向一流國家之路

——建國功臣李光耀與接班人吳作棟

高希均

(一)三十一年後吳作棟接棒

新加坡從一九五九年脫離英屬殖民地，到一九六五年建國；再進而由落後地區變成高所得國家，每人所得近七萬美元，亞洲第一，最大的功臣自要歸功於歐巴馬所稱讚的「歷史巨人」李光耀總理(任期一九五九～一九九〇)。但是繼任的二位總理吳作棟(一九九〇～二〇〇四)與李顯龍(二〇〇四～)，也有他們的功勞與苦勞。

今年出版的《吳作棟傳(一九九〇～二〇〇四)：新加坡的卓越關鍵》接續二

○一九的《吳作棟傳（一九四一～一九九○）：新加坡的政壇傳奇》，兩本書充滿了故事性及啟發性。讀李光耀親撰《李光耀觀天下》（天下文化，二○一四），讓我們體會到他的治國理念與政策，以及堅毅的意志與辯才，如何塑造為開發中國家的典範；吳作棟這兩本傳記的英文書名正是名副其實，分別呈現他如何能在強人之後接任「高難任務」（Tall Order），並在接任總理的十四年間「登高望遠」（Standing Tall）。第一輯敘述了這個城市國家自建國以來對人才的栽培與磨練機制。尤其難能可貴的，作者坦陳與李光耀在政治上師徒關係的信任，共同創造新加坡在八○年代後的獨特性與發展前景；第二輯則描述新加坡如何在世紀之際，在吳作棟主政時期挺過劫機事件、新移民和人口暴增、亞洲金融風暴、政權交接、SARS危機等，帶領新加坡繼續攀越高峰。

（二）持續在發展的路上耕耘

一個負責任的強人領袖，就是自己卸職後，接任的仍然有優秀的表現，這是不容易出現的。強將之下都是「弱兵」遠比「強將之下無弱兵」來得更真切。

吳作棟自一九九○年起接任總理，共達十四年，直至二○○四年由副總理李顯龍出任。吳作棟總理這套自傳的繁體中文版，分別由天下文化於二〇一九年十二月出版第一輯，二〇二一年十二月出版第二輯。

吳作棟被形容為「沒有任何背景、人派、關係，居然變成了接班人」。他卸任時曾自評「前七年大豐收，後七年卻是歉收年代。」如果把前七年大部分要歸功於李光耀的遺澤，那麼後七年（一九九七後）是否要歸咎於亞洲爆發金融危機？他曾經遭遇到國內政治的挫折，包括人民行動黨的第一次選舉挫敗。在國際舞台上，魅力與光采比不上李光耀，但國內的親民作風，普遍得到好評。吳作棟被認為是一個盡責守分的政治領袖。他的執政團隊，也被認為有同甘共苦的情誼及信任，抱著共同使命，創造美好的明天。他打造出了一個更寬容、更溫情的新加坡，正如他就任時所承諾的。二〇一三年回到母校萊佛士學院的演講中指出：「回報社會的方式是讓所有人過得更好，而非只想到自己。」

在建國以來，新加坡政府所標示的七項治國原則中，其中三項特別對台灣有啟發：

(1) 廉潔的政府，有效率的民事服務。

(2) 必須維持國家團結和社會凝聚力。

(3)經濟政策必須奉行實用主義。

三十年來，台灣則在美麗民主的外衣下，包藏了多少的貪腐、互鬥、資源的誤用與公帑的浪費。

（三）《遠見》專訪與兩次會談

新加坡就是靠政治人物以身作則的乾淨與奉獻，變成了「小而強、廉而能」，其建國及進步與李光耀的貢獻是緊密而分不開的。《遠見》雜誌王力行發行人在一九九七年專訪他時，他指出：新加坡採用二個策略：(1)以開放的胸懷，推動國際化，吸收全世界的企業及人才；(2)以最大的決心，改善國內條件，使第三世界的新加坡，擁有第一世界的工作環境。這位政治領袖，也一直關注兩岸關係，尤其羨慕台灣的地理位置與大陸的同文同種。訪問中李光耀也提到，一九七八年鄧小平訪問新加坡後，更具決心回去實施開放，引進外資。

在他的支持下，一九九三年在新加坡舉行了第一次辜汪會談。更在李顯龍總理的善意協助下，二〇一五年十一月出現了兩岸領導人的馬習會，可惜那兩岸和平的鐘聲沒能繼續。

當李光耀於二〇一五年三月二十日去世時（享年九十一歲），海內外的政經領袖同聲稱讚他的偉大貢獻。馬英九總統專程去星追悼，當天飛機來回，充分表達了中華民國的敬意。

快十年前，二〇一〇年七月上旬，李光耀資政與溫家寶共同倡議的第一屆「The Future China Global Forum」在新加坡召開。我應邀演講：「中國人的夢想在哪裡？」指出，西方發展中認為「先決條件」的民主、法治、清廉、公平，在大陸發展中是次要的；大陸以另一種價值來「補償」，以穩定「補」民主之不足，以效率「補」清廉之不夠，以「補貼」補公平之缺乏。除了生活改善，我希望今後中國要進入較高層次的追求，這會是中國人的夢想——民主、法治、開放、永續發展。二〇一二年十二月，中共領導人習近平提出「中國夢」：國家富強、民族振興、人民幸福。這真是大國要努力的大趨勢。

（四）新加坡競爭力與成功三條件

二〇一九年六月在新加坡與吳前總理見面，談到新加坡競爭力名列前茅，他毫不遲疑地又重複了立國理念：「我們新加坡時時刻刻都在想：我們能為世界做什麼？為什麼他們要來新加坡？來這裡有什麼好處？有什麼可以吸引他們？」

接著他舉出一連串具體的成就，證明了新加坡政府的決心及成就：「新加坡有完善的金融中心、現代化的四座機場、轉運樞紐及商港與軍港、一流的大商場與大娛樂場（包括博弈）、具國際水準的大學、醫院及相關設施……再加上英語及綠化生活環境，因此它常被稱為東方社會中最西方化的大都市。」

位於樟宜機場中的「星耀樟宜」（Jewel），於二〇一九年四月落成，有著全球最高的室內瀑布、夢幻星空花園，增添另一個實例。

當新加坡不斷出現這些重大與驚豔的建設時，無一不使我們生活在台灣的人感到汗顏。新加坡的樟宜機場連續七年排名全球第一，台灣的桃園機場名列十三，首爾機場第三，香港機場第五。

美國在台協會台北辦事處前任處長酈英傑（Brent Christensen）在二〇二〇年十一月的演說指出，台灣是全世界最大的美國武器採購國，二〇二〇年軍購金額折合台幣約三千四百二十二億，歷年軍購累積金額則高達二兆。然而，在內政上，破舊的公共建設，陳舊的社區，多數大學及中小學貧乏的硬體，去花東不便的交通，即使常被稱讚的台灣民主，也充滿了陰影與缺陷。台灣在世界經濟舞台上已經有氣無力二十多年了。

二〇一九年《吳作棟傳（一九四一～一九九〇）：新加坡的政壇傳奇》上市，正逢台灣總統大選前夕，如今《吳作棟傳（一九九〇～二〇〇四）：新加坡的卓越關鍵》出版之際，台灣又將在二〇二二年底面臨地方縣市長及二年後的總統選舉。李光耀去世前的忠言，是否能給台灣選民及參選的政治人物新的啟示？他說：「新加坡的成功取決於三個因素：最安全的國家，平等對待每一個公民，確保每一代人持續成功。」

天佑台灣，希望那些政治領袖與台灣人民都能記得新加坡的經驗。

（作者為遠見．天下文化事業群創辦人）

發表於二〇一九年十二月

二〇二一年十二月補正

"我們對社會有所虧欠，
回報方式是讓所有人過得更好，而非只想到自己。"

——二〇一三年七月二十七日，吳作棟在母校萊佛士書院建校一百九十週年晚宴上致辭時，提出「溫情的唯才是用」概念。

致讀者

本書所得版稅將全數捐給我所成立的兩個慈善基金：以弱勢家庭子女為援助對象的「EduGrow 燦爛未來」基金，以及協助新加坡特殊需求者（簡稱「特需者」）融入社會及勞動隊伍的「新傳媒協力慈善基金」。

EduGrow 隸屬於馬林百列領袖基金會，希望透過密集的輔導和教育支援，從最根本緩解收入不均和社會流動問題，幫助弱勢家庭的孩子擺脫低收入的宿命。「新傳媒協力慈善基金」則是為特需者提供家庭經濟條件難以負擔的早期介入計畫，讓他們可以發揮各自的最大潛能。「新傳媒協力慈善基金」也透過提高社會意識，讓人們更重視特需者的成就與能力，而不是只看到他們身體上的殘疾。

由衷感謝你們與我同行，攜手共創一個更寬容、更溫情的新加坡。

吳作棟

序言

吳作棟

我並沒有選擇政治。是政治選擇了我。

當年，正在物色接班人的財政部長韓瑞生邀我參加國會選舉。而後接受人民行動黨（簡稱「行動黨」）面試時，黨主席杜進才博士問我為什麼想成為國會議員。我當時幾乎脫口而出：「是你們找上我的呀。」

要當李光耀的接班人，是一項何其高難的任務。一九八四年十二月，第二代部長推選我當團隊的領導，李光耀先生隨即任命我為副總理。但是四年後，他卻對外公開聲明，自己心目中總理接班人的首選其實並不是我。無論李光耀先生提出什麼樣的疑慮或理由，我的同僚堅定地在背後支持我。李光耀最終在一九九〇年十一月，將總理棒子交到我手中。

有了這麼一個強大能幹且團結一心的團隊，我肩上的重擔也不再顯得如此沉重了。新加坡能順利從開國元老一代過渡到下一代領導層，這個團隊居功至偉。廣大民眾也以同理心包容我、接受我。他們的鼓勵給了我力量。我謹此致謝。

這是一段意想不到的旅程。往上蹬的每一步都是無法想像的。我沒有任何準備，只好邊做邊學。結果，儘管早期確實讓李光耀有些錯愕，我終究是走出了自己的路。

其實我從未有過出版回憶錄的念頭。我的基層領袖——黃健華、蔡于植、郭伯洲、黃福來、陳奕翔——嘗試說服我，他們說我的寶貴經驗值得讓更多新加坡人知道。最終我同意了，授權作家白勝暉為我撰寫這本傳記。白勝暉具有新聞記者的寫作才華，將我人生的初期階段和政治生涯的前半段經歷，寫成了生動鮮活的故事，捕捉的不僅僅是我的成就與貢獻，更是我這一路上的磕磕撞撞。

同意說出自己的故事，是基於三個出發點：

第一，希望借此激勵這一代與未來幾代的新加坡人挺身從政，不論他們的背景如何，受過什麼樣的教育。這本書記述了我的轉型過程，如何從一個矜持內向、拘謹勤奮的人，最終成為這個國家的總理。以前的我對從政生涯究竟是怎麼樣的，委實毫無準備。我既沒精通多種語言，也缺乏公開演說的技巧；一成為眾人焦點，我就渾身不自在。

我沒有政治野心。即使當初成了個失敗的總理，我還是會昂首挺胸。我回應了內心的召喚、履行了責任，也為這個使命奉獻了一生。我無愧於心了。

其次，這本回憶錄以及未來的續篇，訴說了我這一代人與新加坡第二代領袖的故事。建築師王鼎昌、講師麥馬德（Ahmad Mattar）、公務員兼銀行家丹那巴南（Suppiah Dhanabalan）、船務工程師兼行政官林子安、銀行家陳慶炎、法學教授賈古瑪（S. Jayakumar）、船務工程師林文興，以及許許多多其他同儕，都和我一樣在不同階段相繼空降進入政壇。

我們當中，沒人一開始就立志要當總理。最後推出來領導大家的就是同儕之首，由他當領導，團隊全力支持他，與他相輔相成。我們沒有所謂的勾心鬥角或權力鬥爭，只有同甘共苦的情誼、信任、友情。我們肩負著共同的使命：做好準備接過重任，繼續把新加坡照顧好。

最後一點：我與李光耀的合作關係，以及某種程度上與他兒子李顯龍的合作關係，會讓很多人覺得好奇。最高領導人和自己的接班人之間的關係，往往不會有好的結果。但是我們不一樣，我們至終都維持了良好關係。

李光耀給人的感覺是一位要求很高且威嚴十足的人，有些人甚至稱他為獨裁者。好多人認定他意圖建立李氏王朝。可是我從來沒懷疑過他的用心，他一心一意牽掛著的，始終是如何集結最優秀的人才，帶領新加坡繼續往前走。也許除了他的家人之外，沒人比我更瞭解他。我在他的領導下是如何熬過來的，說出這段經歷的意義，遠超過滿足一般人的好奇心而已。

在我接任總理之前，以及正式上任以後，我們倆都會定期一起共進午餐。我們會討論國際和區域發展，與鄰國的雙邊關係，國內面對的挑戰，以及政壇動向。他不時會問起我的孩子和孫子們，也會跟我分享兒孫的趣事。然而，他心中的大家庭，終究是新加坡，他心頭上牽掛著的，始終是新加坡人的利益；讓他反覆念茲在茲的，是如何延攬優秀人才進入政壇服務。

受到李光耀訓斥的時候，無論是私底下，在內閣裡，或是眾目睽睽之下，我即使覺得受羞辱，也不會把這些話當成人身攻擊。他是我的恩師、師傅、老師。我明白他的出發點。我吞下了苦口良藥，卻渾然不覺得苦，然後堅持下去。

他會強烈地表達自己的意見，但是從不會強加於我。他總是清楚表明，最後做決定的還是我。他尊重我是總理，在公共場合上堅守禮節。他幫助我繼承了總理這一重任。對此，我分外感恩。

同樣的，我也盡我所能幫助李顯龍接任總理。顯龍現在正在積極栽培下一代團隊和他的接班人。新加坡一代代的政治傳承，至今都很順利。我希望這本書能激勵新加坡人民也盡一份力，更清楚自己能如何為保障新加坡的未來做出貢獻。

（第二任新加坡總理，任期一九九〇年十一月至二〇〇四年八月）

1964

新加坡大學學成畢業，獲經濟學一等榮譽學位；隨後加入公共行政服務領域，於總理公署屬下之經濟計畫組任職。

1965

與律師陳子玲共結連理。

1967

麻薩諸塞州威廉斯學院學成畢業，獲發展經濟學文學碩士學位。

1968

喜迎一對雙胞胎：女兒仁婷與兒子仁軒。

1969

加入東方海皇船務公司，出任規劃與專案經理。

1973

升任為海皇董事經理，坐上海皇最高職位。

1985

受任命為第一副總理，初露做為李光耀接班人的態勢；留任國防部長。

1989

出任行動黨第一助理祕書長。

1990年11月28日

宣誓就任新加坡第二任總理；兼任國防部長。

生平事蹟

1941

5月20日吳作棟誕生，為吳佳昆和柯桂華夫婦膝下五個子女之長男。

1942

於日軍占領馬來亞與新加坡後舉家遷至馬來亞柔佛和彭亨，至1945年二戰結束後重返新加坡。

1949-1954

就讀於巴西班讓英文小學。

1955-1960

就讀於萊佛士書院。

1976

步入政壇，在全國大選中以78.62%得票率當選馬林百列區國會議員。

1977

離開海皇，獲委任為財政部高級政務部長。

1979

創建全新的貿易與工業部，並出任首任部長；同時當選人民行動黨中央執行委員會第二助理祕書長。

1981

調任衛生部長兼國防部第二部長。

1982

升任國防部長，並留任衛生部第二部長以推行保健儲蓄計畫。

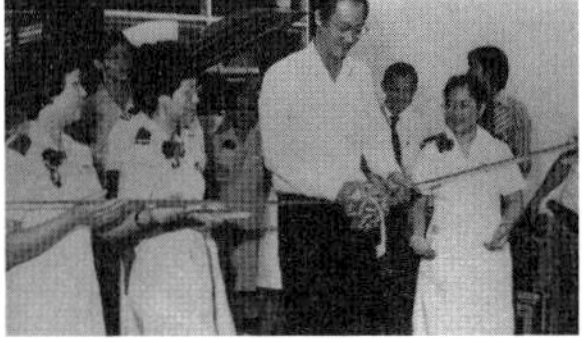

1984

在人民行動黨內升任助理祕書長。

前言

白勝暉

陳慶珠走進了吳作棟辦公室與他共進午餐，一股莫名的不安情緒油然而生，讓這位學者自己也難以言喻。這並不是她第一次會見這位新加坡第一副總理了，他其實是她學生時代在前新加坡大學[1]念書時就相識的同學。吳作棟此刻也留意到眼前這位老同學惴惴不安的神情。他形容當時的情景：「只見她環顧四周，顯得有些緊張。我問她怎麼了，她說：『現在到處人心惶惶。內安局似乎無所不在。』」吳作棟說的是內部安全局，新加坡國內情報單位。「她當時還說，如果有人說了政府什麼，當局會毫不留情地抓人。」一九八七年的那一次會面，讓吳作棟感到震驚。「我知道當時民間是有這麼一股惶恐的情緒，只是沒料到會是那麼地嚴重，那麼地

1 編按：新加坡大學於一九八〇年和南洋大學合併，改為新加坡國立大學。

廣泛，甚至連跟我吃頓飯都變得如此可怕。」他自嘲地說。

這次會面要談的是成立新加坡政策研究院一事。只是那一年五月才剛發生了「馬克思主義陰謀」事件，總共有二十二位受英文教育的新加坡人在《內部安全法令》（簡稱《內安法》）下未經審判就被羈押，此事在媒體上大肆公開後引發極大爭議。陳慶珠當時是自由派政治學者，她提到自己的觀察時說：「人們覺得受騙：誰批評行動黨，誰就有可能被關押起來。人們認定政府要對付那些受英文教育的專業人士和知識份子。坊間氣氛烏雲密布，人人都在議論內安局的逮捕動作。」陳慶珠當年的惶恐神情讓吳作棟至今都忘不了，他以自己獨特的幽默感分享他當下的感受：「我也希望能讓人有所忌憚啊，不過必須搞清楚對象──應該感到畏懼的是罪犯和恐怖份子。可是，一旦到了人人都惶恐不安的地步，自己說了什麼話之後會覺得擔驚受怕……那就非常不好了。那並不是我想要治理的社會。」

那一場會面的時間點，是在吳作棟接替李光耀出任新加坡總理的三年前；卻陰差陽錯地成了他口中所說的，成為自己為這個國家勾勒新願景的「關鍵時刻」。一九八八年，在美國總統布希闡述了自己的心願，要建立一個「更寬容、更溫和」的國家以後，吳作棟就為他所想要領導的全新的新加坡，找到了貼切的代表性口號。後來繼承他出任總理的李顯龍說，吳作棟提出的國家新願景，當年獲得同僚的一致支持。「這個願景來得及時，我們都願意支持。深層底下自然還存在著某些不容忽視也無可避免的硬道理；然而，該採取什麼樣的治國作風，如何權衡，是不是有能力對社會發展過程中一些較柔性的元素給予更多分量，在這些方面，我們可以做得更多。」

吳作棟沒預想到的是，最大的阻力反而來自他將要取而代之的前任領導。吳作棟透露，李光耀不喜歡他所引用的口號：「更寬容、更溫和」；認為這顯示了新領導者乃至整個執政的人民行動黨是軟弱甚至懦弱的。他反而將一部政治哲學論著——馬基維利（Niccolò Machiavelli）的《君主論》（*The Prince*）——遞給吳作棟，要這位年輕的接班人認同這部十六世紀論著所主張的政治權術思想；簡而言之，就是：要統治，讓人畏懼總比讓人愛戴來得好。

吳作棟翻閱了一下，就把這部書晾在了一旁。他並不喜歡馬基維利的統治作風。他說：「不，我無法認同。我從來沒告訴過他我並不認同他的治國作風，我只是默默地做著我所相信的一套。如果我說了，他的回應一定是：『不、不，你還是依循我的方式比較好。』我們就難免會起衝突。我就是按自己的方式行事。我從沒跟他說過他的作風已不合時宜，應該更寬容、更溫和，這樣才對。」吳作棟的發音和語言訓練導師蘇．格林伍德（Sue Greenwood）還記得，他曾經與她談起自己想要施展的治國作風：「當時他說：『李光耀是不會有時間去應付他看不上的人的。但我要有自己的一套做法，我不想傷害任何人。』」

兩位總理的治國風範是如此地迴然不同，但前後任之間的領導層交接，卻是打從一開始就被簡化為和平、穩定，甚而平淡的。而現實中的糾結，遠大於紙面上粗淺的歷史記載。縱使由李光耀到吳作棟，交接過程實在算不上暗流洶湧，但是吳作棟不尋常的崛起，時而出現的迂迴路、戲劇性元素，甚至是謀略，絕對少不了。他遭遇重挫的次數，更是遠遠超出主流歷史長期以來的記述。他的風格特質顯然與李光耀很不一樣；他拒絕全盤接受恩師治國的方式，也讓他無法在這位強人心目中成為名副其實的首選接班人。不過，這早已不是他在人生中第一次遭人如此斷然地否定了。就很多方面來說，吳作棟最終能坐鎮這片國土的最高權力辦公室，絕非天命所能為。這一路走過來，他履行的是一項艱巨的高難任務。

他的出身何其貧寒，乃至當父親病逝時，家人幾乎沒有能力好好安葬父親。他年少時對政治並沒有多大興趣，為此書接受採訪的四個少年時代友人，都對文靜的「阿作」加入政壇覺得驚訝。他只懂得說英語，不僅缺乏其他語言能力，更毫無演說技巧。引用格林伍德的話說：「他對如何說服群眾根本毫無概念。」

然而，憑著何其精采非凡的經歷，他成功了；而這麼一段非比尋常的人生故事，不光反映了他個人的能力與價值觀，更具體展現了前輩們建立的唯才是用制度所帶來的價值與意義。當年那位初次搬進組屋[2]時為了一個抽水馬桶而目瞪口呆的小夥子，日後成了推動全國大規模組屋翻新計畫的重要推手，造福全體新加坡人；當年那位單純為了讓家人能過上好日子而渴望每月能多賺新幣二百元（SGD，新加坡元）[3]的社會新人類，在三十多歲時走進了內閣，代表政府發表整個國家的財政預算案。當年那位再平凡不過的人，卻開啟了一段非比尋常的人生旅程。

2 編按：「組屋」為新加坡公共住宅的代稱，類似台灣的國宅。

3 編按：本書當中的貨幣「元」皆指新加坡元，與台幣的匯率大約為一比二十二至二十三左右。

一個如此成功的新興國家，如此一位前總理的生平事蹟與政治經歷，本應讓人津津樂道，廣為傳揚；可是說來奇怪，吳作棟不可思議的崛起過程，卻很少為人所知。市面上是有好幾本關於這位前領導人的精美圖冊，卻全是講究視覺美感而不甚重視內容深度。另一本在二〇〇九年出版的論文集，則集結了幾位學者關於吳作棟總理任內推行的政策所寫的評論文章。除此之外，就是一片空白。反觀吳作棟的前任李光耀，有關這位建國總理的思想、觀點、生平事蹟的書籍和紀錄片比比皆是，甚至還有音樂劇。

當然，初始者總是更吸引人，這固然是原因之一；就像阿姆斯壯更甚於艾德林、尼赫魯更甚於夏斯特里[4]。李光耀做為現代獨立新加坡的開國之父，身上凝聚了一個新國家誕生的所有浪漫敘事。而出任第二任總理的吳作棟，未能衍生出與第一任統帥開疆拓土同等分量的象徵意義。

然而，吳作棟的故事一直鮮少有人提及，背後另一個更大的因素也許是跟他本人有關。無論過去還是現在，吳作棟始終極度維護自己的個人生活隱私，尤其是觸及他核心家庭的時候。談起童年往事、父母親、中國南方祖籍故鄉等等，他都很樂於分享，談得很起勁。某次回到以前就讀的巴西班讓（Pasir Panjang）英文小學走一趟回憶之旅，舊校舍如今已改建成嗜毒者中途之家；他當時還興奮地展示當年自己用過的廁所、站過的集會操場。萊佛士書院（Raffles Institution）的老同學還記得畢業那天，當所有人都散了之後，他還留在位於勿拉士峇沙路的校園內徘徊，依依不捨地向校舍道別。

然而，他絕不會允許自己感性的一面，在必須犧牲家人隱私的情況下展露。有關他的核心小家庭所有的一切，都屬於嚴禁觸碰的話題。身為律師的吳夫人陳子玲，婉拒了為此書接受採訪。他的一對雙胞胎子女：醫生兼企業家吳仁軒、電影製作人吳仁婷也一樣。吳作棟本身在採訪過程中也明顯地十分維護妻子、兒女和六個孫兒孫女的隱私，一再強調，家人向來過著安逸的生活，也希望能永遠如此，不想受外界打擾。他也敘述了自己在後來才知道，子女在成長過程中曾經因為父親所受

4 編按：阿姆斯壯和艾德林是第一、二位登陸月球的太空人；尼赫魯和夏斯特里則分別是第一、二任印度總理。

到的矚目而感到不自在。

不止這樣。吳作棟似乎有一種頑固的堅持，不太願意多談個人的工作與成就，這幾乎不是一個政治人物該有的特質。在接受此書採訪團隊的十二次訪問中，他總是輕輕帶過自己人生中的重大里程碑；對於自己的成就，也只是粗略提及。例如，說到接管連番虧損的東方海皇船務公司，他當時要主席給他三年時間將公司轉虧為盈。問他當年怎麼如此輕狂，他卻回說自己的出發點其實正好相反：「我先讓他知道我需要三年時間扭轉公司局面，以免他們以為我可以在兩年甚至一年內做到！」

很多時候，論起他推介並施行的一些重大政策，例如全民防衛概念、全國保健儲蓄計畫，他總會很快地對自己所做的補上一句：「不過是基本常識而已。」而當一再被追問他何以認為繼李光耀的強硬領導作風後，在新加坡推動參與式民主概念會大受歡迎，他回說，這當中並沒有什麼理論或大道理。他只是單純覺得必須這樣做，純粹出於直覺——一種他既難以論述細說，也無法說出個所以然的直覺，更甭說將之包裝成華麗的辭藻了。

有好幾次，我們就他生涯中的幾個重大事件進行溝通甚至爭論時，他總也會將自己所扮演的角色說成是偶然間碰巧出現，說任何貢獻都是在機緣巧合下促成的，換作是別人也一樣能做到。有些時候，那麼長時間一味地說著自己的事，他甚至會覺得尷尬。所以他總是在談論自己時切換主語，時而用第一人稱，時而用第二人稱。吳作棟與採訪團隊對話的過程中，他總會交替使用「我」和「你」來形容自己，而用「你」的次數還要更頻密一些。再不然，他也會寧可把話題焦點轉向其他人，把成果歸功於團隊集體的努力，而非個人的鋒芒。

採訪過程中，他再三強調自己在新加坡第二代領導層當中從未有任何特殊之處，他的許多想法與成就均屬同僚所共有、共同推行的。他舉例說，他們當中好幾位都將各自在私人企業界的經驗帶進政府作業中，說服了李光耀和黨內元老改變施政方針。吳作棟將「以市場為導向」的主張，形容為他們這一代領袖的「轉型性思維」。他會說：「我的確做了很多，但還有其他人，我認為你也應該去找他們聊聊。」

樂於與團隊分享榮耀與光芒的這種心態，很大程度上造就了他日後的成功。他的領袖風範特別可取的一點是，總能吸引到優秀的人才與他並肩作戰。李顯龍在接任總理後，甚至形容吳作棟團隊「是新加坡歷來最強大的內閣團隊之一，甚至勝於當前團隊」。他說：「他能網羅許多優秀能幹的人才為他工作。李光耀先生的內閣仰賴的是幾個強人……可是吳先生擁有多位非常能幹的部長……至少七、八位能人，都在各自的領域有著超強的能力。而他總有辦法將這些人動員起來，攜手幹出一番大事業。」前政務部長兼老朋友歐思曼（Othman Haron Eusofe）說，同僚都感覺到吳作棟是一個可以直抒心事的對象。「你可以跟他很親近，而這個特質也讓他更容易凝聚人心。他是一個知交滿天下的人。」就連他的政治敵手也承認吳作棟是個好人。一九八九年《亞洲雜誌》專題報導引述資深在野黨領袖詹時中和李紹祖對他的評價，兩人分別形容他為「真正的君子」和「特別討喜的一個人」。

然而，與其對自己政治生涯中創下哪些大成就誇誇其談，吳作棟更樂得回味自己曾經提出來討論的一些細節上的改革。他對細節的重視跟前任李光耀有些不謀而合。一九八〇年代初，在衛生部長任內，讓他至今津津樂道的是——將護士的制服從一貫的標準型改為更鮮明亮麗的樣式，也開放讓各大醫院自由決定制服設計與顏色。「這些小小的改變給了我很大的滿足感。全是些看似微不足道的小事，卻都是實質上看得到的改變，是很有意義的。」他說著，臉上泛起了柔和的笑容。

現任交通部長許文遠在一九八〇年代初期曾是吳作棟屬下衛生部的一個年輕官員。他說：「那些雖然都是小事，卻反映了某些更大的癥結。原來的情況是，凡是衛生部管轄的醫院，一切都要統一、標準化，所以必須統一使用一套制服。但吳作棟要的是，每一家醫院都建立起自己的個性。」這個思維也反映了吳作棟自己的治國理念——總體更傾向於一個規模更為小巧、凡事不那麼一板一眼、更寬容的政府。「他後來主張成立市鎮理事會背後的政治思考，也是沿著相同的思路。」許文遠指的是吳作棟在一九八八年制定將組屋管理權力下放的政策。

哪怕吳作棟再怎麼沉默寡言，他在新加坡政壇上不尋常崛起而後登上巔峰的過程，這麼一段無心插柳而取得成功的真實傳奇，絕對足以構成一部顯赫精采、容易引起共鳴的故事——這也是本書所希望捕捉的精髓。好幾位受訪者都異口同聲說，吳作棟的出身背景其實與新加坡許多普通市民沒兩樣。也是第二代領袖之一的丹那巴南說，吳作棟的成長經歷尤其跟李光耀有著天淵之別：「李光耀有點高不可攀，你知道的。而吳作棟的經歷更能讓大家產生共鳴。人們能夠把吳作棟當成是他們當中的一份子。這是他非常有利的條件。」陳慶珠也有同感，她分享自己的觀察：

「他就是個典型的新加坡男孩，在鄰里學校上課，用新加坡的口音和節奏說話。老百姓更能認同他。大家都覺得他非常地道。」

這本《吳作棟傳（一九四一～一九九〇）：新加坡的政壇傳奇》主要追溯自一九四一年吳作棟誕生之時——那是第二次世界大戰期間日軍首次空襲新加坡島的七個月前，一直寫至一九九〇年他正式就任新加坡總理。未來還會有另一冊著重於他在總理任內的種種經歷，預計較遲些時候分開出版。本書的關鍵主題是政治傳承。這麼一位既非命中注定亦非前任欽點的人，怎麼會一路攀上頂峰？在這條從來不是自己首選的事業道路上，他成就了什麼？又經歷了哪些重挫？

當然，上述種種問題的答案都會一一補上，讓這位男子的生平事蹟更完整。但更為重要的是，憑他在新加坡敘述中顯著而核心的地位，這些答案更會是這個國家的歷史篇章裡不可或缺的關鍵。為了尋找答案，我和採訪團隊到總統府吳作棟辦公室與他進行了多達十二次採訪，對這位前總理來說，這還是前所未有的事。在整整一年的時日裡，《海峽時報》特別任務總編輯韓福光，以及我在納高（The Nutgraf）內容製作公司的寫作團隊——謝瑞英、劉錦華和李珮瀅，與我一同進行採訪工作。每一次採訪會設定一個主題或選定歷史上的某一個階段，或兩者兼顧。我們五位訪員和受訪的吳作棟之間有來有往，交流互動非常熱烈，每一次會面都讓我們精力透支，卻也同時亢奮無比。

雖然我們也有碰壁的時候——尤其當話題涉及吳作棟的核心家庭時，儘管吳作棟在多數時候都很願意侃侃而談。在本書中，歷來第一次他打破沉默，披露自己與李光耀私下的多次交流和對話，談及在自己極度沮喪絕望的時候——例如一九八一年安順區補選失敗後，他內心深處的想法和感受。有一次訪問讓人特別難忘，吳作棟帶來了現任總理李顯龍在一九八四年應召參選前，人民行動黨候選人面試委員會對他所做的黨內機密評估報告。吳作棟此舉是為了要說明行動黨遴選人才的程序是絕對透明的，以徹底地全然地粉碎所有有關李顯龍是受李光耀欽點入黨的疑慮與傳言。

這本書中所談到的課題多為嚴肅的大課題：經濟衰退、政治鬥爭、領導層接班。但是每一次採訪，氣氛都非常輕鬆自在，皆因為吳作棟總是自如地切換身分：時而是位嚴肅而德高望重的政壇前輩，時而化身為詼諧有趣的鄰家大叔。他也從不避諱或毫不猶豫地隨興展現自嘲的幽默感。某次，大夥兒問他會如何形容自己在李光耀、李顯龍父子之間所扮演的角色，就在提問當中短暫停頓的瞬間，他已迫不及待地自己補上答案：「暖席者？」

撥出寶貴時間之外，他也讓我和團隊有機會查閱內閣部長就重大政策展開的意見交流，以及人民行動黨的選後檢討報告。為了使資料蒐集工作更全面、完整，我也大量查閱了從公開來源取得的資料，如書籍、專刊、雜誌、報章，以及國會辯論紀錄等等。我和採訪團隊也對吳作棟的少年好友、學校老師、海皇員工、前內閣同僚、國會議員、公務員、基層領袖、學者、觀察家、外交官，甚至現任總理李顯龍進行採訪。我們也有幸能與吳作棟的二姑吳素娥見面聊天，難得聽她談起吳家當年的往事，好多細節連吳作棟本身也是第一次聽說。

這本傳記採取的敘述方式是以時間順序為主軸，再橫向穿插主題層次以構建起全書架構。全書分為四大部分。第一部分，讓讀者一窺吳作棟從出生到年少的日子，乃至初出茅廬先後在政府部門和海皇船務公司初露鋒芒。第二個部分跳到他政治生涯的開端，如何在李光耀的栽培下擔負起一個又一個重任，卻在關鍵的一場補選中栽了跟頭，但也因此而認清並正視民情起了變化的現實。吳氏品牌的政治和領導作風在第三部分逐漸成形，卻也讓讀者見證他如何在努力為統治者與被統治者之間建立起協商式關係之際，也學會了硬起腰身。全書最終章，他在一路攀頂的旅程中來到了最後一里路，卻遇上幾道突如其來的路障，他也首次披露了與李光耀之間就何時接班、如何交棒等問題所進行的私下磋商。

這本書不能算是完整涵蓋了吳作棟生平和事業的早期發展。某些階段，例如他出任國防部長期間的事蹟與貢獻，為了照顧讀者的閱讀興趣而濃縮帶過。我的出發點並不是要流水帳似的記錄他生平的點滴；他所影響和改變的廣泛領域和眾多人與事，也實在無法一一盡錄。此外，每一章主文結束後，會緊接一段吳作棟與採訪團隊的答問對話摘錄。我相信以這種方式呈現，除了可以捕捉吳作棟最真實的聲音，也可呈現訪問過程中未經修飾的一些最自然的反應。全書尾聲，吳作棟親自撰寫了〈後記〉，對每一章提出自己的想法與感受，讓讀者能直接聽聽他的心聲。只是，還有一段小插曲是我和他都沒寫進來的——每一段訪談結束時，吳作棟總會問我：「你還覺得這本書值得寫嗎？」每一回，我的答案都會是個斬釘截鐵的「是」。肩負著如此高難任務一路走來，這段旅程絕對是個值得書寫並傳揚的故事。

part 1

吳家有子初長成

”我又怎會料到人生竟會是這樣的？“

第一章 政變

我可從沒想過他也會當上總理。

——陳清木，吳作棟的少年好友

一切始於一場政變——發生在校園內的一次政變。當時，新加坡數一數二的名校萊佛士書院的歷史學會正逢一年一度推選新一屆執委的時候。按照慣例，新一屆執委總會由主修歷史的高班生出任。但是就有這麼一群年紀較小的理科生——當中誰也沒選修歷史這一科——突發奇想。他們這一屆總共有五班，而學長那一屆不過才三班。光看人數，他們很清楚自己能以多數票壓過學長。「一人一票，我們知道自己能贏。」參與一九五八年這場「奪權大計」的其中一個策謀人林日波回憶道。他們當真這麼做了，並非懷抱著什麼崇高的大志，純粹只是為了惡作劇。結果他們當選了，讓老師和學長錯愕不已；學長當中就有一位名叫賈古瑪的男生，此人後來當上了國家副總理。

這些初生之犢有個祕密武器：一個文靜、親切、友善，卻又高得不得了的男孩，名字叫做「吳作棟」。這位吳同學對這場「奪權大計」一無所知，就是在一旁看熱鬧。到了推舉學會新主席的時候，有人高呼：「我提名吳作棟。」被點名的人嚇了一跳。「我說：『什麼？什麼？』」他笑著憶述。「接著又有人說：『我附議！』我沒有抗議，就這樣當選了。那是第一次政變，我只不過是代罪羔羊。」

同班同學們倒是很清楚他們自己在做些什麼。林日波說：「我們只要想幹什麼調皮事，就一定會把作棟推到前面當擋箭牌。老師們一見到他就放心了。大家都知道他是個負責任的好孩子。」也同在萊佛士書院念書的吳作棟少時摯友李喬松說，老師們可喜歡吳作棟了：「他是乖孩子，好學生。」其中一位維傑辛哈（Eugene Wijeysingha）老師就形容吳作棟是「老師和同學們心目中一個非常正直可靠的人」。老師憶起印象中的吳作棟：「他雖然長著一副居高臨下的高大體格，但待人處事溫良敦厚，而且非常平易近人。」

這場「政變」讓吳作棟留下了深刻印象。一九八八年他重返母校萊佛士書院，在校友返校日活動上致辭時打趣地說，那是他「第一次嘗到政治的滋味」。但更為重要的卻是那場「政變」後續發生的事，讓他遇上了一位不單在多年後成為他的導師，還將改變他一生的人。歷史學會新上任的執委團決定舉辦兩場講座，請來當時在政壇上最重要的兩位政治人物：時任首席部長馬紹爾（David Marshall），以及當時在野的人民行動黨黨魁李光耀。「我們就去見了馬紹爾，他答應了。」吳作棟回憶道。「我們再到痲六甲街去找李光耀，當時他的辦公室就在那裡。我們沒有預約，學生哪會知道什麼預約的。我們就這樣貿然走去，爬上樓，說我們是來找李光耀的。他也很好，從房裡出來時正好看見了我們。我們向他說明想邀請他去給萊佛士書院的學生演講，他問要談些什麼。我們說『民主的坐標』。他說好！」

兩位政治人物答應得爽快，反倒讓吳作棟開始擔心起來——因為自己也得致辭，害怕口才不好，也為應該怎麼著裝而苦惱。那種場合應該怎麼穿，他毫無概念。他說：「我一條長褲都沒有，所以只能在家裡到處翻找，發現父親留下的一些舊衣褲。我找到了一條白色長褲，或者應該說，是發黃了的白色長褲。試穿後，我請嬸嬸幫我把褲腳稍微加長。所以我穿上一件白色有領上衣，那是學校制服，搭配父親的舊長褲。」兩場講座都爆滿，至於李光耀和馬紹爾在演講中說了些什麼，吳作棟已記不清了。

「我一直在苦惱自己要說些什麼，因為不只是要做開場白，還得在講座結束後做一番總結。」他憶述著。「不過可以告訴你，我當時是相當緊張的。先是，得在全校那麼多人面前發言。然後呢，嘉賓又是李光耀和馬紹爾。」不過，真正讓他印象深刻的卻是李光耀那令人折服的演說口才和風範。「完全脫稿即興發揮，同學們都聽得如痴如醉。單看他那一次的表現，我們好多人就認定他會成為我們的未來總理。」那一刻，這位少年吳主席絲毫沒料到他往後幾十年的事業與人生，竟會和李光耀如此緊密相繫。吳作棟說，兩人從沒提起當年的第一次見面。「我從來沒問過他。他發表過那麼多場演說，我想他應該是不會記得了。」

從這場校園政變和之後的講座，吳作棟性格中的不同層面初見端倪；而在往後的三十年裡，當他在看似不太可能的情況下，一路攀上新加坡最高領導人的位置，這種性格特質也愈見顯著。雖然有著充滿威懾力的一米八九身高，吳作棟卻從未有過高人一等的野心，更別說是為了成功而不惜一切代價策謀算計的欲望或心機。策劃那一場校園政變的同學們所展現的那股出奇制勝的狠勁，在吳同學身上卻是不曾具備，或者他也不希望擁有。後來也加入政壇的陳清木是他在萊佛士書院的老朋友，談起吳作棟時，說他從不激進好勝也不咄咄逼人。「他太善良，心太軟，太過謙謙君子了。」然而，只要委以重任，他總有能力可靠而漂亮地完成任務。這些是吳作棟所擁有的強大特質。

可是在一九五八年的新加坡，處在一個政局動盪不安、風起雲湧的年代，擁有這類性格特質的年輕人怎麼看都跟政治扯不上關係。他自己也坦言當年的那個小夥子確實對政治毫無興趣。一九八八年在萊佛士書院校友回校日活動上致辭時，他是這麼說的：「三十年前，我根本無法想像自己會從政。我還沒想好自己的志向，想過當記者，但從來不是政治家。完全沒有這個念頭。我敢肯定各位也沒料到我會走上這條路吧。」他說得沒錯，李喬松說：「他是那麼地含蓄靦腆，我真的很驚訝這麼一個靦腆的人居然會從政，而且還成為如此高效能幹的政治家。」問起他吳作棟當年在學校可曾流露出對政治的任何興趣，他斷然回答：「零。」

戰後民不聊生的社會，處處充斥著殖民主義、社會主義、資本主義等各種政治勢力的酣鬥，可吳作棟偏偏就少了投身這股政治漩渦的脾性和傾向。在一個連自己一家子都得在生存線上掙扎求存的年代裡，爭取獨立自主建國這些更為宏大的鬥爭，是他所負擔不起的奢侈。金錢是何其重要，他一而再地重複說著。在巴西班讓英文小學和萊佛士書院都教過他的陳輝福老師還記得，這個學生當年連買一套童子軍制服都成問題。吳父在一九五一年驟然而逝，讓吳家生活陷入困境，這也是吳作棟的童年記憶中，最揮之不去的一段痛苦經歷。

那一年他才十歲，就在新加坡西部郊區巴西班讓一間他們租來的小房子裡，親眼看著二叔把父親吳佳昆從二樓臥室背到樓下一個小房間裡。肺癆摧殘了父親，被抬到樓下意味著「等死」。家人都知道父親時日無多了，但長輩們沒讓他的五個年幼子女知道。吳作棟身為長子，自然較懂事。他回憶道：「父親向來清瘦，所以我們也沒察覺有什麼不對勁。」吳佳昆起初表示全身疼痛無力，但家人都不知道該怎麼辦。吳佳昆的妹妹吳素娥以福建話說：「彼個年代人人攏是真『拌當』，破病了也莫入『四排埔』；人講：『一入去就出袂來。』醫生嘛是真少，真是想欲看醫生嘛毋知去佗落找。」[1]最後奄奄一息的吳父在臨終前渴望見長子最後一面，吳作棟從學校被緊急召回家。吳佳昆用福建話對兒子說：「阿爸去了，好好照顧你阿母，好好照顧小弟小妹，骨力讀冊[2]。」當天晚上，一九五一年七月十八日，吳父與世長辭；那一年他才三十六歲。

父親的離世在吳作棟心裡留下很深的烙印。「看到父親這個樣子，我哭了。長大後我才明白他所說的話有多重要，我不能讓他失望。那番話嵌入我心中，形塑了我此後的人生。我在很小的年紀就學會了負責任。」好友李喬松透露，父親英年早逝，對小作棟而言是一次沉重的打擊。他說：「他簡直被徹底摧毀了。那段日子，

---

1 吳素娥說的是福建話（閩南語）。新加坡老一輩福建人喜歡把新加坡中央醫院稱為「四排埔」，而「拌當」音譯自馬來語「pantang」，意指「忌諱」。全句的意思是：「那個年代人人都很迷信，生病了也不要進中央醫院。人人都說：『一進去就出不來了。』醫生也很少，即使想看醫生也不知道到哪裡找。」

2「骨力讀冊」是福建話（閩南語），意即「努力讀書」。

對他和家人都非常難熬。可是他很快就振作起來。」父親的遭遇也讓吳作棟終身關注教育和醫療課題，在他日後從政生涯裡，這兩方面也始終是他心之所繫的領域。與他同樣年幼喪父的內閣同僚林子安就觀察到，經歷過如此沉重的打擊，反而會讓同理心根植心中。他說：「每一次有人告訴我他父親失業了，我都感同身受。我和作棟都出身貧寒，很清楚那是一種什麼滋味。你如果未曾親身經歷過，你當然還是可以試著想像，卻無法真正體會那種感受。」

而吳作棟家中境況非但沒有好轉，反而愈發艱難。父親病故，緊接在吳作棟祖父吳文繡逝世五年之後，家中兩個經濟支柱相繼倒下，對這一家子來說無疑是個雙重打擊。「我阿母一直哭一直哭。」吳素娥用福建話說著：「先是死翁，之後囝又走了。」[3]家人甚至沒錢幫吳佳昆料理後事。吳素娥補充說：「阮是真窮，自己都吃不飽。」[4]多虧吳佳昆的兩位好友胡埔（音譯）和清飄（音譯）鼎力相助，吳佳昆才得以順利安葬。

吳家的日子並非一直都如此清苦。二十世紀初中國移民紛紛過番下南洋尋找更好的生活，吳文繡也離開了華南福建省東南部永春縣的家鄉南來新加坡。他很快攢了些本錢，在新加坡賭館和私會黨[5]聚集的市中心中國街開了一家小雜貨店。雜貨店商號取名「源發」，寓意財源廣進發大財。名字確實帶來好兆頭，哪怕只是稍縱即逝。那陣子，生意迅速上了軌道，讓吳文繡可以在永春家鄉娶妻，還可以經常回鄉去與家人相聚，不久後就添了個男丁吳佳昆。再過幾年，吳文繡把妻兒接到新加坡來定居。吳作棟回敘道：「聽我二叔說，當時土匪在永春鄉下到處拐帶小孩以換取贖金，我父親就躲在屋頂的椽子間。他當時七歲，與另一個小男孩一起藏在椽子間。土匪來了，搜遍整個村子，也沒發現我父親。從那以後，他的父親，也就是我爺爺，馬上決定把他帶過來這裡。」

可惜好景不長。先後兩次世界大戰的數十年裡烽火連天，吳家的生活也和國際局勢一樣動盪不安。一次生意失敗後，吳文繡賠掉了「源發」，就連一家大小居住的房

3 這句話的意思是：「先是丈夫去世，然後兒子也走了。」

4 這句話的意思是：「我們很窮，只能勉強養活自己。」

5 編按：私會黨為星馬一帶的祕密結社，類似黑幫之類的地下組織。

子也保不住。吳素娥說：「我們一夜間什麼都沒有了。之後租了一間小亞答屋[6]住進去，沒有電，也沒有水。」吳文繡開始充當仲介，代表新加坡公司到馬來亞採購橡膠、藤、小脈夾竹桃，每一宗買賣可抽傭百分之二；故這種工作也稱為「九八行」。但是單靠這份傭金不足以養活一家大小。於是，才剛步入少年的吳佳昆為了幫補家用，不得不獨自離家到馬來亞首都吉隆坡去賣鞋子。他回星後，跟隨父親當起仲介，成立了新商號「昆源」。

吳佳昆在媒人的撮合下，認識了南馬柔佛州一位教書的姑娘柯桂華。柯桂華起初對相親很抗拒，但最終還是順從了這樁婚事。這對新人很快就傳出喜訊。一九四一年五月二十日，就在東陵一帶吳文繡改裝成租賃住宅的廢棄工廠裡，吳佳昆、柯桂華夫婦的第一個男嬰誕生了。按照那個年代的華人傳統慣例，為孩子取名必須參照族譜。吳家族譜規定，這一輩是「作」字輩，名字中的第一個字是「作」，而這對夫婦為自己的新生兒選了「棟」字搭配；並依照當時流行的做法，為孩子另起表字：「振梁」。兩個名字結合起來，寓意著「振興家國之棟樑」。吳佳昆與柯桂華夫婦當年應該沒想到，他們給孩子取的這對蘊涵著遠大志向的名字竟然成真。說起這個孩子，吳素娥滿臉笑意地說：「他是個好可愛的寶寶。」用這種形容詞來談論後來的總理，讓她暗自竊喜。「大家都把他當成心肝寶貝，只要他一哭，阿嬤就會罵我們的。」

然而，家裡添了新成員所帶來的喜悅何其短暫。吳作棟出生不過七個月，日軍就在同年十二月開始空襲新加坡，為入侵馬來亞和新加坡的行動拉開了戰幔。當時，其中一顆炸彈就落在亞歷山大路吳家住宅不遠處。這次空襲讓吳文繡非常擔心，他唯恐新加坡會缺糧，更憂心家中男丁——尤其是長子佳昆——會遭來犯的敵軍擄殺。他思忖著馬來亞鄉村腹地可能更便於藏身避禍，於是決定舉家搬遷至柔佛南部峇株巴轄（Batu Pahat）去投靠一個親戚。吳素娥憶起往事時說：「他也怕孩子沒飯吃，他說，『在馬來亞，就算真的沒東西吃，至少還可以自己種點什麼。』」不久，吳家一家大小，抱著作棟寶寶再一路北上彭亨（Pahang），就在彭亨河一條

6 編按：亞答樹的馬來語為 atap，是東南亞常見的棕櫚科植物水椰（Nypoideae）的別稱，葉子常被拿來做屋頂，搭成的亞答屋是南洋傳統建築。

支流邊上的瓜拉吉撓小村落裡度過了那段日據時期。雖然日軍不時會深入鄉村搜查，但吳家都安然無恙，小作棟可說居功不小。吳素娥說：「日軍一來搜查，我們就把他抱到舢舨內躲起來。他真的很乖，我們讓他別動、別說話，他就真的安安靜靜地待著。」

二戰結束後，吳家返回新加坡，住進了巴西班讓一個租來的房子裡，沒有電力供應，也沒有衛生設施，並與另一家姓林的家庭合租。吳文繡在一年後離世。五年後，這個家庭的第二任當家吳佳昆也病逝。其他家庭成員倉促間被迫挑起擔子。後來，林姓一家人搬走了，吳作棟的祖母便把房子分隔成幾個小隔間租出去，再將屋後的空地改成小農場，飼養雞鴨鵝豬。他的二叔到餅乾廠打工，三叔當上了報販。母親則重執教鞭，到西海岸一所華語學校教書。為了省去來回奔波的麻煩，她乾脆住進學校裡。

就這樣，照顧吳作棟的責任就託付給了祖母。談起這段往事，吳作棟說：「我從來不覺得缺少了愛。阿嬤是一家之主。二嬸把我當自己兒子看待，每天給我們做飯，大家吃的都一樣。所以我們從不覺得家庭不完整或有什麼缺憾。」但這也意味著他課業上少了嚴厲的督促，或甚至是壓力，迫使他認真學習。當地小孩大多不怎麼愛讀書，但吳作棟自小在學校很自律，在住家附近的巴西班讓小學上學時成績很好，後來還考上萊佛士書院。「沒人叫我讀書。我就是自動自發地做作業、溫習功課。我的成績也不是頂尖的，算是中上而已，頂多是十名上下。表現最好的是小學最後一年，我從第十名躍升到第三名，獲頒最大進步獎。可能是爸爸臨終前的遺言：『骨力讀冊』，我照做了。鄰居的小孩全讀不來。他們不是壞孩子，就是不愛讀書。」

對他在萊佛士書院的同窗好友來說，大家也很快發現吳作棟是同學們當中最用功的一位。陳清木說：「我們大夥就是喜歡到處亂跑，只要是圓形的東西就拿來踢！作棟人很好，卻從來不跟我們一起鬧，就是在一旁看著。他的宿舍房間跟我們的也很不一樣！我們的房間像『鹹菜』[7]，可是他的房間非常整潔。他看的書遠遠超越我們的水準，甚至是俄文書，那些高端的著作——他喜歡文學。我們都知道他

7「鹹菜」是新加坡福建話慣用語，意即「皺巴巴」或「雜亂不堪」。

是個讀書的料。」

一九六〇年，吳作棟在萊佛士書院學成畢業，校長王祥康（音譯）特別讚譽他為「模範學生」，不光在學業上表現優異，課外活動也同樣出色。校長的推薦信就對他讚賞有加：「他對每位師長都恭恭敬敬的，待人處事謙遜有禮，贏得所有老師的信心，讓大家對他另眼相看。我會毫不猶豫地把吳作棟同學推薦給任何需要他提供服務的人。無論是對自己、對母校，或者對每一個願意信任他的人，他都肯定會做出貢獻、帶來榮譽。」而吳作棟的優異紀錄，終將是讓一家人擺脫貧困命運的鑰匙。

在萊佛士書院修完六年課程後，他考上了當年的新加坡大學。但是家庭的現實狀況幾乎斷送了他上大學的希望。母親說她付不起大學學費，建議他改而報讀工藝學院[8]，就能更快學成就業。吳作棟回憶道：「母親說達到普通水準之後，只須再讀三年工藝學院就可以畢業了，一畢業就可以開始工作補貼家用。我說：『不，我要上大學。』然後她就建議我選修牙科。為什麼？因為可以賺大錢！我和弟弟妹妹小時候去看過好幾次牙醫，她看到這份工作可以賺錢。可是我對牙科毫無興趣啊。」他在萊佛士書院的另一位同學歐思曼說：吳作棟總是「很關心工資」，即使在開始就業後也是如此，經常為何時才能給家人買間像樣的房子而感到焦慮。

吳作棟最後選擇了經濟學。他獲頒政府助學金，每年一千五百元——在那個年代算是一筆可觀的數額。這筆助學金化解了母親對財務方面的憂慮，尤其是助學金附帶五年合約，規定助學金得主學成畢業後，必須到公共部門服務，這也就意味著工作也有了保障。吳作棟說：「我很樂意簽下這份合約。完全沒問題。我當時最擔心的是付不起大學學費，這筆助學金比我渴望的還要豐厚。合約從來不是個問題。」接受助學金、簽下一紙合約；這麼一個決定，開啟了他走進政府、走向政治的一段非比尋常的人生旅程。

8 此處的「工藝學院」乃「新加坡理工學院」舊稱，建於一九五四年。

問與答

問：您最早的兒時記憶是怎麼樣的？

答：我最早的記憶是二戰期間在馬來亞彭亨州度過的日子。我當時四、五歲，母親在河邊為我洗澡，我記得看見了水牛。二戰結束後，我們乘坐一輛大羅厘[9]回到新加坡。婦女和小孩坐在羅厘後面，與一大堆青色的香蕉一起。半途中，羅厘停了下來，大人們都在議論紛紛為什麼車子突然不走了。他們用福建話說：「有山老鼠！」——就是山鼠。我當時不知道這是什麼意思，後來才知道他們指的是共產黨游擊隊。

問：您在家中說的主要是福建話嗎？

答：完全是福建話。我祖母只說福建話，我嬸嬸說的也是福建話，所以堂弟堂妹全說福建話。姑姑們是受華文教育的，她們嘗試跟我說英語來磨練英語，可是我從沒試過對著她們練習華語。結果她們學會了說一點英語，可惜我當時沒學會說華語。

問：您在家中或學校裡有哪些別名或綽號？

答：在家裡沒有綽號。但華人總是喜歡在名字前加個「阿」字，所以我自小就是「阿棟」。但學校裡的同學們就給我起了好幾個別名。我是「Panjang」，也是「Long」。同學們都愛這樣子捉弄我，我也不介意。有個朋友喊我「Shorty」。好朋友都管我叫「Chok」。[10]

問：所以別人喊「Panjang」時您真會回應？

答：我會回過頭，顯然就是在叫我嘛。還有誰會長得那麼panjang？

問：您小學時就長得那麼高嗎？

答：噢，是的。記得我在小六那一年，身高就有六十八英寸。當時我是非常高的。

9 編按：羅厘為lorry的音譯，即載貨的貨車、卡車。

10 「Panjang」為馬來語，「Long」為英語，兩個字眼都形容身材很「修長」。「Shorty」也是英語，意即「矮冬瓜」。「Chok」則是「作」的福建音譯。

問：您父母也長得那麼高嗎？

答：我父親也很高。但他有點駝背，所以我倆的身高差不多一樣。母親也是。以女性來說她算高了。並不是身高特別突出，就是比一般女子高吧。但「高佬」的基因主要還是遺傳自父親，二叔的子女和孫子女也都有這個傾向。我在卸下總理職務後回鄉到永春走了一趟，以為親戚們也都會是高個子。結果發現他們全不算高。永春鄉下我這一輩的吳家人都不算高，有些在我看來甚至可說是矮個子。可能跟飲食營養有關吧。

問：您當時在家都吃些什麼？

答：吃得很普通——都是些菜心、豆芽、豆干、空心菜，或者其他蔬菜。如果吃魚的話，一般都是黃帶魚。現在他們說這魚是拿來餵貓的！當然時不時還有豬肉和雞蛋。雞肉算是豐盛的了。如果有得吃雞肉，那多半是來自祖母的小農場；因為我們家後面有片空地，她就在那裡養雞養鴨養鵝。我祖母也挺有生意頭腦的，她還養了豬。所以，我小時候也經常幫忙餵豬和清理豬寮。這些豬只會賣到巴剎[11]去。所以我們算是勉強可以過生活，因為桌上總不會少了吃的。真正手頭拮据時是病倒了得看醫生的時候。所以當時是非到萬不得已的情況才會看醫生。

問：您會怎麼形容自己童年時代的日常生活？

答：我的活動是游泳。因為住家對面就是大海。我居住的房子就在現在的巴西班讓地鐵站對面，所以，我學會了游泳，自學的。起初是在住家後面溝渠發大水的時候；之後一般都到海邊游泳。然後我加入「老虎游泳俱樂部」，入選俱樂部少兒隊。我也代表學校參加游泳比賽。巴西班讓小學游泳隊在校際游泳比賽中總是囊括最多獎項。升上萊佛士書院後，我當上了學校游泳隊隊長。

問：您參加哪幾項課外活動？

答：在萊佛士書院挺多的。我是歷史學會主席、地理學會祕書，也是食堂委員會學生代表；老師信任我，邀請我擔任學生代表。我是學校學長團團員，在班上擔任

11 編按：巴剎源自馬來語pasar，即市場、市集。

班長；另外還是童軍團團長、游泳校隊隊長、校刊主編。所以活動不少。

問：學校籃球或排球校隊肯定也盯上您吧？因為這些都是很看重身高的運動。

答：他們確實鼓勵過我打籃球，可是有兩個原因讓我決定不參加。一是，籃球訓練都在傍晚五、六點進行。我一般放學之後會騎腳踏車回去巴西班讓住家。當然，我是可以留在學校溫習功課，待到傍晚五、六點。但是那樣的話情況就不一樣了，就得在外頭吃飯。如果我放學後騎車回家，嬸嬸早已做好了飯留了午餐給我，我吃了飯後會去小睡一下，起身後洗個澡再溫習功課。我不想為了籃球訓練再一路騎車到學校去，這對我來說毫無意義。第二個原因是，我那個時候很在意自己的身高，長得是最高沒錯，只是心裡卻很清楚自己並不是天才型籃球員，又戴著一副厚厚的眼鏡。我不想走進籃球場，讓所有人都因為我的身高而以為我是神射手，結果卻一個球都投不進，那會很丟人。

問：您是在什麼時候搬離巴西班讓？

答：我念大學時，母親在女皇鎮東陵福買了一個三房式組屋單位。我陪著母親去看房子。當時女皇鎮是個新區，是最靠近大學的新鎮。我選了位於鐵道旁的那一座，因為這就意味著旁邊不會再蓋起新的組屋。確切地址是聯邦通道大牌五十五座組屋，單位門牌五十三E，六樓。我選了有電梯的那一層，當時電梯並不是每一層都停靠。我最後聽到的消息是：這個住宅區將會拆除，集體出售。我在組屋拆除前去拍了些照片。他們決定拆掉這些組屋，所以就不會像歐思禮路的房子那樣有保留與否的問題。要不然啊，國會怕是又要掀起另一場辯論囉！[12]（笑）

問：您對女皇鎮有著什麼樣的回憶？

答：我對現代化的衛生設備驚歎不已！水一抽，一切都沖走了。因為我住在巴西班讓那麼多年，一直都是用糞桶的。第二點就是風大。當時我們也跟大家一樣買了

---

12 歐思禮路（Oxley Road）房子指的是新加坡建國總理李光耀故居。二〇一七年中，李光耀三個子女：新加坡現任總理李顯龍、妹妹李瑋玲和弟弟李顯揚，因為對故居該如何處置意見分歧而陷入紛爭，堅持尊重父親遺願拆除故居的弟妹先是通過社交媒體公開對兄長做出指控，接著總理李顯龍在國會上發表鄭重聲明否認濫權指控，這場李家紛爭在當時持續了一個多月。

合成油氈鋪在水泥地板上。一開始，油氈總是被大風吹得掀起來，在風中不斷拍打著地板。後來在上面走動多了，油氈才緊貼著地板。這些都是日常生活中簡簡單單的喜悅。還有，那是我生平第一次睡在床上。過去在巴西班讓，我都是用草席打地鋪的。

組屋外頭有個小停車場，可以看到大家總是搶著找停車位。後來，我買了一部小車子，我也試著選擇最佳停車位，確保自己出得來，不然就會被其他車子所困，進出不得。住在組屋區也相當嘈雜，尤其是過農曆新年的時候。當時爆竹還未禁用，所以各種聲音都有，也有爆竹從最頂層被扔下來。

問：那是您第一次跟弟弟妹妹同住在一個屋簷下嗎？

答：不是的。我們一直都住在一起；直到父親過世，母親才跟三個弟妹搬到學校住。後來買下女皇鎮的三房式組屋，我們又全擠在一起了，還行。現在，有些人恐怕會覺得太擠了。

問：因為大家都不再覺得現代化衛生設備有什麼了不起。

答：這才是問題。

問：您在這個年齡對政治有什麼想法？

答：我那時是左傾的。受五叔佳璧影響，他是中正總校學生，當時華校生的政治意識要比像我這樣的英校生強得多。我叔叔當時才大我四歲。他介紹我看一些英文的左翼文學著作，我自己也買了一些俄文書。我認識了高爾基、屠格涅夫……這些書我都看。然後我接觸到「無產階級」這個詞。念起來好聽，很震撼。所以上高一那一年，我就寫了篇文章大談辯證唯物主義。

問：您寫文章談辯證唯物主義？那很可能會讓您惹上麻煩的！

答：我並不知道呀。我以為自己會讓人刮目相看！無產階級、辯證唯物主義，全是非常偉大的詞彙！不過老師並沒有罵我，他只勸了我幾句，解說了一些概念。然後我說：啊，也許我的論點不夠全面吧。老師卻解釋，大概是說我沒完全把這些概念搞清楚。我也沒再堅持。

我並不覺得五叔佳璧是有意識地在影響我的思想。但他和幾個姑姑全是華校生，每當有學生示威活動，他們都會很投入地參與。叔叔甚至在福利巴士工友罷工時，帶我到福利巴士車廠去。暴動發生前的那個晚上，我就在福利巴士車廠。我們是從巴西班讓住家一路走到亞歷山大路的福利巴士車廠，路程大概兩三英里。我們走到那邊，就在現場聽。巴士司機鬧罷工，有個人站起來要說話。結果他什麼也沒說，就只是站在那裡沉默好幾分鐘，你能感覺到空氣中凝聚的緊張氣氛。而員警就在附近。幸運的是，叔叔相當明智，他一定是意識到快發生什麼事了。如果那個男子當時開始發表演說，我們說不定會待著聽完。我隔天看《海峽時報》才知道發生了暴動。叔叔也帶我到加冷機場去迎接到英國為爭取獨立建國進行談判的部長團回國。

我三叔也是左傾的。他是個報販，騎著腳踏車賣報紙。一天，他告訴他母親說自己要到中國去，就這樣什麼也沒帶就離開了家。幾年後，他在中國改革開放以後回來過一次，但他沒法回來永久定居。我後來才知道他成了中國共產黨在廣西的幹部，住在南寧[13]。

順道提一下，當年人民行動黨要派我出任候選人，進行面試時，李光耀偶然間問起我是否認識任何共產黨人。我說不認識。後來回想起來才意識到這個答案有點不老實！

問：您見證了新加坡幾件重大事件。您當時對政治有些什麼想法？

答：我覺得自己渴望看到改變。換句話說，我直覺上，或者說思想上，更支持李光耀這一邊。而不是共產主義份子那一邊。不過在那個時候我對反殖民沒什麼強烈的感受。還太年輕了，不會有那麼強烈的感受，就只是有種預感變革將要發生，而人民行動黨站在了對的那一邊。

問：您出席過人民行動黨的群眾大會嗎？

答：我在一九五五年跟著叔叔去過武吉知馬（Bukit Timah）區的群眾大會，一九五九年也到過巴西班讓區的集會。我就是在那裡第一次見到李光耀。他當時在幫奧斯曼渥（Othman Wok，新加坡開國元勳之一）站台。在巴西班讓那場群眾大會上，我看到他從人群後面走出來。那是他的風格——在場子後面出現，停下來聽其

---

13 南寧為中國華南地區廣西省省會。

他演講者發言。他一定會在發言之前先感受現場的氣氛。他穿著一身白，在人群中觀看了一陣，然後走上台去開始用福建話發言。群眾一下子全笑了起來。他的福建話說得不太好，發音不標準。我當時年紀還小，不知道他為了學福建話下了很大的工夫，也不知道他其實不是福建人。我就只是站著跟大家一起對著他那一口彆扭的福建話哈哈大笑起來。

吳作棟同學在大學時期是個資優生。他的大學同窗好友都這麼說。「吳作棟表現非常穩健。如果要打賭誰肯定會考到一等榮譽學位，那就非他莫屬了。」新大政治科學系同學陳慶珠這麼說。他沒讓在他身上押寶的同學們失望，一九六四年大學畢業時，他果然考獲經濟學一等榮譽學位。同學們都認定他必成大器。陳慶珠說：「我們倒沒提到『領導人』這個字眼，但他具備所有優良品格：溫良敦厚、光明磊落，你會相信他在人生旅途上一定會有所作為。」

他原想繼續做學問，在學術界幹出一番事業，因此申請在大學裡當研究員來履行助學金合約。但是不被批准。「我當時想，那就算了。」他說。「我很清楚自己有合約在身，一開始就知道這個要求很難實現，但新大願意為我爭取。既然爭取不到，我說，那好吧，我就去為政府做事。」公共服務委員會把他派到了菁英雲集的「行政服務處」，讓他加入設於政府大廈總理公署屬下的「經濟計畫組」任職。

他領到的第一筆八百三十元工資，馬上讓祖母拿了去，還給十三年前熱心出錢讓吳作棟父親能妥善安葬的家庭摯交胡埔和清飄。

第二章　企業官僚

他一手扭轉了公司的局面。[1]

——賴清榮，東方海皇船務公司前董事經理

一九七三年四月二十七日這一天，一組來自新加坡的政界菁英與船務業領袖聚集在芬蘭圖爾庫港口，歡慶一艘半貨櫃貨運船建造竣工。這艘貨船命名為「海皇寶石號」，沿用的是所屬「東方海皇船務公司」的名號；這家公司可是新加坡政府剛在五年前創辦的國營航運公司。「海皇寶石號」身價不菲，耗資二千五百萬元，由

1 Rahita Elias and Leong Ching, *Beyond Boundaries: The First 35 Years of the NOL Story*《航越界限：海皇輪船首三十五載》(Singapore: NOL Limited, 2004), p. 39。

芬蘭著名的瓦錫蘭（Wärtsilä）造船廠量身打造。新貨輪建成下水，當然得依照自古至流傳至今的海事業慣例，剪綵後來場「擲瓶禮」：衝著船頭擊碎一瓶香檳，圖個好兆頭。但香檳瓶一擊！卻是完好無損。人群頓時騷動起來，「衰！」有人以福建話輕聲咒罵著，意思是「倒楣了」；新船下水「擲瓶」典禮無法完美進行，是海事業一大忌諱，預示著新船接下來的航程不會一帆風順。香檳酒瓶第二次擊向海皇寶石號船頭，這一回，碎了。但有些人相信，厄運已降。

還不到四個月，厄運就在寶石號處女首航之時來襲了。當時蘇伊士運河不巧關閉，從芬蘭啟航的新貨船得繞道非洲才能航抵新加坡；就在途經南非東開普省海域時遇上惡劣天氣。「船長當時並沒有及時減速。」海皇公司船舶工程師梭昂（Soe Aung）事後說。寶石號當時遭受六十尺高的巨浪猛烈衝擊，三十五名船員在驚濤駭浪中陷入一片恐慌；船員當中除了德國籍船長之外全是新加坡人。「那個晚上，沒人睡得著。」寶石號第二工程師謝志強在《航越界限：海皇輪船首三十五載》書中憶述當時場景：「天氣非常惡劣，船艙又悶熱又潮濕，整艘船顛得很厲害。」然後，大家都聽到了一聲沉悶的重擊聲，馬上意識到情況不妙了。船員鄭富昌（音譯）事後接受《新國家午報》訪問時說：「當時真的很可怕，誰也不知道究竟發生了什麼事。」那個擊不碎香檳瓶子的海皇寶石號船頭，硬生生斷裂，從二萬三千公噸貨運船身崩裂脫離。鄭富昌當時描述：「上一分鐘船頭還在，下一分鐘就在黑夜裡消失……漂走了。」

消息傳到了海皇新加坡總部，執行董事邱清祿立刻聯繫財務總監吳作棟，告訴他：「寶石號在南非岸外海域散了。」吳作棟驚呆了：「散了？什麼意思？」邱清祿回答：「解體了——斷成兩截。」吳作棟聽到消息時簡直不敢置信。在《航越界限：海皇輪船首三十五載》書中，吳作棟曾如此回溯當時的感受：「這怎麼可能發生？太不可思議了。沒錯，是遇到了風暴，但一艘新船怎麼可能遇上暴風雨就這麼斷了？這太叫人震驚了，我根本無法相信。」他最關注的是船員的安危。很慶幸的是，事發時船員都不在船頭上，大家全逃過了一劫，最終從殘破的寶石號船身獲救。吳作棟之後與海皇幾位高層趕赴芬蘭視察船隻破損的情況，也和瓦錫蘭造船廠商討維修事宜。經過好幾個月的斡旋和仲裁，對方才終於同意為這次災難負起責任，海皇剛剛建立起來的聲譽總算得以保全。幾個月後，海皇展開了一場與這次事故並無多大關聯的人事調動：吳作棟受委為公司的董事經理，坐上了這家國營航運公司的最高領導位置。

寶石號船難驚心動魄的程度，是吳作棟當年爭取外調到公共服務部門以外的工作崗位時所無法想像的，遠遠超乎他的想像。加入海皇之前，吳作棟在一九六四年先獲安排到經濟計畫組任職。但是才不過幾個月，他就覺得這份工作枯燥乏味，一直渴望著他口中所說的「更多刺激」。他當時任職的小單位負責的就是研究統計資料和圖表，毫無「刺激性」可言。「我學到什麼呢？老闆教會我怎麼整理檔案處理文檔。他會拿出紙張和穿孔器，在紙上打出兩個孔，然後進行整理，插入號碼1、2、3、4。我學會了整理檔案。我們都做些什麼？剪出文章，一篇篇貼在大卡片紙上，張掛在布告板上。一開始根本沒什麼腦力活，淨是非常無趣的文書工作。」

直至比萊（J. Y. Pillay）受委領導這個小組，經濟計畫組的職務層次一下子拉高了。此人日後在新加坡成為一位赫赫有名且貢獻顯著的公務員。[2]當時，也正逢星馬分家談判進入關鍵的最後一年，經濟計畫組和吳作棟等公務員突然得積極擔負起重任，為剛剛獨立建國的新加坡制定經濟發展策略；忙著寫報告幫助政府規劃如何在脫離了廣大腹地的依託後還能自行取得經濟增長。吳作棟說：「那以後，我的工作變得有意思多了。」吳作棟說道。「我們負責撰文寫報告，都是要納入第二階段發展計畫的報告書。」比萊這時開始留意到這個年輕人了：「他很安靜，不喜歡到處張揚，非常自律，謙遜有禮。一個精明能幹的小夥子。」

吳作棟表現很好，有時候甚至有些過了頭。有一次他負責撰寫一篇關於新加坡經濟狀況的報告，那是針對國內經濟所做的第一份相關報告書，內文包含了經濟增長資料。時任副總理的吳慶瑞[3]對這篇報告激賞不已，馬上發送給報章發表。隔

---

2 比萊於一九六一年加入財政部，出任經濟計畫組副祕書；而後服務於多個政府部門和法定機構，一九六五年星馬分家前後受委協助催生新興小國的獨立經濟體，在工業化時代推動成立裕廊鎮管理局、裕廊船廠和勝寶旺船廠。最顯赫的成就是把新加坡航空公司打造成世界級航空公司。比萊於一九九五年從公共服務部門榮休，二〇〇五年受委為總統顧問理事會主席至二〇一九年一月。

3 吳慶瑞是新加坡建國元勳、政壇元老，曾在內閣中擔任多項要職，包括財政部長、內政兼國防部長、教育部長、副總理，從政二十五年間為新加坡獨立建國後的繁榮發展做出重要貢獻，享有「新加坡經濟奇蹟設計師」、「新加坡經濟發展總建築師」美譽。二〇一〇年五月病逝，享年九十一歲。

天，年輕的吳作棟就收到總理李光耀的便條。「他說按慣例，經濟增長數字應由總理來發布。」吳作棟回想起往事，不禁為自己的年少無知而失笑。「他並沒有責罵我，只問我是誰批准我把報告發給報章的。我當然向吳博士報告了這事，他說他會讓總理知道是他讓我這麼做的。」

儘管在現有的工作崗位上表現出色，可是對於前線工作的渴望與追求，卻始終無法獲得滿足。吳作棟想要離開公務員體系（civil service），轉投油氣業鉅子蜆殼石油公司，並在一九六五年通過了該公司舉世聞名的層層遴選，過關斬將，在蜆殼公司掙得一職。但是即便他已經從政府部門辭了職，這次跳槽行動還是被吳慶瑞硬生生給攔了下來。吳慶瑞甚至向蜆殼施壓，迫使對方放棄挖角。這事容後再詳述。慶幸的是，一年後，一九六六年，吳作棟終於再有了一次「出走」的機會。比萊建議他申請到美國麻薩諸塞州威廉斯學院（Williams College）攻讀發展經濟學碩士課程。他申請到福特基金會（Ford Foundation）獎學金，可這也意味著他簽下了另一紙合約，從威廉斯學院學成回國後又得再次重返公部門服務；這回是到經濟計畫組改組後的經濟發展司任職。這一回，他下定決心，從此要做的，絕對不是只寫報告而已；他要為自己的事業注入更多活力與幹勁。

當時，經濟發展司辦事處就設在浮爾頓大廈（The Fullerton Building），這座大樓如今已然改頭換面，成為盤踞新加坡河口的一棟時尚豪華大酒店。巧合的是，新加坡政府當時剛成立的一家新公司，向經濟發展司借用了浮爾頓大廈夾層的一間小房間，充當辦公室。這家公司是「東方海皇船務公司」，是由新加坡政府全資經營的國營航運公司。「他們借用我們的地址、一間小房間，以及文書打字員。海皇就是這麼起步的。」吳作棟憶述著。「我就這樣認識了海皇當時的董事經理賽義德（M. J. Sayeed），執行董事邱清祿。所以當我又萌生到其他地方做新嘗試的念頭，很自然地會想到他們。一問之下，他們同意了。」他成功被外調到海皇，出任規劃與專案經理。吳作棟說：「我負責為公司進行規劃，也推動特定專案。」反映的正好是那個時代的特色：具體工作與職銜稱謂正吻合。「這可比我在經濟發展司的工作來得更有挑戰性。」不多，但已足矣。

此番調動並非什麼特殊安排。與許多年輕有為的獨立後時期（post-independence era）公務員一樣，吳作棟屬於開創型、馳騁商場的官僚人員，看似矛盾實則絕配。吳作棟轉投海運業的同時，其他同一代公務員也紛紛進軍新成立的國有企業。比萊接管了新加坡航空公司；丹那巴南協助創立新加坡發展銀行（星展銀行前身）；沈基文先後在國有貿易公司國際貿易（Intraco）集團和吉寶船廠烙下印記；楊烈國為國防工業公司以及後來的新科集團奠定了指標。而這些項目全是吳慶瑞創建的政聯公司（Government Linked Corporation）的整體布局，不光是為了創造盈利，也是為避免新加坡過度依賴大型跨國企業，保障新加坡的戰略性未來。

海皇就是個最佳實例。投資成立公司當然要看到回報，可是吳慶瑞也為海皇定下了戰略性目標：要突破遠東（歐洲）航運公會的壟斷，否則運費居高不下，只會牢牢扼住新加坡的貿易往來。與此同時，新加坡有了自己的船務公司，即使戰事爆發也能有所保障。吳作棟解釋說：「戰爭期間，商業船運公司大多都不願意幫你運載貨物。一旦有了自己的船運公司，就可以自己載貨。這樣的想法其實不是很正確，可是我們當年都沒有經驗。後來才知道，只要願意付出一筆高額保險費，總還是會有船願意航進戰區。但在那個時候，這的確是一種戰略性思維。」

為了成功落實這項戰略，吳慶瑞放手讓吳作棟這一群年輕公務員進入政聯公司擔當領導重責，哪怕他們對相關行業全然陌生。吳作棟說：「年輕時你會發現自己什麼都肯學肯幹。毫無經驗的不只是我一個。大多數人對船運經營也一竅不通。他們從其他私人船務公司招攬了幾個人，這些人在開拓貨源有兩下子。但擁有和管理一艘船，他們就沒經驗了。唯一有經驗的是當時的董事經理。可是這位又從來沒有真正管理過一家公司。他是跑船的，船長出身。管理一艘船他很在行，但管理一家公司是很不一樣的。」曾經在海皇擔任造船工程師的林文興也回憶道，海皇全公司上上下下以年輕人居多，他受公司派駐丹麥造船廠時才二十三歲。他還分享了一段小插曲：海皇某艘新船有次停靠在美國加州，有個美國人登船後忍不住驚呼：「天哪！他們找來一批童子軍管理這艘船！」

吳作棟並沒有被公司派去上課或受訓，那時根本談不上這種特權或奢侈。他只能靠自己看書，去摸索有關船務航運的一切。一個後來成為國家營業航運公司首席掌舵人的小夥子，居然是個完全仰賴一九六〇年代盛行的「傻瓜書」指南自學的新手；無論當年或現在，聽起來都十分不可思議。吳作棟說：「我買了兩本書：一本是怎麼管理一家船務公司，另一本則是關於油槽船的。都是很基本的初級入門書，課程一〇一。」林文興說，海皇從來不擔心放手讓優秀人才擔當重責：「而一旦有所表現，就會獲得擢升。」

為了幫助吳作棟熟悉船運業務，公司安排他登上一艘舊油槽船「海皇金牛號」，由新加坡啟航前往中東，要他學習掌握貨運業務。他很快就意識到，自己在事業上所嚮往的刺激元素，即使身處浩瀚大海中，竟也是如此難以實現。「我上了油槽船。噢，船航行得真的非常緩慢。船員全來自香港，每個人都在說廣東話，我卻是一個字也不會說。還好大副是個印度人，我還可以用英語跟他交流。他也悶得慌，所以帶我去看看油槽船的輸油管和顏色標記分類系統，哪個顏色代表輸出或輸入，怎麼操作等等。他還帶我去參觀輪機艙，所以我又學到了一些。我住的是船主套房，就是一個小房間外加一個陽台，可以讓我曬曬太陽。第一次登船感覺不錯，海風吹拂，非常舒服。可是過不了多久你就會覺得無趣了。我還帶了我那本油槽船入門指南上船，試著將書裡的內容與實際情況做對照。但當晚才剛抵達巴生港，我就覺得無聊透了。」

他在這個馬來西亞港口上岸，觀察了停泊裝貨的過程；之後油船繼續北上檳城卸貨。他說：「我那個時候已是悶得受不了了。」他隨即策謀了一次逃亡行動，從檳城折返新加坡，然後向老闆解釋自己已熟悉了油槽船的全部運作，沒待在船上一路跟到中東，其實是為了替公司省錢。

親力親為著手經營一家船務公司所帶來的滿足感和興奮感，讓吳作棟很快就忘掉了金牛號上的枯燥乏味。他也很快發現，海皇的貨船油船沿著遠東航運公會的路線航運，每趟航程的利潤多少，公司竟是毫無概念。為了處理這個問題，他推行了一套「執行資訊系統」，在每趟航程完成最後一個港口起貨後，計算出成本及收入。計算結果讓海皇大為震驚：幾乎每一趟航程都是虧損的，即使在貨船八成滿的情況下也不能倖免。

吳作棟得出的結論是：海皇的貨物選錯了；像是木材和橡膠，運費不高卻占用大量艙位。他說：「我們起初想不通，覺得很困惑。然後我看到一本書上談到『最理想的貨物』，才知道必須善用空間，運送沉重的高價貨。我研究了一下，決定改運馬來西亞的錫礦——其實是錫錠，它的體積小、重量大、運費高。可是也不能全載錫錠，那樣貨船會沉。所以是錫錠、橡膠，外加一些製成品。萬不得已之下，才考慮體積龐大的木材，因為運費低，但裝卸成本卻很高。」

他為海皇帶來的改變有目共睹，在加入公司四年後，於一九七三年，也就是寶石號遇難後不久，他獲得公司器重，坐上了海皇第一把交椅，出任董事經理一職。那一年，他才三十二歲。海皇董事局成員比萊是舉薦吳作棟的其中一人，由他取代經驗豐富的邱清祿。「我看得出作棟更適合出任總裁。不是清祿哪裡不好，但作棟讓人感覺更沉穩，非常堅定直率。他話不多，所以容易讓人忽略。」比萊輕聲笑著說。「但他的確確是個能幹稱職的人才。」

吳作棟為這次任命許下了承諾，他立志要在三年內讓這家持續虧損的公司轉虧為盈。「我告訴主席，請給我三年時間，我一定會盡最大的努力。如果我沒法讓公司翻盤，他們就得另外找人了。」他說著，隨即咧嘴笑了：「我先讓他知道我需要三年時間扭轉公司局面，以免他們以為我可以在兩年、甚至一年內做到！」

於是，他重新審查了公司的財務策略、保險政策，以及最根本的企業文化。公司那個時候的聲譽並不好；正如林文興所說：「可靠度很低。」當年海皇聽說航程沿途可運載額外貨物，經常為了賺取額外利潤而讓船隻繞道到幾個額外港口載貨，卻耽誤了原訂航程，使客戶極其不滿。吳作棟上任後減去了這些枝節，重新建立起了海皇的名聲。在海皇服務多年的資深員工張益隆透露，海皇在七〇年代初還只是海事業界寂寂無聞的小角色而已。「當年公司確實只是個小角色。可是到了七〇年代末，我們建立起了品牌，航運業鉅子對我們都不敢小覷，很尊重我們，我們在整個航運業同行裡面其實是備受尊敬的。這些表現大部分都該歸功於吳先生所做的決定。」

吳作棟的其中一項重要決定是，順應當時海事業掀起的新浪潮，推動海皇進軍貨櫃航運。很快地，在他的領導下，海皇有了第一艘專門為此而建造的箱運貨輪「海皇珍珠號」。前海皇海事工程師紀亞峇說：「我們肯定是當年先鋒，而吳作棟就是推手。他不是搞船務出身，但是非常聰明，洞察力也很敏銳，能看出航運業未來的走勢。」吳作棟也著手對公司進行重組，為了避免過度依賴中間人，海皇開始讓年輕職員派駐日本、德國、倫敦等海外市場。

張益隆說：「我們對當地情況有了直接接觸，所掌握的資訊與情報都更為準確。船運這一行，你不可能從書上學到一切。得實地瞭解，憑著所見所聞所觀察到的去做決定。」為了進軍貨櫃航運，吳作棟也讓屬下員工在沒有受邀的情況下闖入ACE集團（Asia Container Europe，亞歐箱運集團）會議。林文興憶述：「為了參加會議，我們在酒店裡等了好幾天。加入集團對海皇來說是至關重要的。我們向集團其他夥伴成員學了很多。也正是因為這樣，海皇才能逆轉局面。」

對內，身處海事業這麼一個相對嚴峻的環境裡，吳作棟必須確保自己以最細膩、適當的方式來激勵海皇的年輕團隊。他日後在政壇上所展現的精明用人之道，以及待人處事的敏感度，早在海皇時代已初步顯現，通過微小卻實質的改變，提振員工的福利與士氣。比如，他在辦公室為員工闢設了「歡樂時光」時段，讓員工聚在一起小喝幾杯，酒水飲料全數由公司買單。「你要怎麼加強團隊的凝聚力？那個年代的航運業，大多數人都會喜歡喝幾杯。」他說道。「如果船員難得回到新加坡，我說來吧，到公司來喝兩杯再回去。他們永遠都是超時工作。任何人，甚至是祕書，都可以上來喝兩杯。書裡不會告訴你這些，但是必須加強同事間的凝聚力，這是常識。」

這應該就是吳作棟參與式管理作風的開端，總是有意識地去瞭解其他人的需求，設身處地考慮他人處境和利益。「他是老闆，可是他很少會數落或責備同事。」紀亞岔如此形容當時的這位吳老闆。「他會耐心聽取大家的看法，也因為這樣，同事們都敢於表達意見，提供回饋和點子。當然，你也要言之有物。可吳式風格是這樣的：他會接納回饋，然後對你說：『好，我們接下來會這麼做。』」待有朝一日其他新加坡人民都熟悉了吳式作風，海皇老員工都會會心一笑，因為他們比誰都更早體驗到這一套管理風格。「他後來所主張的協商式政府，我們在海皇早就先見識過了。」張益隆說，咧嘴笑得很燦爛。

吳作棟也發現海皇輪船回星靠岸後，因為計程車沒法開近碼頭，船長總是得大老遠走到外頭的大馬路攔計程車。「船長總是有好多文件要簽，所以一般都是最後一個離開的人。但這可是母港[4]啊，大家在新加坡靠岸時都是歸心似箭，想要盡可能多陪陪家人、要做自己的事。」他說道。「所以我就說了，為了拉抬士氣，我們何不找部休旅車，把船長和高級船員一個個送回家？或至少把他們送到大門口，讓

4「母港」指的是船隻做為基地的港口，通常也是船隻的「船籍港」或註冊港。

他們不必走個二、三十分鐘才能叫得到車。這個舉動，大家都很感恩。這又是常理。」

這個新舉措其實也源自幾次破壞事件。吳作棟觀察到有些船員會刻意損害船隻；因為貨船要維修，就得在船塢停留更長時間。「這麼一來，船員就可以有更充裕的時間在岸上享受一下，畢竟他們也出海大半個月了。」他進一步補充：「當你的船長回到母港，請好好善待他。這其實不是什麼大不了的事，只是你永遠得把人們的福祉放在心上。要管理好一家公司，就非得先關心員工。一定要以人為本。」

他的人事管理風格很重要的一環，就是身體力行，包括最基本的禮貌。紀亞崙說：「他每天早上進電梯都會跟大家說早安，無論你的身分是什麼，員工也好，清潔工人也好。所以，因為他這樣，大家也都會回聲說早安。」說著，他笑了起來。「過去如果看到老闆進電梯，沒人會搶著進去，大家寧可等下一趟。可是大家就不會這麼對吳先生。」

當時航運業管理層出國搭飛機都坐頭等艙，可是吳作棟堅持坐經濟艙，理由是海皇還看不到收益。他說明：「公司還沒賺錢啊，我搭飛機怎麼可以坐頭等艙？如果我選擇頭等艙，我的高級經理也會要求坐頭等艙，我沒理由拒絕。然後船長、高級船員，也會要求搭頭等艙。」別人告訴他飛經濟艙有損海皇形象，有可能嚇跑潛在客戶，他不以為然。「從來也沒人問我搭飛機坐的是什麼艙位。倒是經常會有人問起住哪家酒店，所以酒店我當然會選擇檔次合理的。我不能為了省錢而住廉價酒店。我就是這麼發現了倫敦的皇家花園酒店；不算最頂級，但也算得上高檔，很有聲望。可是從來沒人問我是怎麼到倫敦的。」

儘管航運業是個紙醉金迷的花花世界，處處充滿了誘惑，吳作棟卻是個剛正不阿的年輕人，從來不為所動。部分原因是基於外在約束吧，他這麼說。即使在早年，新加坡的清廉名聲也已享譽全球。「對方會知道新加坡是怎麼運作的；大家都知道李光耀，知道我們做事的原則和方法。根本不必嘗試誘惑我們。」他舉例說：「我們為載貨選擇、運費等等進行磋商時，全都相當透明。對方一定看得出來，跟新加坡做生意不必拋出什麼誘餌。這是我的推斷。所以從來也沒人要給我什麼好處。」他正直清廉的品格，讓當年的政壇元老刮目相看。多年以後，李光耀在一九八八年曾經如此形容吳作棟：「他的才能不容置疑，他的誠信獲得證實。當年在海皇，他曾與諸多航運業鉅子打交道，像包玉剛、董氏家族那些香港百萬富豪、千萬富豪。這些人互贈禮品時交換的可不是T恤！但吳作棟完全不為所動，並未『同流合汙』。所以財務上你不能跟他談交換條件。這點很重要。」[5]

他清楚且深刻地意識到，這份工作不光是為了創建一家私人公司，然後確保公司轉虧為盈而已。吳慶瑞「政聯公司」概念背後的戰略性建國思維，強烈影響了吳作棟和他那一代的年輕公務員。正如人們總是說，新加坡能有精明能幹且清廉團結的建國第一代領袖，是何其幸運；而這個國家還能有第二代接班人，把同一套思維理念和作風延續下去，不也一樣是個奇蹟？就像吳作棟所一再重複強調的，海皇是一家「國營船務公司」：「你在這裡有份責任。你自然會覺得這就是你的國家。並不是只有我才這麼想。我們這些年輕人，全都有著如此共同的想法。我們能感受到自己是新一代團隊的一份子，正在幫助新加坡成長。」他補充說：「我的責任是為國家管理一家船務公司，所以我們的出發點會很不一樣，所做的一切全是為國家。船務公司是屬於國家的。換作是一家私人公司，我不知道結果會怎麼樣。慶幸的是，海皇是一家國營船務公司。」

問與答

問：您在政府部門開始工作後不久，幾乎就要跳槽到蜆殼石油公司。當時為什麼會想要離開？

答：這個嘛……當時我在政府部門的每月工資是八百三十元，每年加薪三十五元。第一次升遷要等五年，而且惟有表現最出色的才有機會升遷。我要等到五年後才可能升為助理祕書。也就是說，我必須等上五年，每月工資才會是一千零五元。然後我偶然間看到蜆殼公司的招聘廣告，月薪是一千一百元！嘩！

問：可是這也意味著您得毀約？

答：嗯，但畢竟是一千一百元啊。在那個年代毀約，並不會引起多大爭議或騷

---

5 "Prime Minister's assessment of Goh Chok Tong"〈總理點評吳作棟〉, *The Straits Times*, August 24, 1988, Home, p. 17.

動。我只須賠償三千六百元。可這是一筆大數目，我沒錢償還。錢是向蜆殼借的。

問：如果您跳槽到蜆殼公司，擔任的是什麼職位？

答：我不知道！（笑）我不知道具體是什麼，他們說是執行級職位。那個年代，執行級算是很高級的職位，職銜聽起來也很好，關鍵是一千一百元太吸引人了。

問：所以您向經濟計畫組遞辭呈，準備轉投蜆殼公司？

答：我辭職了。經濟計畫組還為我辦了場歡送會。我當時一位姓林的老闆還很羨慕我走得了。還記得他對我說：「你太幸運了，做得對！因為再過不久你就開得起捷豹跑車了！」蜆殼公司是全新加坡薪酬最高的公司，要進去非常不容易。所以，進得了蜆殼就是很了不起的事。可是我對捷豹一點興趣也沒有。我看中的是一千一百元月薪！而每年還加薪一百元。換作是你，你不也會這麼做嗎？告訴你，我當時正準備結婚。我得養家餬口。

問：您是怎麼認識您太太的？

答：可以說是緣分吧。她是馬來西亞人，到英國留學，卻因為受不了寒冷天氣而回來，隔年報讀萊佛士書院，從高二讀起；在那個年代是大學先修班二年級階段。我因為長得高，當時就坐到教室的最後一排。班上一般是兩兩並坐，只有我是自己一個人坐。她來到我們這一班，老師領著她走進教室，告訴大家這位新同學會加入我們這一班。這位新同學看了看四周，前幾排全坐滿了，她就直接走向最後一排坐在我旁邊。我們並沒有一見鍾情，但是一開始就共看一本書，因為她沒有課本。

那一年年終，我和兩個朋友結伴到馬來西亞旅遊。或者說馬來亞，那個時候應該還是這麼叫的。我參加本地報章主辦的作文比賽得獎了，贏得二百元。我們想找個地方住，所以就半開玩笑地問她：「噢，你是吉隆坡人，可以讓我們住你家嗎？」就這樣，我們三人就真的住進她的家。

我們當時都還小，什麼也不知道，就這樣三個人住在一個房間裡。後來我跟子玲相熟了以後才發現，原來那是她父母的房間！父母把房間讓給了我們，兩個人去睡儲藏室，她則和姐姐睡在另一間房。

問：給您如此特殊的待遇，她一定很喜歡您吧？

答：這我就不知道了。我以為她的家挺大的，後來才知道這不是她家的房子，是政府宿舍。她父親是學校裡的教育工作者。但那次之後就開始對彼此有了好感，也開始約會。其實在這之前我們偶爾也會一起外出吃頓午餐，也經常在學校附近走走，一路走到奧迪安[6]那邊附近。

問：她可是您的第一個女朋友？

答：她是我的第一個女朋友。我們約會，感情就這樣自然發展了。升上大學後也繼續在一起。畢業後就論及婚嫁了。

問：求婚可有出什麼花招？

答：沒有。那個年代，再加上我的成長背景，哪像今天的孩子，求個婚都可以花樣百出、創意十足。不是那麼一回事，都是走一步看一步。我不記得當時有任何正式求婚的形式，肯定沒有下跪。我當時其實也沒什麼錢辦婚禮。是二叔堅持得至少辦個晚宴。我告訴他我和母親都負擔不起。他說不行，我可是吳家那一代的長孫，必須請客辦喜宴。所以他決定出錢幫我辦了那場婚宴，也向老闆借了車；他當時在祥和餅乾廠工作。我們決定在我到蜆殼開始新工作之前結婚，因為剛換了工作的第一年裡是不可能請假的，那個年代一般上剛開始工作的那一年都不拿假。

我們去了馬來西亞度蜜月，在吉隆坡時收到蜆殼公司發來的電報：「請盡速回國。」我回去見他們，他們說：「真是抱歉，吳慶瑞博士不放人。政府不肯讓你離開公共部門。」吳博士當時還不算認識我。我是在很久之後才瞭解到他們（政壇元老）正在尋找，應該說，正在留意有潛質的公務員。我是當中少數持有經濟學一等榮譽學位的畢業生。當然也有其他優秀的畢業生，但全都不是學經濟的。再加上當時經濟計畫組隸屬於財政部，吳博士想必是注意到我了。

蜆殼說，聘約書雙方已經簽了。如果我的決定不動搖，他們會履行合約。可是聽他們的語氣，會遵守合約但似乎有隱憂，因為蜆殼無法預料吳博士會怎麼對付他們。他們當時剛獲得政府頒發的「新興工業證書」，可享有稅務優惠。[7]我說：

---

6 奧迪安戲院於一九五三年建於橋北路，是五、六十年代新加坡市區的重要地標，在萊佛士書院武吉士校園附近。奧迪安戲院於一九八四年拆除。

「那我瞭解了，沒問題。我會回去。」所以我又回來了。這一回，經濟計畫組並沒有給我辦一場「歡迎回歸」茶會！我只是覺得好笑。林老闆更是笑開了花。

問：您當時心裡氣憤嗎？

答：並不會。有些事情是自己無法控制的，沒必要為此而生氣。

問：可是您的捷豹泡湯了……還有千元薪金。

答：的確，薪水才是更重要的（笑）。蜆殼在新加坡請了兩個人。巧合的是，另一人也姓吳。我並不認識這個人，也不知道他後來如何了。也許他正開著捷豹呢。

問：您回去之後，政府可有給您加薪？

答：沒有，沒這回事。我回到原來的地方，領原來的薪水。你有約在身，你得履行合約，那種感覺就是，你當初心甘情願簽了約，領了助學金，所以你就得接受。在那個階段，你根本無法掌控自己的人生。不過我是感恩的，這也是我願意為政府服務，而後加入人民行動黨的原因。我很感恩，沒有那筆助學金，我不可能上大學。如果當初沒簽下那紙合約，我的人生會是怎麼樣的，我也說不準。我很可能會加入《海峽時報》，因為這就是當年在高中時期選修文科時的想法，立志要當記者。我從來不會為自己無法控制的情況而心煩。當年大學畢業後無法如願留在學校裡做研究，我也沒太介意，日子繼續過。後來跳槽蜆殼，馬上就要報到述職了，結果卻是從沒踏進去過。我也認了。

問：結果您還是在不久後離開了公家機關，拿了研究生獎學金到威廉斯學院深造。談談那段經歷。

答：我被威廉斯學院錄取之後，他們寫信給我，讓我向福特基金會申請贊助。福特基金會很好，他們的辦事處在吉隆坡，還買了張機票讓我飛到吉隆坡面試。所以，我在二十五歲那一年第一次坐上飛機。感覺真棒。我看著窗外的白雲，哇！完

7「新興工業證書」（Pioneer Certificate）是新加坡政府為推動工業化，自一九六〇年起實施的計畫，符合新興工業資格的投資者可享有五年免稅優惠；一九六一年首次頒發「新興工業證書」予四家外國公司，蜆殼是其中之一。

全著迷了。起飛和降落……對我來說都是非常奇妙的體驗。

後來到了威廉斯學院，我覺得最難得的經歷就是認識了身邊的同學，好多都是來自新興經濟體的年輕公務員。我們班上有二十位同學，來自十六個國家。菲律賓、印度、巴基斯坦、墨西哥，各兩位。另有分別來自馬來西亞、南斯拉夫、埃及、衣索比亞、坦尚尼亞、肯亞、烏干達、賴比瑞亞、哥倫比亞、宏都拉斯、玻利維亞，各一位。我怎麼記得那麼清楚？因為我回國後，甚至在多年以後，我反覆地問自己：是什麼因素讓一個國家變得強大？又是什麼因素讓它生生不息？我剛剛提到的這些國家，好些崩潰了，當中幾個已經瓦解了。

一九六六年，我們全來自新興經濟體，站在同一個起跑點上，大家都在設法為國家做點什麼。一些國家如新加坡和馬來西亞發展起來了，一些國家卻在倒退，如衣索比亞、烏干達。所以我問自己，讓發展中國家持續邁進的真正因素是什麼？是資源嗎？我的結論是，關鍵在於國家的領導和組織模式。換句話說，就是傑出的領導能力。

非洲人其實很好相處的，我喜歡他們。我當總理後到辛巴威第一次參加共和聯邦會議，從第一天起就同非洲領袖自在地接觸交流。除此之外，威廉斯學院的氛圍很好，那是一座美麗的城鎮。可是大多數時間我都鑽在書堆裡苦讀。最初幾個星期還很活躍，到俱樂部游泳，或者參加活動。但之後就覺得應該專心讀書了。

問：您在海外生活，沒趁機放鬆放縱、盡情享受？

答：老婆跟在我身邊呀！如果她沒跟著去，我也許會多做一些新嘗試，多探索一些地方。也幸好是這樣，我還很清醒我還得回國工作的，我有約在身，萬一在那裡學習表現不好，獎學金是會被撤銷的。我並沒有「披頭散髮」[8]盡情放鬆放縱，頭髮變長了倒是可能，為了省錢。

問：您可曾想像過自己有朝一日會以一國總理身分重回威廉斯學院？[9]

答：沒想過。首先是那個時候我根本沒想過有一天會當上總理。甚至根本沒想過

---

8 吳作棟回應本書作者和訪問團提問時說的原話是「let my hair down」。這是英文俗語，指的是「完全放鬆」之意。

會從政。沒有，從來沒想過。為了向你證明這一點，讓我形容一下我是怎麼安排到威廉斯學院的行程的。機票是在新加坡預訂的。我以為自己這次以後就可能不會再有機會出國到處看看了。所以，我先去了香港，在那裡有個以前同校的老同學，我在香港逗留一天，讓他帶我到處逛逛。從香港，我再去了東京，因為我想這輩子大概不會再有機會去了。離開東京後再到夏威夷去。我們都還很年輕，也不知道有「飛行時差」這回事。我們在檀香山大半時間都在睡覺，一天一夜，就只是去看看夏威夷。我們哪兒都沒去，就是在威基基海灘附近的住宿裡待著，還有去海灘走走。

我們還差點誤了班機，因為實在是累壞了。下一站是舊金山。到了那裡，我們的飛行時差已差不多調整過來，所以在舊金山玩得挺開心，到處走到處看。離開舊金山後我們再續程紐約。我在紐約有個朋友，是新大高我一屆的學長，也出席過我的婚宴。他在美孚石油任職，自己有間小公寓，我和太太就寄宿在他家。他人很好，讓我們睡床，他自己睡沙發。然後開著車帶我們四處兜風。是部大型美國車，自動排檔的，我之前還從來沒有坐過自動排檔車。他載著我遊紐約，很開心。

所以事實就是我從來沒想過未來的人生會是怎麼樣的。我不知道自己這一輩子還是不是有機會出國。威廉斯學院學成畢業後，我先到蒙特利爾去看了場展覽。之後飛往倫敦，在那裡待了幾天。接著到巴黎。原本要去開羅，但那時是一九六七年，正逢戰爭時期，[10]所以取消了去開羅的計畫。離開巴黎後飛往羅馬，再從羅馬飛回家。說這些是要告訴你我在那個時候根本沒有任何人生規劃。我就是一個年輕小夥子，認定自己這輩子再也不會有機會繞到世界這一頭來，所以充分利用這張機票盡可能看看更多地方。

問：您幾乎是要環遊世界了！

答：是的，而且全程經濟艙。然後我回來了。換句話說，當時那個小夥子——我

9 一九九五年，時任總理的吳作棟獲威廉斯學院授予榮譽博士學位。這個決定卻引起威廉斯學院一位講師針對新加坡的人權紀錄發起抗議行動，而抗議行動也因為獲得《紐約時報》專欄作家威廉・塞菲爾（William Safire）支持而一度引起很大的爭議。

10 一九六七年六月，阿拉伯國家和以色列掀起第三次中東戰爭，以色列方面稱之為「六日戰爭」，阿拉伯國家稱之為「六月戰爭」，也稱「六・五戰爭」、「六日戰爭」。

不知道現在的年輕人會怎麼樣——但當時那個小夥子沒想得太遠，沒法做什麼規劃。我就只有一個想法，這一生可能再也不會有機會遊世界了。我不過是個公務員，能有什麼機會？我又怎會料到人生竟會是這樣的？

他的人生在接下來的日子裡還會出現更多意想不到的轉捩點。一九六七年從威廉斯學院學成回國後不久，李光耀總理就在政府大廈辦公室召見了他。這還是自當年萊佛士書院歷史學會講座之後，吳作棟第一次見到李光耀。李光耀一見到吳作棟，就對他說：「我在找一個勤務總管。」吳作棟一臉困惑，李光耀進一步解釋：「你知道的，就是當差跑腿的。」

李光耀接著具體說明職務範圍：文書工作、跑腿、蒐集文件。這場速戰速決的招聘面試結束後，李光耀很滿意，讓吳作棟幾週後報到，當他的私人祕書。當吳作棟告訴比萊他的這個新任務時，比萊生氣了。「我送你到威廉斯學院深造，可不是為了讓你給他當私人祕書！」比萊當時這麼說，吳作棟笑著轉述。之後比萊同財政部商量，才把吳作棟繼續留在經濟計畫組。

如果說李光耀的提議來得突然，那下一個由內閣部長提出的工作安排，則以截然不同的方式讓吳作棟徹底震驚了。一九七六年，在他履行承諾在三年內讓海皇轉虧為盈之後，他接獲一通電話，來電者是財政部長韓瑞生。吳作棟以為韓瑞生要找他談談重回政府部門任職的安排，並猜想自己可能會受邀擔任財政部常任祕書。沒想到韓瑞生還有其他盤算。他先前告訴過李光耀，吳作棟是財政部長的理想人選。李光耀在一九八八年回溯當時與韓瑞生的一段對話。韓瑞生對李光耀說：「我知道有個可造之才。他可以接替我，那我就可以退休了。」李光耀回應：「把他找來。」韓瑞生行動了，告訴吳作棟政壇需要他、人民行動黨需要他——要他從此穿上那一套吳慶瑞一度形容為象徵著「神聖使命」的黨服。

part 2

神聖使命

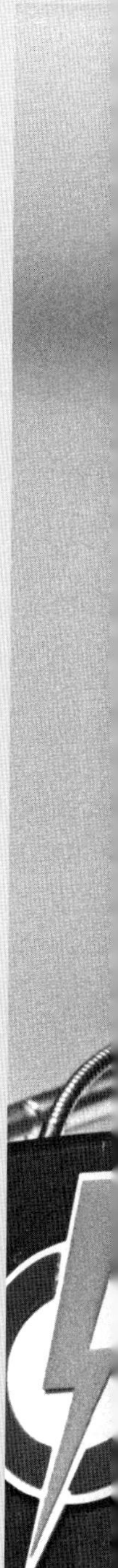

〞對政治我實在懂得不多。也沒什麼政治取向。〝

第三章　馬林「百例」

他具有一種致勝的因素：他跟任何人都談得上話。

——普辛德南（S. Puhaindran），
馬林百列行動黨支部資深幹部兼基層領袖

一九七六年，吳作棟受命出征新加坡東岸一個新劃出的選區「馬林百列」（Marine Parade）。對於眼前的這項重任，他信心十足。雖然自己在執政的人民行動黨團隊中不過是個初出茅廬的新兵，這位政壇菜鳥卻很清楚自己將披上的是一套所向披靡的戰袍。自新加坡在一九六五年獨立建國以來，這個政黨就從未在全國大選中嘗過敗績；而一九七六年的全國大選自然也不會讓這股勝利勢頭意外逆轉。當時他也像大多數新加坡人一樣，將人民行動黨想像成一支堅不可摧的強大軍隊，擁有大批積極份子，隨時奉命出征上陣。然而，到了馬林百列，他看到的卻是迥然不同的景象。「那裡什麼都沒有。」他說。

距離投票日只剩最後幾個星期了，這裡仍是一片荒涼景象，著實嚇壞了這位首次參選的準國會議員。他說：「我一下子亂了陣腳，沒有人手，沒有黨支部，要我怎麼打這場選戰？」當時吳慶瑞受李光耀所託，對這位小將特別關照，把他召來見面。然而，這位前輩的叮嚀，還是沒能讓他安心多少。「他叫我別擔心，『在組屋的活動中心樓層（void deck）擺上桌子、椅子，自然就會有人來幫忙了。』」吳作棟回憶起來還覺得好笑。但吳慶瑞可沒說錯。他在馬林百列組屋活動中心擺放桌椅後，支持者和黨員果然就開始出現了。其中一位支持者是萊佛士書院前教師普辛德南，萊佛士書院校友都希望普辛德南老師能出面幫幫吳作棟。普辛德南說，當時很明顯地，吳作棟需要幫忙：「他簡直是孤軍作戰，他也不是天生的政治家，有點無所適從，看得出他對自己也沒有太大的把握。」

攤販隨後也紛紛出現了，還帶來了搞競選活動的必需品：製作海報和宣傳單必備的釘書機、膠水、卡片紙。他們與吳作棟互不相識。他說：「我並不認識他們，但他們還是來了。多數是攤販：賣豬肉的、賣魚的、賣雞蛋的。」很快地，競選團隊有了一個臨時的「競選總部」，美其名如此，其實只是馬林百列一家以「老李潮州粥」攤檔聞名的咖啡店樓上空置的一個小房間而已。「在這裡設立競選總部真好，買咖啡茶水和吃的非常方便。」普辛德南咯咯地笑著說：「粥是真的很好吃。」

吳作棟就這樣被引入新加坡的政治世界，這是他意想不到的；因為他更擅長的其實是環球船運行業或者組織結構嚴謹的公共服務體制。對於政府的作業方式，他並不陌生；但是政黨政治的基層工作，他卻是一竅不通。「對政治我實在懂得不多。」他率直坦言。「我沒什麼政治取向。」然而，當韓瑞生[1]招攬他加入行動黨，他答應考慮。他徵詢了太太的意見，也問過最好的朋友李喬松，朋友勸他接

1 韓瑞生是公務員出身，曾任新加坡經濟發展局首任局長（一九六一年至一九六八年），新加坡發展銀行（星展銀行前身）首任主席兼總裁（一九六八年至一九七〇年）；一九七〇年憑補選踏入政壇，同年受委為財政部長長達十三年，至一九八三年在任內離世，終年六十七歲。他在公共部門服務四十四年，是新加坡建國初期經濟發展的重要推手。

受：「他有些錯愕，問我該怎麼辦。我告訴他，既然被相中，這又是一份重要任務，他必須有所擔當。」

考慮了整整三天后，吳作棟答應了。原因有二：其一攸關國家，其次是個人因素。一是，行動黨找上他，清楚反映了黨乃至於整個政府的確急需新血加入。他說：「我對領導層更新這回事一無所知。我以為他們有的是人才。但既然都找上我了，可見他們真的很需要人手。」二是，他是靠著政府助學金才得以上大學的，所以，當下只覺得眼前的這項任務是他做得到也應該去做的。但他當時純粹想到的就只是治理方面的工作而已。「韓瑞生說他在找接班人，而這項工作是我能勝任的，我畢竟曾在財政部任職過。」他娓娓道來。「我觀察過財政部長的工作，認識吳慶瑞，也見過韓瑞生。就這部分來說，我願意接受任務。當時想到的未必就是從政。對我來說，總理才是政治人物。我以為財政部長就是又一位技術官僚而已——韓瑞生就是技術官僚，我從來沒把他當成政治人物。所以我對自己說，也許可以仿效韓瑞生，而自己應該也可以勝任這份工作。」只是，吳作棟當時忽略了這項任務所蘊含的政治層面，尤其是贏得選舉。正如他在多年後分享自己當下的心態時說：「政治——我根本不瞭解是怎麼一回事；怎麼贏得選舉，如何開展接見選民活動[2]。」

他得邊做邊學，熟悉新劃出來的馬林百列組屋區，這是一個他在接受黨的任命並到這裡競選之前還從沒聽說過的東部住宅區。「我住在新加坡的西部，根本不知道馬林百列也建起了組屋區。還是學生的時候，我曾到過加東一帶拜訪一個住在馬林百列的同學，他住的是面向海灘的一棟房子。這棟房子現在列為受國家保護的建築。」他憶述著往事。「一知道自己要到馬林百列競選，我馬上開車到那裡，發現

2「接見選民活動」（Meet the People's Session，英文簡稱MPS）是新加坡國會議員例行的責任，一般是每週舉行一次，時間多為晚間七時至深夜，由區內基層領袖或志工輔助議員主持。選區內居民碰到解決不了的各種民生問題，如家庭經濟陷入困境、求職無門、負擔不起醫療費等等，都可在這段時間內前來會見議員，請議員代為向相關政府部門陳情求助。活動的意義在於讓當選議員有機會傾聽民意、瞭解民生，也讓選區居民有個尋求援助的窗口。這個傳統最早始於一九五五年，由時任新加坡首席部長馬紹爾開始，最初地點是當年的立法議會大廈（即今日舊國會大廈藝術之家）內舉行；新加坡獨立建國後開始大肆興建組屋，議員每週接見選民活動遂改在組屋底層空間進行。

那真是個美麗的地方。我看過女皇鎮的組屋區，我也知道大巴窯（位於新加坡中部）。但我從不曉得居然還有一個那麼美麗的組屋新鎮。我立刻就愛上這裡了。」他與母親及兄弟姐妹在女皇鎮組屋區生活的經歷，讓他很快熟悉了馬林百列的居住環境與生活狀況。

他說：「我在女皇鎮住了幾年，平日裡也常有走動，到雜貨店買東西、上巴剎、去理髮等等。一來到馬林百列，感覺這裡的生活環境很相似。不會像住在武吉知馬有地住宅的人，有一天突然來到組屋區便迷失了方向。我未必清楚知道馬林百列的市鎮格局，但在這裡四處走四處逛，發現周遭的布局規劃都似曾相識。那些商店、攤檔，設計的風格，都大同小異。這裡的居民同樣是馬來族、印度族和華族混居，就像女皇鎮一樣，所以這一切對我來說並不完全陌生。」

雖然資深議員鄺攝治[3]要求出征馬林百列，但李光耀堅持，這個以受英文教育居民居多的新選區，對只會說英語的吳作棟來說最為合適。李光耀的判斷果然沒錯，在助選團隊人手嚴重不足、準備時間也倉促的情況下，要吳作棟打贏選戰，就必得要讓他能舒服自在地融入馬林百列這一區，這絕對至關重要。儘管吳作棟對這裡的居民來說是張陌生的新臉孔，但他輕易地就和選民打成一片。在政壇打滾多年的行動黨要員莊日昆[4]就觀察到，吳作棟具備的恰恰就是從政所需的性格特質。「他非常親民。」他一語道出重點。「看得出他和居民之間的互動很自然。他雖然不會說華語，但福建話說得流利，也喜歡開玩笑，有時候還會逗逗居民。你還沒回過神來，他早已成功破了冰，居民全都笑成一團。」

跟吳作棟同屬第二代領導班子的林子安也有同感。他說：「我如果是居民，碰到困難時一定會毫不猶豫地向吳作棟求助，因為我可以預見到他不會隨便敷衍搪塞或草率應付過去。他的回應一定會是相當認真誠摯而且親切友善的。他有一種貼近基層的魅力，是個凡事都能看到有趣一面的快樂的人。」吳作棟則形容自己走訪基

3 鄺攝治在新加坡獨立建國以前就已當選為立法議會議員，而後分別擔任史丹福選區和甘榜菜市選區國會議員，一九八一年受委為文化部政務部長，一九八八年退出政壇，一九九二年病逝。

4 莊日昆於一九六八年踏入政壇，當選中峇魯區國會議員，曾任總理公署高級政務次長，社會發展部高級政務部長；南洋大學畢業，是建國初期行動黨政府內的華社領袖之一。

層時「不會有任何避忌」：「跟小販們聊天說笑，與豬肉販握手，這些全都沒問題。我感覺非常自在，而且我能說福建話。我勤於走動，向居民問好。當時的氣氛真的很不錯。大多數居民都友善地禮貌地回應。他們會說：『會的，我們會支持人民行動黨。』」

馬林百列的隔鄰選區是如切區（Joo Chiat），這裡的黨志工理應也照應馬林百列區，為吳作棟輔選；但他很快發現這股支持力量其實也自顧不暇。如切深陷激烈選戰，志工在馬林百列出現的次數寥寥可數。「然後我就再也沒有見到他們了。他們在如切有一場硬仗要打。楊錦成幫不上忙，也不曾幫忙。」吳作棟談到這位如切區議員兼國會議長時這麼說。

還好原本要求征戰馬林百列卻不果的鄺攝治不計前嫌，挺身而出拉了吳作棟一把。他被派到甘榜菜市競選，而這個新選區就在馬林百列附近。他也受委統籌東部選區所有行動黨候選人的競選活動。他問吳作棟需要些什麼支援。吳作棟的回答是：人力、財力。「我完全沒有競選資金，黨半分錢都沒給我。鄺攝治很好，他說：『我給你二千元。』他說菜市黨部還有些資金。黨總部完全沒有撥款，本來應該兼顧我這一區的楊錦成也沒有任何表示。」人手方面，鄺攝治調派了他團隊裡幾個住在馬林百列的人出來幫忙吳作棟，給了這位新候選人一股寶貴助力。

行動黨競選組織居然如此雜亂無章，這是吳作棟始料未及的；他這才恍然意識到，這個政黨其實打從成立以來，就一直是以游擊作戰的方式來打選戰。「無論老將還是新人，每個候選人都必須是能獨當一面的游擊隊長。你就是游擊隊長，你得奮勇抗戰，那也是一種實力。」他如此解讀。「游擊隊員都不由中央統一管控，就只有李光耀一人在統帥各部將領。直到多年以後，我出任行動黨組織祕書時，我才把游擊隊轉化為常規軍，自此之後才由政黨統籌一切：『你不能說這些，你必須說這些，你得出席這場群眾大會。』……等等。」

不過，在一九七〇年代，哪怕競選組織再怎麼雜亂，執政的人民行動黨仍然憑著耀眼的全國品牌，仗著在野黨候選人實力不濟，在大選中占盡優勢。每一場選戰的勝負基本上毫無懸念，在野黨哪怕想拿下一席，都會是天方夜譚；所以焦點全只在勝選後得票率有多高而已。而行動黨的勝幅，會是人民對行動黨政府施政支持度的重要指標。這在馬林百列也不例外。雖然吳作棟當時是初出茅廬的菜鳥，對公眾來說，更是默默無聞；但是在選舉中勝出，同樣是被視為理所當然的定律。莊日昆說，人民當時對行動黨非常信任。「那個年代，行動黨政府的政績是有目共睹的，人民的生活改善了很多。大家都清楚行動黨會為人民做對的事，深信李光耀會招攬最能幹的人才。所以即使我們推出的是大家並不認識的新候選人，沒關係的，他們還是會支持行動黨。」這套道理，眾新兵小將也都清楚得很。一九七七年加入政壇的林子安說：「直白地說吧。當時不會有人為吳作棟和林子安投票。大家投選的是人民行動黨、李光耀和他的領導班子。就是這麼簡單。」

吳作棟的競選對手是統一陣線候選人曼梳拉曼（Mansor Rahman）。面對從工人黨分裂出來的小黨，派出這麼一個名不見經傳的對手，他的信心倍增。「的確，我覺得自己挺有勝算的。先是，統一陣線名聲遠遠不及行動黨。我就覺得贏定了。」他回顧起當時的感受。「然後我看到曼梳拉曼的競選海報。不但比我的海報小，海報上的選區英文名稱竟然誤寫成『Marine Palade』——P-A-L-A-D-E[5]。我說，如果連選區名稱都拼錯，那他還能有多少勝算？馬林百列許多居民都是受英文教育的，他們難道不會問，這樣的候選人讓人怎麼投得下票？你再比較一下學歷吧。我的學歷也比對手強。所以，客觀來看，選民會投票支持誰，是毫無疑問的。」

所以看頭還在於勝選得票率。吳作棟的志工團隊大多相信行動黨陣營能囊括八五%至九〇%選票。吳作棟自己的預測則是八〇%上下。投票日當天，他果然勝了，得票率七八．六%，比全國平均七四．一%得票率還高出四個百分點。一如所料，人民行動黨橫掃國會所有六十九個議席。吳作棟說：「我自己是相當滿意了。可是好多支部黨員挺失望的，他們都說得票率應該有九成。可是這怎麼可能？」從政路上的第一道門檻，他順利地跨過了，從此名正言順地當選人民代議士。

然而沒過多久，一記警鐘赫然響起。大選結束兩個月後，新一屆國會在一九七七年二月召開。李光耀發言足足四小時，這堪稱他最讓人難忘的其中一場重要演講。演說尾聲，他拋出了一道有關選舉學的謎題。他將馬林百列與波那維斯達

5「馬林百列」的英文名稱為Marine Parade，英文拼成Marine Palade的感覺就等同於中文名稱變成「馬林百例」，這也是本章章名的由來。

（Buona Vista）兩個新選區進行了對比：馬林百列贏得七八．六％有效選票，波那維斯達表現更佳，贏得了八二．八％支持率。李光耀認為這個結果有其不協調之處。馬林百列的組屋結構以四、五房式居多，卻沒有一房式組屋。反觀波那維斯達，區內有一千三百多個一房式組屋單位。換句話說，馬林百列的居民生活條件相對較優越，理應更願意支持執政黨。李光耀說：「無論從哪個角度看，在每一個階段，馬林百列的議員擁有的都是一個更好的選區。選區就在海邊，海風習習。還有什麼可要求的？要更高的薪金！」[6]他還進一步補充說，兩位行動黨候選人面對的競選對手同樣是「無名小卒」。他質問：那開票結果為何出現了四個百分點的落差？

他提出兩個可能性。是不是因為波那維斯達區議員洪國平已經當過一任國會議員，從另一個選區調過來，較有名氣？還是因為波那維斯達和馬林百列兩個新選區劃出時分別納入了鄰近的烏魯班丹區（Ulu Pandan）和如切區的一部分，這些鄰近選區原任議員的表現影響了新選區的投票結果？李光耀當時並沒有提供任何答案，而是拋出這個挑戰：「有沒有人能找出答案？能夠坐下來集思廣益一起解開這道謎題的團隊，就算是符合了繼承我們的其中一項資格。解開它——才算滿足了其中一項資格。」

當時年輕的吳作棟坐在後座聽得出神。但這位新上任的議員當下還有另一個更為急迫的需求待解。二〇一五年他在自己的臉書上貼文提起這段往事時說：「他的演講一結束，我就急著跑廁所，真的快憋不住了，根本沒法去思考答案。」直至內急總算緩解了之後，他想出了自己的一套解題答案。他相信癥結就在種族因素。這兩個選區的在野黨競選對手都是馬來族候選人。但根據吳作棟的觀察，馬林百列的馬來族選民遠比波那維斯達來得多。他選區裡的馬來族選民約占了一五％，大多數原本居住在甘榜菜市和加基武吉（Kaki Bukit）；而波那維斯達選民人口當中，只有約二％是馬來族。他得出結論：種族因素的確會影響投票傾向。他在為本書接受訪問時說：「看到選民結構，我當下猶如當頭棒喝。選民結構不一樣。一眼看去就

6〈我們從政必須保持廉潔，任勞任怨也要積極做事〉，《聯合早報》，一九七七年二月二十五日，第三頁。

恍然大悟：這就是原因。答案就是種族因素。」

他的揣測多半沒錯。長期跟李光耀一起耕耘基層的莊日昆透露，在一九七六年大選後，李光耀尤其關注以種族為導向的投票心態，也因此最終衍生出了「集選區」概念[7]，以確保少數種族在政壇有足夠代表性。看來吳作棟已經具備繼承第一代政壇元老的要件之一，雖然他從未問過李光耀自己的答案是否正確。只是，一旦有了自己的定論，他立刻下決心付出更大更持續的努力，去接觸馬林百列的馬來族居民，盡可能出席他們的活動，也時時向資深馬來族議員討教，學習如何更貼近馬來社群。

他上了第一堂政治課：「千萬不能理所當然地認為，因為你的學歷比對手優秀，你所代表的政黨比對手的政黨名聲更好，你就能高票當選。我們以為會贏得更多，至少八成選票，但結果不如預期。這是我學到的第一堂課：切忌理所當然。而這個道理確實也獲得了印證，別自以為你為人民做了那麼多，人民必定會支持你，還有賴於太多其他的因素了。」

問與答

問：您在一九七六年大選算不算是最受看好的候選人？而且還可能進入內閣出任部長？

答：我不會那麼說。那個年代沒人會特別對你另眼相看。領導層接班還不是那麼經常公開談論的課題。你怎麼知道其他人不是被看中的人選？沒人會揣測你會不會入閣，這樣的猜測其實也毫無意義，因為在任的部長都正值壯年。談接班太早了。

7 集選區制度（Group Representative Constituencies，英文簡稱GRC）指的是毗鄰的幾個選區聯合組成一個集選區，由幾位議員組成團隊參選，當中至少一位須為少數種族（馬來族／印度族／歐亞裔等）候選人；集選區內的選民再一人一票選出團隊。按官方說法，這是為了確保少數種族在國會中有一定比例和代表權。新加坡自一九八八年大選開始實行集選區制度，劃出十三個三人集選區，在國會八十一個議席中占了三十九席。二十年來集選區規模不斷擴大，二〇一五年全國大選共劃出十六個集選區，當中包括兩個六人集選區，占了國會八十九個議席中的七十六席。

畢竟政壇大老都還在：杜進才、王邦文、蔡善進、易潤堂、拉惹勒南（S. Rajaratnam）[8]、巴克（E.W. Barker）[9]。他們都才四、五十歲。我三十五歲。

問：所以你加入政壇時算是蠻低調的？

答：是的，的確如此。那時也沒有介紹候選人。好像有位原《海峽時報》記者在候選人名單公布當晚到我家來要求採訪。我當時只說了一、兩句話。

問：他們在面試候選人時可曾提過要您當內閣部長？

答：沒有啊，沒有、並沒有。他們面試時沒有給予任何承諾。

問：所以您也有可能入黨當選以後只當一般後座議員（backbencher），同時也還能繼續留在海皇？

答：當然。不過韓瑞生在邀我參選時確實對我說過他在物色接班人。可是他並不在黨的中央執行委員會。

問：沒有任何商議也不談條件嗎？

答：噢，沒這回事。你一談條件，就肯定不會獲選。不過我明白你要說什麼。我其實放棄了很多。我大可以說：「噢，我現在擁有這麼多，你們又能給我什麼好處？」如果我真這麼說了，他們肯定要說，這人不行，太追求物質了，只想著為自己，把它當作一項職業。我的情況來說，韓瑞生說明他要找的是接班人，所以我知道他在物色部長人選。而這也是我能勝任的工作，畢竟在財政部任職過。與其當一名常任祕書——其實我已經做好準備會當常任祕書——他要我擔當的是財政部長職務。當然，部長又是另一個層級了。

這麼說吧。換成是國家發展部長來問，我可能要重新考慮。我不確定自己會不會

8 拉惹勒南是新加坡建國元勳，人民行動黨創黨人之一。記者出身，是新加坡獨立建國後的首位外交部長，也曾任勞工與文化部長。一九八〇年出任副總理，一九八八年退出政壇，二〇〇六年逝世。

9 巴克是新加坡迄今在任最久的律政部長（一九六四年至一九八八年）。律師出身，一九六三年加入政壇，當選東陵區當選會議員。隔年受委為律政部長，至一九八八年退出政壇為止。於二〇〇一年病逝。

答應，因為那不是我熟悉的領域。什麼是國家發展？我需要做些什麼？或者，如果是文化部長要找接班人，我會說自己不熟悉音樂或藝術，所以會直接說不。但財政這一塊是我所熟悉的，也覺得自己做得到的。面試快結束時，有個問題讓我印象很深刻：「你的抱負是什麼？」提問的是李光耀。我直截了當回答：「服務。我並沒有什麼與眾不同的志向或抱負。但是無論我在哪個崗位，我都會盡最大的努力服務他人。」然後我解釋其中的原因：因為我曾經得過助學金，所以，只要有需要我服務的時候，我就會提供服務。

問：一九七七年九月，大選後九個月，您受委為財政部高級政務部長。當時韓瑞生怎麼栽培您接棒？

答：在財政部當高級政務部長，與韓瑞生共事時，他要我隨他出席很多會議。他也讓我發表財政預算案。你如果回看歷史，我是第一個未當上財政部長就發表了三次財政預算案的人。[10]第一次是一九七九年。韓先生把我的整份文檔直接傳給李光耀，一個字都沒改，只在上面手寫了一句話：「這是高級政務部長草擬的預算案。」李光耀審批了，只做了兩三處小小修正，就是這樣而已。所以我就以財政部高級政務部長的身分發表了財政預算案。

然後我升任貿工部長。一九八〇年及一九八一年又先後發表了財政預算案。韓瑞生當時還是財政部長，但財政預算案由我發表。換句話說，如果我身為貿工部長都可以制定預算案，那理應在之後就足以接任財政部長了。可是我終究還是沒能當上財政部長。

問：物色接班人的說法後來怎麼會不了了之？

答：韓瑞生準備退休了，所以才急需在財政部裡培養人才。三次讓我發表預算案，在國會回答議員質詢；以確保他到了退休的時候，會有人準備好接手。但一九八三年他在任內離世時，正好有其他人選更適合這份工作。那個時候陳慶炎進來了，他是合適的人選，而我就轉而去做其他工作了。

---

10 新加坡另一位以非財政部長身分發表財政預算案的是陳慶炎，他在一九八二年及一九八三年以貿工部長身分宣讀財政預算案演說。二〇〇七年，時任第二財政部長的尚達曼也負責發表財政預算案。

人生就是這樣。從某種程度上，你可以說我在事業上是一個失敗者（笑）。我想當學者——失敗了。我想當蜆殼高級執行人員，但我連進都進不去。海皇，我成功了，但沒能待得更久。然後是財政部長——他們一心要栽培我接任，但結果我還是沒當成財政部長。雖然發表過三次預算案，卻終究沒法成為財政部長。

問：回頭談一下一九七九年財政預算案。所以，預算案聲明是您寫的？但是事前討論該怎麼做等等，您應該會與韓瑞生共同研究吧？

答：並沒有，我全是自己寫的，只有一位同事在幫我，外加財政部提供的資料。基本上完全是自己草擬的，但是得到同事們很大的支援。

問：這還真讓人難以置信。您的意思是，完全沒和韓瑞生討論過？

答：沒有。如果討論過，那財政預算案就會是韓瑞生制定的了。我寫完後交給他，他再傳給李光耀。我做的預算案是很直截了當的。你得決定各個政府部門要給些什麼、不給些什麼，批准哪些項目——全都直接明瞭。而那些專案坦白說都已事先經過內部評估委員會審批。你只須把專案納入預算案中，所以其實並不難。我得說我很早以前在財政部當公務員時也曾經協助吳慶瑞草擬預算案，所以對這些程序和格式都相當熟悉。

問：看來一九七九年的政府行政機制還是非常小而精的？

答：精簡，是的。可不是精打細算哦！

問：您在這個時候初涉政壇，如何兼顧政府部門的職務，外加選區工作及黨務？

答：對我來說這些工作全是一個配套。怎麼兼顧？我其實並沒有管得太細、太瑣碎，那些是公務員的工作。我並沒有試著讓自己成為萬能的常任祕書。就是看到問題所在，做決定，然後繼續。當然，當公務員向你彙報，你得瞭解工作是怎麼進行的。但對他們提供的資料，我不至於會連最後一個小數點都不放過。不過，為了讓他們做事能打起十二分精神，偶爾必須能抓得出細小的錯誤，過目的時候抓出一兩個打字時的小錯誤，那他們會說：「噢！這種打字時的失誤都能讓他揪出來！」這是工作上的竅門，得時不時找出錯誤。但這些都是微不足道的小事。

一個更重要的例子是，抓出論述上相互矛盾之處。他們為某個議題提出主張，但談到最後沒有釐清重點，你得能指出論述矛盾的癥結。這些是更為重要的。當然，其他重要工作包括，是否同意他們建議的政策，或者是否認同他們根據你的想法所擬出的政策。身為部長必須有想法，我們把想法和主張轉達給公務員團隊，再由團隊把想法主張付諸實踐，轉化為政策或計畫；在這個過程中，部長得協助團隊一步步形塑政策。

我必須有能力把時間分配好，不然我什麼事都做不成。我得管理一個部門，部門裡有充足的人手協助我。黨務方面則沒有人手幫忙。人民行動黨總部當年也就只有兩位行政人員；外加一個人統管整個黨總部會所，包括清潔衛生工作等等。還有另外一位是當跑腿的，騎著腳踏車，後來改為騎摩托車。就是這樣。

問：您在馬林百列最早推行過哪些計畫？

答：馬林百列是最早成立「居民委員會」（亦簡稱「居委會」）的選區之一。一九七六年大選後，黨成立了一支特別工作組，由黃樹人[11]率領，我也是成員之一。黨為特別工作組發下一份建議書，工作組的任務是研究如何為各座組屋成立以警員為核心的組屋工作委員會；當時的許多新組屋區內，輕微罪行比較猖獗，黨的想法是充分善用警力維持社區治安，讓警員在購買組屋時可獲優先權，然後每一座組屋都有警員為核心居民，再從中衍生出各座組屋的工作委員會。

我一看到建議書就愣住了。我說不能這麼做。原因是，新加坡已是好多人眼中的「員警國家」；如果連組屋工作委員會也以警員為核心，不正印證了這樣的看法嗎？雖然實質意義有所不同，但表面上看，我們就是一個由員警監督的國家。

黃樹人認同我的說法，問我想要怎麼做。我說可以成立鄰里居民委員會做為替代方案。這個委員會也鼓勵警員加入成為會員，只要他們是那幾座組屋居民即可，但委員會領導必須由非警員擔任。他說這個主意不錯，但是要怎麼確認誰適合當居委會領導？這些畢竟是新組屋區，而且這項計畫可不是只在馬林百列推行，而是會推廣到全國各地。我說，做調查吧，發出問卷表格，邀請居民談談自己如何看待區內

11 黃樹人是一九六八年至一九八四年間惹蘭加由國會議員，曾於一九八一年至一九八四年擔任國會副議長。

問題，就如何改善住宅區又有哪些建議；這樣我們必能從中物色一些有潛質的居委會成員。

他說，這個主意不錯，然後他彙報了——當然是向李光耀彙報。特別工作組的所有開會記錄，主要的提議與想法，都會向李光耀彙報。李光耀說好，去進行。推行居民委員會計畫的首三個試點選區是馬林百列、李先生的丹戎巴葛（Tanjong Pagar），以及勿洛（Bedok）。我說我需要資源，人民協會為調查活動、問卷表格、分析工作等等提供支援，我和黨支部祕書陳欽亮[12]則共同設計問卷。

問：調查結果如何？

答：我們收回了大概百分之十至十二的問卷，算不錯了。我們看過問卷表格，那些肯花心思對我們刻意設計的開放式問題提出建議的，就是可以加入居委會的人選。

問：居委會的作用何在？是針對您之前提過「輕微罪行」嗎？

答：組屋工作委員會的本來用意，當然，就是讓同一座組屋的居民互相認識，加強聯繫。還有，就是治安問題——守望相助，彼此留意組屋周邊可能發生的輕微罪行或者走廊偷竊行為等等。當時像這樣的事件經常發生。主要宗旨是讓居民可以多認識彼此。我主張以鄰里為單位推行這項計畫，讓鄰居加強聯繫，使整個鄰里更和諧融洽。當時新加坡各個角落的人們都正搬遷到新的住宅區——重新安置一個個「甘榜」[13]。你要怎麼在最短的時間內重建一個甘榜？人人都是初來乍到，有點不知所措，都在問，我熟悉的朋友都在哪裡？

問：有些人說居委會其實就是行動黨的「民主統一戰線」版本，以對抗共產主義份子。所以當時是否有著更大的政治意圖？

答：聯繫民心本身就是一項政治舉動。但居委會的目的並非在於贏得選舉，並不

12 陳欽亮是馬林百列首位人民行動黨支部祕書，曾長時間擔任新加坡規模數一數二的職總英康保險合作社總裁，二〇一一年參加新加坡總統選舉，結果落敗。

13 「甘榜」音譯自馬來語「kampung」，馬來村落之意。新加坡城市化後組屋林立，如何在組屋區複製昔日的「甘榜精神」是多年來努力的目標。所謂「甘榜精神」，籠統來說，即是同住一個社區的人守望相助，培養互助友愛的人情味。

是直接為政治服務。到了今天，我們清楚闡明，基層領袖未必是行動黨黨員，他們無須成為黨員，也無須在選舉期間站出來表態支持行動黨。規則都很清楚。例如，選舉期間，我們不可以穿著白衣白褲走進民眾聯絡所或者居委會中心；全身白是黨的制服，而那些場所則是屬於政府的場所。這點我們分得挺清楚。

實際上，就我的情況來說，我區內的基層領袖好多都要求不參與助選。他們不想傷了鄰居之間的和氣，不想受到鄰居的批評。這些都是真實存在的情況。當然，支部黨員會很氣憤，怪這些基層領袖怎麼不肯來幫忙。我說不行，我們得有個區分。

當初萌生成立居委會的想法純粹是為了做好事。大家都想認識左鄰右舍。那我們要怎麼做？我們那時候做的事都非常簡單。例如，我們蒐集舊報紙。每個月挨家挨戶去蒐集舊報紙，賣給「加龍古尼」[14]，賣舊報紙所得歸居委會所有，讓居委會應付日常開銷，假如有餘錢可以辦一些聚餐。這項工作其實蠻吃力的，居委會成員問我為什麼需要做這些。我說這會給他們一個挨家挨戶敲門拜訪的藉口，不然也找不到什麼其他理由讓家家戶戶為你開門。另一個方法是鄰里每月的大掃除活動。我會跟大家一起，隨清潔工人打掃走廊，在大掃除過程中聚在一起彼此認識。

問：您怎麼知道這些試驗計畫成不成功？

答：這個嘛……因為後來他們說要把居委會計畫推廣到全新加坡！我所知道的是，大老闆認為這項計畫成功了。李光耀說可以在其他選區也成立居委會，意味著他也看到了計畫確實能帶來好處，有利於整個新加坡，而不是對行動黨有好處。到了今時今日，居委會壯大了，組織各種活動加強鄰里氣氛和凝聚力：大食會、兒童派對、組屋派對等等，還有好些保健活動如健康檢查，或者照顧社區裡的弱勢居民。

問：很少人知道您其實是居委會背後的推手。創造居委會這個概念會不會讓您感到自豪？

答：是，當然會。我獲得的認可還遠遠不足呢！（笑）現實是，每一件做對了的事，功勞都歸於最高層。這就是制度。而所有做錯了的事，承擔責任的一定是下屬。不過一個好上司會有擔當。好上司會說：不，這不是下屬的錯，我會負起全責。

14「加龍古尼」音譯自馬來語「karung guni」，意指以回收廢物為生的舊貨販。

問：如今回頭看，您後來獲委以重任擔負起更重大職責，是不是也跟您當初創造出居委會這個概念、並將之成功推行有關？

答：這可能是原因之一。當然，你無從知道領導什麼時候在考驗你。但也不光是我一人如此。李先生當年也和現任總理一樣，讓新部長嘗試各種政治職務，看我們如何表現。這些人當中會有一兩個辦得到的，也許誰誰誰會比其他人做得更出色。

他在馬林百列基層所取得的成就，很快地讓他在黨的層級上受委以更多責任，同時急速晉升入閣。這在新加坡獨立後是極為罕見的。同為萊佛士書院出身的政壇好友麥馬德說，吳作棟顯然是受器重、要幹大事的人：「我們看他將是很快上位的那個人。」卻也補上一句：「但不是當總理！」果然，在財政部任高級政務部長才十八個月，他就升任部長，負責掌管一九七九年從財政部劃出來的新政府部門。「我還可以挑選這個部門的名稱呢！」吳作棟說道。「李光耀問我要怎麼為這個新部門定名。我就選了『貿易與工業部』。」顯然地，此時此刻的吳作棟，已是個年輕有為的政壇後起之秀，注定要為政府和人民行動黨挑起大樑。

但是吳作棟終將恍然，在人民行動黨嚴苛至極的世界裡，衝勁十足的起跑勢頭往往只不過是一次失誤的起步。要攀上最頂峰，跑道還長著，尤其是在一個一黨獨大的政黨裡，創黨一代領袖正值壯年，還靈活敏銳。對於政治元老交棒的討論，無論是在公開場合或是黨內，都尚處於剛剛萌芽的階段。李光耀和他的同僚接下來還會給這班後起之秀更多的考驗，而吳作棟做為同儕的領跑者，也即將感受到各種挑戰延綿而來的全面衝擊。

第四章　豪勇七蛟龍

他們只有七人——卻神勇如七百人！

——一九六〇年經典英語片《豪勇七蛟龍》對白

一九七六年大選中經過一番苦戰險勝後，惹蘭加由（Jalan Kayu）議員黃樹人被李光耀傳召面見。惹蘭加由是新加坡東北部選區，以養豬業為主，一九七一年因英軍撤退、空軍基地關閉而首當其衝。議員黃樹人在大選中陷入纏鬥，最終只以六一．五七％得票率險勝來自工人黨的對手奈爾（M.P.D. Nair）；這個成績在人民行動黨黨內倒數第二，比執政黨全國平均得票率低了十三個百分點。但是惹蘭加由原為社會主義陣線[1]地盤，選情異常艱辛是預料中事；黃樹人能力保這一區已屬難得。李光耀也肯定這一點。「他的基層工作做得好……而且相當精明。」李光耀在人民行動黨黨史回顧專著《白衣人──新加坡執政黨祕辛》一書中如此評價黃樹人。[2]而黃樹人的出色表現所換來的獎勵，依循這個以行動為導向的政黨一貫的作風，就是更多重任。李光耀要他成立並率領一支工作小組，暗中監督觀察行動黨在這次選舉中引入政壇的十一位新秀，當中就包括吳作棟。而這位政壇新星，正是黃樹人領導的委員會最早臆測會成為下一任總理的人選。

黃樹人找了另七位議員組成這個工作小組，為這幾位政壇新兵發配黨內職務；一九七〇年代末，執政黨通過幾場補選再引進幾位新血，進一步壯大新兵陣營。新人接手負責黨內各種不同任務，吳作棟及當中幾位得草擬新黨章，有的負責研究黨的財務狀況，其他幾位則負責改革行動黨屬下的幼稚園。黃樹人說，這麼做是為了讓這些新議員有機會熟悉黨務。「總理當時交代下來：『這樣吧，這些新黨員就交由你們盯著，得幫助他們多接觸草根政治，與基層建立聯繫。』換句話說，就是得將他們『政治化』……畢竟當中好幾位都是空降入黨的，而非出自基層。」李光耀還要求工作小組就這些新人的品格、能力、可靠度、親民魅力、基層影響力一一進行評估。很快地，當中有七人脫穎而出：船運業總管吳作棟、銀行金融業新銳陳慶炎和丹那巴南、學者麥馬德、公務員林子安和陳天立、建築師王鼎昌。公眾巧妙引用一九六〇年經典美國西部動作片《豪勇七蛟龍》片名，將七位政壇新星譽為「政壇七俠」[3]。

「政壇七俠」成形，清楚標示著行動黨內早在一九七〇年啟動的領導層更新工作正在卯足全力加速展開。李光耀說過行動黨必須主動發掘人才。「長期以來，我們總以為人才更新會通過自然漸進的方式自動產生。」他曾在一九八八年如此說

---

1 社會主義陣線，簡稱「社陣」，是由人民行動黨分裂出來的左翼領袖在一九六一年創立的左翼政黨，以林清祥及李紹祖醫生為首。社陣是新加坡自治時期的最大在野黨，主張星馬分家；在新加坡獨立建國後抵制國會選舉，至一九七二年起重新參選，卻再也無法贏得任何議席；最終於一九八八年解散。

2 葉添博、林耀輝、梁榮錦著，李慧玲、鄒文學、鄭景祥、林慧慧等聯合翻譯，《白衣人——新加坡執政黨祕辛》。新加坡：新加坡報業控股，二〇一三年，第三六八頁。

3 《豪勇七蛟龍》（*The Magnificent Seven*）是一九六〇年美國西部經典大片，敘述美國七位身懷絕技的槍手到墨西哥一個小鎮合力剷匪的故事。也譯為《七俠蕩寇志》。

道。「就是通過黨支部活動、每一屆選舉，人們會挺身而出，自然就會冒出較優秀的人才。之後我們才發現——不是這樣的，真糟糕。」[4] 李光耀在一九七〇年代最初幾年集中推舉幾位持有博士學位的候選人，結果表現都不如預期，於是李光耀開始改變策略。[5]

一九七六年以後，招募人才的風向轉向技術官僚，當中好幾位佼佼者突破了商業運作與官僚體制之間的界限，交出了驕人的成績單。吳作棟就是一個典型範例。他成功將海皇轉虧為盈，也為自己打響了名號。如今回顧這段歷史，這一代新人加入政壇的時機也是近乎完美的，有如裹在繭裡，無需經受發展中國家政治世界裡慣有的風譎雲詭的殘酷現實。李光耀和第一代元老自獨立建國以來，投下十多年心血，取得持續的經濟發展，換來了人民的善意與信任。再加上社陣於一九六六年抵制國會，形同自戕了在野黨的發展勢頭，反倒間接為行動黨清掃了最強大的政治敵手。各種條件在當時均處於最佳狀態。

而這些條件也正好是這一群特異的政壇菜鳥所急需的。大多數政治體制的領導者都是從基層升上來，行動黨卻不一樣；這第二代接班人，套用黃樹人的說法，是直升機護航空降而來的。他們並非從黨支部冒出頭的積極黨員，大多對政治這門學問是一竅不通的。林子安就坦率承認：「第一次投入大選時，我對政治瞭解多少？簡直是一無所知。也許就比一根燈柱好一些罷了，僅此而已。」可是這些技術官僚表面上看可能平淡無趣且拘謹生硬，實則滿腦子新鮮點子，也展現出清新的政治態度與治理風格，而這恰恰又是行動黨所迫切需要的。

行動黨思想家拉惹勒南在一九六九年的一則撰文中指出，行動黨的新責任是尋找有能力應付新世界的新領袖。「行動黨必須成為一個能形塑大膽革新思想的平台，以期在當前這個瞬息萬變的社會與世界裡因應各種需求……」而要做到這一

---

4 “Prime Minister’s Assessment of Goh Chok Tong”〈總理點評吳作棟〉, *The Straits Times*, August 24, 1988, Home, p. 17.

5「……我們很快就發現，除了能夠掌握即時資料，寫好一篇博士論文或當一名優秀的專業人員之外，他們（持有博士學位候選人）還需具備一些其他的素質。領袖素質何止才幹那麼簡單。」李光耀著，《聯合早報》編務團翻譯，《李光耀回憶錄（1965-2000）》。新加坡：《聯合早報》，二〇〇〇年，第七三九頁。

點，黨就必須自我更新。「政治上一大最艱難的挑戰，從來不是怎麼去爭權奪勢，而是在於如何將權力順利移交給下一代的新領導人。而要在位領導人有意識地造就和栽培新一代能人，以便在時機來臨時將之有系統地順利移交給下一代，那簡直是難上加難了。」

李光耀則以更直截了當的方式傳達了同一個資訊。他曾在一九八〇年做過這番表述：「我和同僚只要還活著一天，都可以持續不歇為這個國家解決問題。可是必定會有那麼一天，我們一個個將不再有能力解決新加坡的問題。這一天肯定會到來……我們必須為新加坡建立起一支最優秀的團隊……集中一組人才應付各種意想不到的全新問題，為這些困難一一尋找可能的答案……」而一九八三年，當李光耀身邊最仰賴的左右手幾乎同時病倒——韓瑞生與吳慶瑞同時入院，還入住毗鄰病房，拉惹勒南則在美國心臟病發——領導層更新突然變得愈發急迫。

結果證實，當前「政壇七俠」普遍上要比早他們幾年踏入政壇的「博士議員」更適合從政。而對黃樹人所領導的工作小組來說，形勢很快就變得清晰：七俠當中，就有這麼一個人脫穎而出，成為最出類拔萃的佼佼者。而這個年輕人的身高讓他占盡優勢。黃樹人說：「吳作棟是當中最突出的，這是毫無疑問的。先是，他單憑身高就足以在氣勢上壓倒群雄。再來是學歷資格：持有經濟學一等榮譽學位，在海皇積累了企業經驗；而新加坡當時正好處在一個以經濟發展為優先的階段。第三，是他的品格脾性。非常平易近人，善於也樂於貼近基層群眾。他表面上看來很溫和，實際上你能感覺到他自信滿滿；溫和敦厚之餘，骨子裡其實帶著某種執著與堅毅。他具備了所有必要的特質，在『起跑線』上就讓我們眼前一亮。」到了一九七九年，吳作棟已是《遠東經濟評論》期刊文中所形容的「新加坡公司的年輕總裁」。

吳作棟也比同儕更勤於、也甘於跑動，這一點也為他加分不少。行動黨在一九八〇年代初開始讓年輕部長每週展開選區訪問，吳作棟走遍大街小巷，是當中最願意也最殷勤於實地感受民情的一個。當年負責組織選區訪問活動的資深議員莊日昆，憶起往事時笑著說：「有其中幾個年輕人會找藉口拒絕我，但作棟總是說：『好！』如果臨時找不到年輕部長走訪選區，我總會去找他，因為他一定會答應，而且非常樂意去做。」吳作棟回顧時說，這其實是項吃力的活動，因為選區訪問一般都會持續一整天，直到晚上才結束。「我們必須走遍整個選區的每一個角落。一開始我只穿同一件上衣。第二次我學聰明了，多帶幾件上衣。全身汗流浹背，衣服都濕透了。」回想起自己這段小小的學習之旅，他揚起眉心咧嘴笑了。

選區訪問活動也曾是政壇元老——尤其李光耀——在一九六〇年代初期為星馬合併方案進行宣導時，曾經日以繼夜投入的工作。吳作棟同樣很享受以這種方式走訪民情，因為這讓他有機會認識新加坡全島各地的各個角落：「我摸清了各個選區的地理形勢——這裡有座廟，那裡有個馬來村莊，接觸居民等等。我也認識了許多基層領袖，他們也認識了我，會對我加以評價，然後也許，希望如此，會對我留下好印象，願意支持我們這一組年輕領袖。」

當最初的政治熱忱逐漸消退，同輩的其他人開始意興闌珊，吳作棟的從政之路卻是愈走愈穩健，在政府部門平穩崛起，也在黨務方面交出了讓基層黨員折服的表現。黃樹人談到一九七六年引進的十八位新候選人時說：「當中有幾個新人後來明顯暴露了投機心態，一心只想爭取個人發展和表現，並不是真正為了服務人民。我們當時對這種現象非常關注，也加緊了對這些人的監察。我甚至得去面試其中一人的妻子，就為了確認他本身是真的有問題，還是被老婆操控、老婆牽著走而已！」可是吳作棟從來不會讓黃樹人與他的工作小組操心。「作棟從來都不會給委員會添麻煩。實際上我們還真找不到他特別欠缺哪一方面的特質或條件。」

基層黨員的回饋也得到行動黨內領導人的認同。而當吳作棟開創的「居民委員會」概念正式推廣開來，黨內元老顯然已完全接受工作小組提呈的評估。一九七九年，行動黨政府宣布在七個選區舉行補選時，李光耀指示吳作棟和林子安聯合出任競選活動統籌，而這兩位政治新手從政經驗加起來也才區區五年。這是對兩人的一次考驗沒錯，可這何嘗不也是一次實證，印證了吳作棟在李光耀和黨內元老心中的分量；使他們願意讓他憑藉不到三年的從政經驗去一肩挑起如此重任。可是一如既往地，吳作棟只是輕描淡寫地帶過：「這是分配給我的一項差事。我必須確保這幾位候選人當選；這其實不算太難。較困難的反而是帶著他們走完整個程序，甚至是提名日之前的好些程序，那也才只是第一關；而一旦出現任何失誤，他們就會失去參選資格，而我的人頭也將跟著落地。」說完，他做了個斬首的手勢。

就在競選活動如火如荼展開之際，李光耀向新加坡人宣布，政壇七俠當中，有四人已躋身人民行動黨中央執行委員會。麥馬德受委為第二助理財政，林子安是第一助理財政，王鼎昌是第二副主席，而吳作棟則是第二助理祕書長。吳作棟在黨內的地位是新一代領導中最高的。雖然那個時候談領導層更替為時尚早，但這是第一次有公開跡象顯示，在新加坡下一任總理的角逐戰中，領跑的是吳作棟。當年還是個年輕政治觀察家的陳慶珠[6]回憶說，那個時候有關政治交棒的揣測與「占卜」其實並不多：「在那個年代，那麼多位政壇元老還依然活躍，誰將是接班人的問題，對人們來說並不那麼重要。倒更像是一場很長的球局。」結果，行動黨不出所料，安然度過了一九七九年補選，一舉囊括了所有七個議席。吳作棟可以說是順利地通過了自己的第一項考驗。

然而，哪怕他在黨內基層工作與政府部門工作都表現出色，但在黨內元老銳利目光的審視下，相較於同代其他政壇新星，這位身材修長的年輕人卻顯現出某些方面的缺失。最明顯的是，他缺乏公開演說技巧。吳作棟的語言培訓導師蘇・格林伍德對他的木訥和生硬並不感到意外。她說，吳作棟不像李光耀那樣得從街頭鬥爭熬出頭，他「從來不曾真正需要向普羅大眾遊說過什麼」。吳作棟也很清楚自己的弱點，他坦言：「我想他們（同代其他人）在這方面也許比我強得多。子安不錯。東尼（陳慶炎的英文名）需要照著稿子念但表達非常清晰，丹那巴南相當自然，王鼎昌也很好。我在最初幾年非常呆板生硬，總是設法用一大堆資料和資料來說明問題，但這是很『非政治』的方式。你必須能說服人民；而我卻只懂得用資料和資料去說服群眾。」

拉蒞勒南開始關注起吳作棟的發言，也好幾次在吳作棟發表公開演講的場合上現身。吳作棟回憶著說：「他會坐在那裡靜靜聽著，像只在露齒嬉笑的柴郡貓。散場後他總會給我提意見，告訴我怎麼以更有說服力的方式發表演講。他總會說：別淨是提供資料，人們對資料不會感興趣的，除非我能提供什麼震撼性的資料，讓人

6 陳慶珠是新加坡著名學者兼外交官，六七十年代曾以政治觀察家身分對行動黨政府提出嚴厲批評，一九八〇年代被納入體制，負責領導與政府關係密切的智庫。一九八九年受委為聯合國新加坡常任代表，一九九六年至二〇一二年間出任新加坡駐美國大使。現任新加坡外交部巡迴大使、新加坡科技設計大學李光耀創新型城市中心主席。是吳作棟大學時代同窗。

意想不到的數據。要不然數字都是無關痛癢的。當時我最擅長的就是提供資料。所以要寫演講稿，換作是你，你會怎麼做？自然就是尋找數字證據然後加以分析。所以最初階段我的演講稿全是分析性的、學術性的，堆疊資料資料。他就說：別再這麼做了。」

民間也傳來一些批評，指吳作棟在電視上看起來疏離冷漠。《亞洲雜誌》在一九八九年的一篇撰文中寫道：「人們感覺他野心勃勃、傲慢冷漠，甚至於有些狂妄自大——他想方設法使自己成為另一個李光耀，擺出一副冷酷無情且居高臨下的姿態。」

如此惡評真叫吳作棟措手不及。他分享當時的感受：「我自覺從來不是一個傲慢的人，當時我到處問周圍的人會否覺得我傲慢？大家都說不會。」追根究柢之後，他發現這種負面的觀感可能跟自己的身高有關，再加上他往往都在講台上發言，更是加深了這種負面觀感。「我看上去就真的像居高臨下地在說話。」他在馬林百列黨支部的左右手普辛德南觀察到，當時大多數新加坡人都從未見過吳作棟本人，媒體對他的報導也非常有限。他說：「人們根本無從知道他長得有多高。而你別忘了，那是一九七〇年代末，新加坡人只是對『高佬』還不習慣罷了！」吳作棟就這個問題向李光耀請教，李光耀建議他請國營電視台每回在拍攝訪問吳作棟時帶上一把矮梯子，那麼攝像機的拍攝角度就能與吳作棟處在同個視平線上了。

視平線問題容易解決，但要讓吳作棟改掉在鏡頭前神態緊繃的毛病，可就不是那麼容易了。他坦言，只要燈光亮起，他就像是渾身僵住似的：「鏡頭下我還很自在，一旦電視鏡頭對準了我，我就滿腦子一片空白，什麼話也說不出來。我一上電視就特別緊張彆扭不自在。」拉惹勒南再次從旁伸出援手。「他告訴我說對著電視觀眾說話的時候，你得假設對方的心理年齡降低了。就像看電視一樣。我們在看電視時，心理年齡其實並不是實際年齡，而是降到青少年水準。換句話說，會讓人聽進去的是發言中的娛樂元素和精采語錄片段，而不是一篇寫得滴水不漏的學術演講稿。他提供的這個意見，對我真的很受用。」

不過，這些還算是小問題了。政壇七俠還有另一個更尖銳也更重要的弱點，讓黨內元老十分介懷。「我們在最初幾年面對的最大批評就是缺乏熱忱。金山說得很直白：『你們在工作上全都遊刃有餘，可是就是少了一股熱忱。』」吳作棟指的是

「房屋大帝」林金山[7]。「我還記得拉惹勒南的說法好像是胸中缺少了些雄心壯志。我們投身政壇，卻還全都只是技術官僚。但要治理和領導國家，必須心有熱忱，胸懷大志。這不只是一份職業而已。這是當時對我們的批評，說得很有道理。」

這也正是吳作棟早期涉足政壇的經歷。他從政並非出於自願，甚或為了什麼使命而拼搏。他是被招攬進入一個他全然陌生也其實並沒有太大取向的領域。如此這般的從政之路，與黨內元老一代的政治人物截然不同，卻在他的同儕，乃至後輩身上一再複製。這也在他的腦海中形塑了一種既定思維。正如格林伍德的觀察：「如果你把一切都視為一種義務和責任，這會怎麼影響你的所作所為？」吳作棟在接受行動黨面試成為候選人時的一段小插曲，就足以說明這個現象。他回想起來都覺得好笑：「他們問我好多問題，想要進一步瞭解我。但其中有個問題，我差點給了一個笨答案。他們問我：『你為什麼要成為國會議員？』我當時差點要說：『是你們找上我的呀！』」

無論在黨內或政府部門裡，吳作棟就是本著這樣的態度度過了他政治生涯的最初幾年。他在為此書接受訪問談到一九七六年初入政壇之後頭幾年的經歷和感受時，一再重複提到：「這就只是一份工作而已。」林子安說明，他們受錄取的方式也在某種程度上影響了這一代人最初階段對待政治的態度。「我們有份差事需要你去辦——這是李光耀說服的我的方式。我相信他也是這麼對作棟說的，還有丹那巴南，和其他人。為新加坡人民創造一個更美好的新加坡。那是一份差事。李光耀讓我們相信這份差事需要有人去做，所以我們都把從政視為一份等著我們來執行的差事。他是一位很有說服力的人！如果他不來找我，我可能永遠不會挺身而出。為什麼？因為這根本不是我的本性！」

可是林子安也強調，第二代領袖並非沒有熱忱抱負，只是以不同形式體現罷了。「我們不會有山崩地裂的衝動要去改變世界，因為我們的成長經歷不一樣。但如果你跟我說『噢，你得去完成這項任務，因為新加坡需要它』，我想我們也會跟

---

7 林金山在一九六〇年受委為新加坡建屋發展局首任主席，為自治而後獨立的新加坡在房屋建設工程方面做出顯著貢獻。一九六三年代表人民行動黨當選金禧區國會議員，之後掌管過國家發展、財政、國防、教育、環境等多個政府部門。一九八一年卸下政治職務，二〇〇六年病逝。

任何人一樣義不容辭。」對吳作棟來說，胸中的那把火焰用了好一段時日才漸漸灼熱起來。他說：「（行動黨內的）組織祕書——我好好組織。政府部門的職務——我一一完成。不過後來你就明白了。要打動人民，說服他們追隨你，對工作一定要有熱忱和激情，要有幹出一番大事業的熱情。當我們挑起愈來愈多重擔，我們某些人心中的火種也漸漸燃起。我後來的熱忱與激情肯定比最早幾年大得多。是慢慢形成的。我內心的火焰應該更像是木塊或煤炭上持續燒著的餘火，而非一觸即發的火光。漸漸地，熱忱與抱負內化了，我們這才恍然發現原來這不只是一份普通的職務。於是，我們這個團隊，集體地，開始更瞭解政治這回事。」

這個團隊加入政壇的特殊方式，也在無心插柳之下收穫了另一重獨特的正面意義，讓它與任何其他國家的政治繼承程序都不一樣：這一組政壇少俠，全然不會你爭我奪來換取權力。陳慶炎將此歸因於責任感：「我們之間沒有權力鬥爭，誰也不會想要踩著別人往上爬。大家都心繫國家，清楚自己的責任，那就是，確保政權從第一代領導人平穩過渡——即使第一代領導人不在了，新加坡的成功故事還會繼續寫下去。這是我們大家共有的一份責任心。所以整個氣氛是非常融洽的，我們都知道彼此有著同一個目標，能夠愉快地合作。這跟其他國家不一樣，我們完全沒有任何爭權奪利的現象。我想我們是有些不尋常……應該說非常不尋常。大多數國家都不會是這樣的情況。」林子安也同意這個看法。他說：「我們在那個位置上有任務在身，所作所為全是為了國家。如果跟你合作，任務將能更快完成。那我為什麼要跟你競爭？」

丹那巴南說明，在其他國家，人們從政是為了滿足個人野心，或者對現任政府脫軌失序有強烈的不滿，但是對他和同儕來說卻不是那麼一回事。「我們從來不曾說我們想當國家領導是為了更崇高的社會地位，或者要改變現有的體制，抑或是哪個政策不好我們必須改變。進入這個體制，正因為我們認同現任領導的說法：如果在商界或政府單位服務領域的成功人士不願意挺身而出從政，那另一些不當的人就會進來，或是帶著強烈的個人主張，或是為了滿足個人野心。這對新加坡來說將會是個災難。所以，我們其實是回應一種需求，響應某種召喚。而踏進來之後，優先考慮的當然是要一起合作，而不怎麼在於把自己界定為領導。所以，完全沒有所謂的搶位之戰或者權力鬥爭。」

為了給政壇這七位少俠注入更多熱忱，李光耀不斷向他們灌輸領導層更新的急迫性，甚至經常會假設自己突然死亡來製造可怕的例子。吳作棟說：「他總是會問我們：『如果我突然被一部大貨車撞死了，你們會怎麼辦？』」不過李光耀可沒料到自己的這番話反遭吳作棟帶點頑皮的調侃：「說到貨車啊，我說貨車要撞到他還真是不容易，因為他身邊總會有一大堆隨扈跟著！然後他又改口說：『要是飛機失事呢？』換句話說，他想告訴我們的是，時時為看似不可能發生在我們身上的事做好準備。我們明白這種急迫感並不是馬上就在眼前的，但是它終究會到來。」

問與答

問：您初入政壇那幾年，外在政治氛圍如何？可有任何政治鬥爭？

答：完全不算什麼。反對黨很弱，經濟一片大好，人民也並不需要對政府進行任何制衡，大家都信任行動黨政府。

問：可以說，對於考驗像您一樣毫無政治經驗的技術官僚，當時的各方面條件都算是處於最理想狀態。不過，假設當時的政治局勢是另一番景觀，在野黨實力強盛，人民政治意識高漲，一切就未必可以那麼順利？

答：是的，沒錯。正是因為有了當時這些條件，李光耀才能引進治國人才，引進懂得政府作業的人才。因為重點並不只在贏得選舉，而是讓政府運轉自如。這是他最關注的事。他相信政治是可以學習的。如果學不來，那就沒希望了。他曾經發表過幾次演講，說如果你沒能力對付惹耶勒南（J.B. Jeyaretnam）[8]這類人等等，你就沒法領導眾人。我們的治理能力是毋庸置疑的，可我們能否贏得選舉？他知道我

8 惹耶勒南是新加坡在野黨著名的政治領袖之一，是新加坡一九六五年獨立建國以來第一個成功當選的在野黨國會議員。律師出身，一九七一年出任工人黨祕書長，一九八一年安順區補選勝出進入國會，突破行動黨一黨獨大的局面。一九八六年涉嫌偽造工人黨帳目罪成後喪失議員資格，一九九七年以非選區議員身分重返國會，二〇〇一年因誹謗案訴訟賠償而宣告破產，隨之二度喪失議員資格，同年退出工人黨。二〇〇八年，在擺脫破產後一年成立革新黨，同一年心臟病發逝世。

們剛開始時並沒有這個能力，但他相信我們可以通過學習，最終也能辦到。所以他創造條件把我們先引進政壇，再讓我們接受各種考驗。一九七九年補選，我們學會怎麼打選戰，但其實當時也沒什麼好打的。一九八〇年大選，我又學到了不少。之後，選情愈來愈激烈，今時今日已是進入白熱化境界。所以，情況肯定會不一樣。

我們可以做一番揣測。假設與反對黨之間的鬥爭在一九七〇年代也很劇烈，李光耀會怎麼做？他多半不會引進那麼多位技術官僚，也會讓我們這些人有更長時間接受政治磨練。他也可能會找幾個優秀可靠卻也同時擅長帶動群眾的人才進來，這些人不一定能掌管政府部門，但可以先幫助行動黨贏得選舉。也就是有更多後座議員（backbencher）。部長類人物如侯永昌[9]那一類也還是會引進，但會等到他們的年紀較長，建立起更大的知名度之後，才引進政壇。而他身邊會有更多戰鬥型人物，足以發動群眾力爭到底，最終贏得選舉。然後行動黨會蟬聯執政，像我們這類人會受委為部長。

到頭來還是回到原點：你必須能在大選中勝出，卻也同時需要技術官僚去治理國家。川普就是一個最佳實例。他是個非常優秀的政治人物，但也需要能幹的人才負責政府的運作。除非他能網羅優秀人才，願意聽取他們的意見，否則他的政府無法運作。曼德拉（Nelson Mandela）告訴我他可以贏得選舉，也深懂政治，但他不懂經濟，不懂如何掌管政府。所以施政方面的工作交給姆貝基（Thabo Mbeki）來負責。[10]

問：黨外面對的反對壓力也許不強，但是檔案記錄顯示你們這些技術官僚當時反而一度在黨內面對不小的阻力。您當時怎麼應付？

---

9 侯永昌是新加坡建屋發展局在一九六〇年成立時的首任總裁，一九七五年至一九七九年出任民事服務（新加坡的「民事服務」即公務員相關的工作）主管。一九七九年踏入政壇，當選波東巴西區議員，曾先後出任國防及衛生部長，一九八四年退出政壇，二〇〇七年病逝。

10 曼德拉是南非首位黑人總統（一九九四年至一九九九年），享譽為「南非國父」。曾因領導反種族隔離運動而被判刑入獄二十七年，一九九〇年出獄後轉而支持調解與協商，推動多元族群民主，一九九三年獲頒諾貝爾和平獎。二〇一三年底病逝。姆貝基是曼德拉副手，一九九四年出任南非第一副總理，一九九九年繼任總統一職至二〇〇八年。

答：過不了多久，我們這些人開始對黨內現任領導層之間的所謂氛圍更敏感了。杜進才[11]、王邦文[12]和他們的那個派系從來不會和我們打交道。而吳慶瑞屬於李光耀陣營，還有拉惹勒南、林金山、韓瑞生等等，這組人是支持領導層更新的。我是從兩個陣營對待我們這些年輕部長的不同方式與態度，開始瞭解到兩個陣營在立場上的差異。

問：抗拒領導層更新的那個陣營怎麼對待你們？

答：他們還是友善的。只是原則上反對。他們並不是針對我們，而是有感於政治繼承的步伐過於倉促了。我曾經闡述過，杜進才反對的不是政治交接或黨內領導層自我更新，他反對的是這個進程的速度。他們都才五十幾歲，也許接近六十歲，還可以多服務好幾年。可現在就要他們引退，讓我們接班！他們不是懷疑我們的能力，但我們的政治智慧確實不足，所以怎麼不先讓我們進來，慢慢學習，然後遲些再接棒？為什麼得這麼快？我踏入政壇不到一年，一九七七年，就出任高級政務部長；三年內就升為貿工部長。這些人覺得自己正在被李光耀淘汰。

問：杜進才在國會上可曾為難過您？例如在發言時向您發出挑戰？

答：沒有。我覺得他只是把心中所想的說出來罷了。他並不是刻意讓我難堪。但在國會之外的場合，我曾經以行動黨組織祕書的身分出席過他的選區活動，是他在梧槽支部的黨員邀請我去參加的，我就去了。那一次，他就直接批評。我這才知道他對領導層更新速度的看法，他質疑為何這麼倉促。當然，我就坐在那裡，人們全都在盯著我看。可是他並不是在攻擊我，我知道他的演講針對的是李光耀。他說，的確，我們引進了一批青年才俊，他不懷疑這些青年才俊都足以勝任，但為什麼需要那麼快？這群人經驗還不足，在政治上更是初出茅廬的新手。大家當時自然以為

11 杜進才是新加坡建國元勳，人民行動黨創黨主席，曾在一九五九年至一九六八年出任新加坡副總理，也曾先後擔任科技部長及衛生部長。一九八一年卸下內閣職務和黨主席一職。一九八八年退出政壇，二〇一二年逝世。

12 王邦文在一九五九年行動黨上台後受委為新加坡自治政府首位內政部長，也曾出任教育、勞工、環境部長。一九八四年卸下內閣職務，一九八八年退出政壇。

他指的就是我。

當然，我是公認的政治菜鳥之一。你就這麼坐在那裡，實在很不好受。可是我理解他說的，也從未對他心存芥蒂。他反對的是交棒的速度，可是李光耀總是說杜進才抗拒的是政治交接。

問：基層領袖和黨幹部呢？他們又是怎麼看您和同儕？

答：老一輩的都反對。一次黨大會上，有個黨幹部站了起來。算是比較年長的，說華語的。當然，他先是表明自己不是反對這次改變，但為什麼老一輩就要被當成穿過的舊鞋一樣遭到遺棄？這個我還印象深刻。他問：老幹部與行動黨一起經歷了那麼多屆選舉，協助黨打下江山，怎麼如今居然把他們棄置一旁？當時現場響起熱烈掌聲。這個時候你就會發現，原來不光是被取代的老部長不滿而已，老一輩的基層黨員同樣有怨氣。因為年輕部長一來，就會帶進他自己的班子。

容許我往前快進一下。一九八四年大選之前，我經歷了政治生涯中最尷尬的場面。我負責協調選戰，而李先生要趁此機會讓一些老議員引退，同時將一些現任部長調離內閣成為後座議員，當中就包括王邦文和巴克。我當時得為參選議員準備指導手冊和參考資料，列明提名日須注意事項等等。

我召集行動黨議員開會，問李先生我準備的資料是要發給所有議員，還是只發給那些會參選的議員，畢竟距離提名日已經沒剩幾天了。我其實已經知道有哪些人會被淘汰。他說，發給所有人。所以我照做了，把指南手冊發給每一位。那些本來以為自己會被取代的議員臉上流露出欣慰之情。大家顯然很開心。

不到一週，行動黨候選人名單公布了。我又得一一向那些不再需要參選的議員要回那份競選手冊。那是讓我覺得最難堪、最艱難的一刻。並不是這些議員不願意退下，而是之前在收到競選手冊的那個晚上，他們就興致勃勃地回去告訴黨支部自己會參選。黨支部支持者當然一起為議員歡呼。可是不到一週，我又去把競選手冊收回。這對他們來說是很失面子的事。

問：您把手冊拿回來時，他們對您說了什麼？

答：他們都不必開口，單是臉上的表情就足夠了。那一刻要是誰開口說話了，肯定是一頓咒罵。他們氣的不是要他們引退，而是讓他們丟臉。有人問我為什麼不在分發手冊時告訴他自己被取代，其他人也問怎麼黨不提早通知他們，害得他們把好消息帶回黨部，現在什麼顏面都丟盡了。我說，是李光耀先生讓我先發給所有人，然後再要回來。

問：那李光耀為什麼讓您把手冊發給他們每一位？

答：那就是問題的關鍵了。如果太早讓這些人知道，杜進才、王邦文和其他一些人也許會發起抗議行動，脫離行動黨與我們對抗。換句話說，李光耀無法確定他們會不會那麼做。這幾位畢竟都在政界打滾了多年：「你要我卸下部長身分是嗎？那好，我就集合所有這些即將被淘汰而滿腹怨氣的人，一起在黨外跟你對著幹！」你知道的，政治就是這麼一回事。李光耀是擔心的。

問：他是真的擔心杜進才和王邦文會脫黨，另立政黨挑戰人民行動黨嗎？

答：如果你認識李光耀，你就會知道當年社陣從行動黨分裂出來的事件中他經歷了什麼。那次以後，在政治上他就不再對任何人百分百信任。包括我在內。公平地說吧，這就是政治，也因為他從經驗中吸取了教訓。他曾經有過慘痛的經歷，使他在政治上不再全然相信任何人。李光耀的國會祕書陳新嶸[13]，還有很多其他人，到頭來都掉過頭來背叛他。有了那次經驗，他很清楚，一旦要進行重大改革，任何事情都有可能發生。相信，卻不忘查證——他總會這麼說。而我後來也發現，他其實不斷在查證。就是說，我提供給他的敏感政治情報，他總會查證。為什麼？對他來說，我也是局中人之一，所以，如果我為他提供對於某某某的評價，會不會有利於自己的事業？我是否如實反映或別有居心？他會查證。所以：相信，但必須查證。

問：您認為杜進才和王邦文為什麼最終沒有脫黨另立新政黨？

答：他們還是心繫新加坡的，並不是為謀求個人私利。而且兩人也都明白李光耀所做的一切都是對的。杜進才曾經告訴李光耀，黨支部有好多活躍黨員，都可以成

13 陳新嶸經一九五九年立法議會選舉當選人民行動黨議員，而後受委為行動黨自治政府總理公署政務次長，是總理李光耀身邊的最高助理兼國會祕書。一九六一年，他脫離行動黨另組社會主義陣線，一九六三年大選後逃到印尼，後加入馬來亞共產黨武裝部隊。

為議員。李光耀只是大笑回應——也許當中幾位可以成為議員，可是這當中又能有多少人有能耐勝任部長或擔當官職？而因為我當時也常在黨支部活動，認識不少支部黨員，我也支持李光耀的看法。有條件出任官職的人真的不夠多。他們也許能成為國會議員，因為他們的基層工作都做得很出色。但這麼一來你就會跟巫統[14]沒兩樣了：就只會耕耘基層爭取選票。杜進才是真誠地相信黨支部有那麼多人才可以接過棒子。他當時的論述基本上就是這樣。

問：行動黨元老當中就有這麼一股對黨的忠誠，促使他們不至於脫黨分裂出來另立政黨；這其實是相當罕見的。

答：說得對。儘管有種種分歧，黨並沒有分裂。王邦文從馬來西亞到新加坡來，為了什麼？為了鬥爭，先是為了爭取成為馬來西亞的一部分，之後是為了獨立自主，把國家體制建立起來。所以，他們都心懷更大的使命，是為了更偉大的信念而鬥爭。所以，對於政治傳承，他們都明白這是應該做的事，反對的只是進度太快了。而你不能把這個問題個人化而因此鬧分裂。換作是意識型態上的分歧，分裂倒是有可能的。[15]

吳作棟早期的政治仕途是平步青雲、一片大好的。一九八〇年全國大選結束後，他除了升任貿工部長，也在行動黨內擔起重任。一九七九年補選和一九八〇年全國大選，行動黨都在他的組織下順利過關，尤其一九八〇年大選更可說是輕鬆勝選，行動黨再一次囊括所有七十五個選區議席，得票率也從一九七六年的七四．

14 巫統全稱「馬來民族統一機構」（United Malays National Organisation，簡稱UMNO），是馬來西亞一九五七年至二〇一八年執政的「國民陣線」（國陣）政黨聯盟中規模和勢力最強大的政黨。

15 王邦文在二〇〇四年曾經說過：「我們沒有為了權力而相互傾軋。我們的目標一致，而就算有任何分歧，那也不是什麼大不了的。」葉添博、林耀輝、梁榮錦著，李慧玲、鄒文學、鄭景祥、林慧慧等聯合翻譯，《白衣人──新加坡執政黨祕辛》。新加坡：新加坡報業控股，二〇一三年，第三三九頁。

一%躍升到七七·七%。

吳作棟正在迅速上位，看似不會再有任何差錯了。可是地心引力有時候就是那麼令人懊惱地無所不在，政界尤其如是。一九八〇年大選幾個星期後，行動黨宣布新一屆中央執行委員會名單，各界原本都看好吳作棟做為七俠之首的地位將進一步鞏固。豈料卻是陳慶炎冒出頭，讓人大跌眼鏡。吳作棟出任第二助理祕書長，維持不變，反倒是才剛在一年前踏入政壇的陳慶炎躍升為第一助理祕書長。「李光耀跟我說他要讓東尼（陳慶炎）出任第一助理祕書長，我說好。」吳作棟回憶道。「我的心態一貫是這樣：好的，沒問題。好在我從來不曾覬覦坐上最高位置。」李光耀問吳作棟他是否介意，卻並沒有告訴他自己為什麼要讓陳慶炎後來居上。

吳作棟自己找出了答案：「我的猜測是這樣：也許李光耀得出的結論是，政治上來說，我也許更強，也有作為。但東尼還未真正接受過考驗。在他看來，東尼也許會是那個治理能力更強的人才。而他（日後）也作了說明。東尼做事非常透澈縝密，對很多課題會有深入的研究；而一旦下定決心，就不會再動搖。我呢，則是更善於與人溝通，有時候會因此而改變主意，做事情伸縮性較大。所以，他也許認為，更保險的做法是，從政治層面上再測試其他人選。我覺得他這麼做是明智的——別把希望全押在一個人身上。多考驗其他也許也能勝任的人。如果這人禁得起考驗，那你就可能有個更理想的人選。

而此時的吳作棟默默地把持住底氣，因為他知道自己擁有黨基層幹部的支持。接連兩場選舉中擔任行動黨競選組織統帥，在各個選區都投入了大量時間精力，他顯然更得人心，也是深受黨幹部歡迎的人選。他完全沒料到的是，他將迎來自己政治生涯早期階段最戲劇性的一次挑戰。一場即將刮起的政治旋風——將把他捲回地面，摔在殘垣瓦礫之中。

第五章 安順

從沒想過。

——林子安，談及可曾料到行動黨會在一九八一年安順區補選中落敗

二〇一一年全國大選，在馬林百列這個擁有多個議席的霸型選區，當各個分區的計票結果開始從四面八方相繼湧入，吳作棟的情緒愈發下沉。他所聽到的資料並不是自己所一貫熟悉的。他率領的人民行動黨五人團隊正面迎戰國民團結黨，雖然執政黨的原任議員團隊持續領先，但領先的幅度比預期小得多。這個國家的執政黨在選舉中往往能以壓倒性優勢勝出，而馬林百列總能以更高於全國平均數的支援率獨占鰲頭。這一區堪稱吳作棟手中固若磐石的鐵票倉，乃至一九九七年、二〇〇一年、二〇〇六年一連三屆大選都沒有在野黨敢涉足這一區下戰書。馬林百列選民上

一次投票是在一九九二年的一次補選，吳作棟團隊面對四角戰纏鬥，以七二％支持率高票當選。在更早一年一九九一年全國大選，成績更是耀眼，得票率高達七七．二％。但二〇一一年，局面很不一樣。

吳作棟團隊引進了二十七歲的政壇新人陳佩玲，豈料這位執政黨新候選人因為社交媒體上的一張與名牌包包合照的自拍相在網上瘋傳，受盡冷嘲熱諷，成為眾矢之的，被線民狠批為幼稚無腦、不知民間疾苦，迅速成了選民對執政黨不滿情緒的體現。大選進入倒數時刻，有人甚至在臉書上發起「拒絕讓陳佩玲進入國會！」的主題專頁，累積了至少四萬四千個「讚」，點讚人數甚至超越了吳作棟的臉書頁面「馬林百列人」。

讓行動黨雪上加霜的是，競選馬林百列集選區的國民團結黨候選人當中也出現了一張比陳佩玲更年輕的清新臉孔，而這個女孩偏偏看似具備了一切陳佩玲所欠缺的條件。她就是年僅二十四歲的廣告執行人員佘雪玲。佘雪玲外型亮眼、深具個人魅力，且能言善道，論人氣，馬上就把陳佩玲給壓了下去。吳作棟在選後也承認這一點。他告訴媒體：「她的溝通能力很強，演說特別能打動年輕人……我能感覺到支持她的人不少。」他的直覺沒錯。陳佩玲、佘雪玲之間的對比搶占了馬林百列集選區選戰的焦點。選舉結果揭曉，讓好多人大跌眼鏡：吳作棟團隊只獲得五六．六％選票，低於全國平均得票率六〇．一％——而這已是人民行動黨創黨以來的歷史新低。

這個結果讓吳作棟元氣大傷。而就在那一瞬間，他的思緒飛回到整整三十年前新加坡政治史上一次劃時代的重大事件。「二〇一一年的那一刻，我腦海中浮現的卻是安順區。」他在為此書接受訪問時有感而發。他說的是一九八一年的一場補選。「二〇一一年的選舉結果加深了安順補選給我的第一次教訓：無論過去的政績和選情有多好，凡事都不會是理所當然的；任何時候都必須為不可預見的情況做好準備。我從未料到自己身為前總理也會差點輸掉整個集選區。可是偏偏陳佩玲和佘雪玲出現了……我們的支持率一下子下降到五六％。關鍵不在於你有多得民心、能力有多強，或者你能為人民做些什麼、付出多少。一張新面孔出現，人們就有了攻擊的新目標。選舉到頭來竟成了陳佩玲與佘雪玲之爭。可是政治就是這麼一回事。」

吳作棟經歷最為嚴峻的那一場政治洗禮，就發生於一九八一年新加坡南端一個以工人階級為主的選區內，稱為「安順區」。安順區緊挨著的是李光耀的政治基地丹戎巴葛區。時過境遷，安順區雖說早已在選區劃分版圖上消失了，可是「安順」這個名稱已然深烙人心，成為一個醒目的標誌，時時提醒著執政黨和在野黨，即便在相對刻板單調的新加坡選舉政治世界裡，不可預見的可能性仍然存在。關於安順區補選的歷史記載，毫無意外地大多著重於工人黨已故領袖惹耶勒南如何在完全處於劣勢的情況下逆勢而起成功當選，因為惹耶一舉終結了建國以來行動黨完全壟斷國會的局面。相比之下，在這場補選中失敗的一方並未獲得媒體輿論的太多關注，尤其是吳作棟在這場敗選中所扮演的角色。三十多年下來，他當年曾參與安順補選一事也早已淡出公眾的記憶。

然而，吳作棟坦言，當年的那一場選戰不光在他的政治生涯中發揮了關鍵作用，也形塑了他的政治傾向和政治敏感度。「要說是什麼影響和形塑了現在的自己，通常很難給出一個很明確的答案。」他說著，眉宇間的皺紋開始繃緊了。「就像是成長經歷——你究竟在哪個階段長大成人？你很難清楚地知道自己究竟在哪個階段從男孩變成男人。但是你會發現，自己的想法突然在一夜間有所改變；而必定會有哪些經歷讓你有了這樣的改變。安順補選事件加速形塑了我的想法——我的定位是什麼？我究竟是誰？這肯定是我人生中至關重要的一次歷練。」

在這之前，大概沒人料到安順區補選對吳作棟會起著什麼影響——這不過又是一場補選，沒有任何明顯的特殊或不利之處需要執政黨多操一份心的。吳作棟說：「選情是平靜的，我們肯定勝出，完全沒問題。」對所向無敵的人民行動黨來說，那個年代的補選近乎是零風險的政治活動，舉行補選純粹只為領導層更新，也借機探測民意。安順區當然也一樣，原任議員蒂凡那（Devan Nair）[1]深得民心，因為獲提名出任國家總統而不得不辭去國會議員一職；蒂凡那也卸下他在全國職工總會的

1 蒂凡那是新加坡第三任總統，也是首位印裔總統。工運領袖出身，一九五四年參與創立人民行動黨，一九六一年協助成立全國職工總會（簡稱「職總」），一九七九年出任職總會長。同年當選安順區議員。一九八一年辭去國會議員出任總統。一九八五年，以健康欠佳為由辭去總統職務。二〇〇五年於加拿大病逝。

領導重責，交棒給林子安。吳作棟形容：「這是領導層更新的步驟之一。」換言之，安順區補選和之前在一九七〇年代舉行的四場補選沒什麼兩樣，也毫無獨特之處。

安順補選由吳作棟領軍統籌，人民行動黨推出的候選人是政壇新人馮金興。雖說陳慶炎在黨內排位已超越吳作棟，躍升為第一助理祕書長，但吳作棟卻出乎意料地獲得李光耀委以重任，繼續負責領導並組織補選競選活動。從旁協助吳作棟的還是林子安；這對好搭檔在一九七九年補選中初試啼聲，獲得佳績，隨之於一九八〇年全國大選中再次印證這個雙人組合的組織實力。兩人信心滿滿地啟動了安順競選活動，尋求三度漂亮勝出。一九八〇年的全國大選中，蒂凡那在這一區拿下高達八四．一％得票率，遠遠超出行動黨七七．七％的全國平均得票率。「一九八〇年我們勝得相當輕鬆，所以大家當下根本毫無危機感。」吳作棟這麼說；他當時的政治職務是衛生部長。他接著補充說：「安順區原任議員蒂凡那即將就任國家總統，大家都合理推測安順區選民對於自己的原任議員當上總統，應該會感到非常自豪。所以這場補選根本不帶任何焦慮感或危機感。我只是照章行事完成任務，負責組織協調，確保最終打贏選戰。光是組織並不足夠，必須能組織而後能勝出。但必須說，知道原任奠下了多達三十四個百分點的緩衝優勢，的確給我帶來很大的安慰。」林子安也同意這個說法；問及局勢後來的演變在當時可曾流露出任何蛛絲馬跡，他說：「完全沒想到。從沒想過。」

豈料競選活動開跑後，吳作棟和林子安開始覺察到基層形勢不大對勁。吳作棟憶述：「必須坦白地說，我之前不曾摸清當地選民的情緒，是到了提名日以後，所有蛛絲馬跡統統顯現出來。」問題直透行動黨基地核心，讓當時的黨支部亂了陣腳。當蒂凡那在一九七九年當選安順區議員後，身邊的大批工會支持者也追隨他加入了安順區黨支部，而黨支部原有的老幹部大多在那個時候選擇離開。兩年後，蒂凡那辭去安順區議員身分、入駐總統府，他的支持者也紛紛撤出安順，使黨支部陷入真空狀態。支部祕書王雅興力勸舊黨員回巢。「但熱忱已是大不相同了。」吳作棟嘆了一口氣說。「他們並不認識馮金興，而馮金興也帶進了自己的人馬。換句話說，我們發現，黨支部並未能團結一心應付這場選戰。」

更糟的是，行動黨安順區候選人馮金興似乎與基層群眾脫節。他出身顯赫，是行動黨元老級人物林金山的外甥。馮金興當時不過是三十二歲的年輕經理，但行動黨決定安排他上陣，對此林金山本人也抱有疑慮。「林金山本人對於馮金興是有所保留的。他說馮金興是有錢人家的孩子——『阿舍囝』。」吳作棟引用福建話的常用語。「他適合參選嗎？這些都討論過的。可是黨祕書長李光耀認為他是個合適的人選。」吳作棟回憶起面試時候的印象說，這位候選人「形象討喜，表現自信，能言善道」。他也有國民服役經驗，而李光耀正是希望推舉一位具備這種經驗的候選人，借此展示行動黨對國民服役制度的支持。

然而，選戰一開打，馮金興形象上的弱點就暴露無遺——情況跟二〇一一年的陳佩玲相似；在這個以勞動階層為主的選區，吃力地爭取選民的認同。「馮金興總會乘坐大汽車到來，而他那一身穿著，就是格格不入。你是個富家子，就連走起路來也跟別人有些不一樣。」吳作棟形容，有些懊悔地苦笑著。馮金興也帶來自己的人馬助選，全是衣著光鮮的專業人士。王雅興說：「他們都是開著捷豹轎車來的。」安順區的行動黨助選團隊猶如一盤散沙，可是他們面對的對手卻是令人生畏的工人黨領袖惹耶勒南。惹耶也是個氣場超強的演說家，這一點也像極了三十年後出現在馬林百列區的佘雪玲。「我一看到佘雪玲，就聯想到惹耶勒南，兩人的口才都非常好。」吳作棟說道。「而陳佩玲則讓我想起了馮金興。」

這次補選其實是一場三角戰，但第三位候選人夏萬星一開始就被選民早早淘汰了。形勢再清楚不過：行動黨的最大勁敵還是惹耶勒南。這位在英國留學的執業律師兼前法官兩年前也曾在毗鄰的直落布蘭雅區兩次參選，均以微差落敗。一九八〇年大選，他挑戰行動黨對手，還能取得近四七％支持率，是在野黨候選人在選舉中所取得的最佳成績。

投入安順區選戰時，惹耶勒南已經歷過五場失敗的選舉，堪稱經驗豐富的沙場老將，也已儼然是島內名氣最大的在野政治人物。在吳作棟看來，是惹耶勒南的個人因素促成了安順區的補選結果：「他總有辦法展現自己能凝聚（選民）的疏離感，為民怨發聲。」話雖如此，競選活動剛開始時，無論惹耶勒南或是吳作棟，都無法預見到前者在安順區能掀起如此巨浪。事實上，惹耶勒南的支持者甚至曾勸請他放棄參選，理由是安順區是行動黨票倉，根本毫無勝算。吳作棟其實也有同感，他在記者會上告訴媒體：「我不認為惹耶勒南先生會有任何勝出的機會。」

豈料，九天的競選期爆出了兩大關鍵議題：住屋、交通，最終翻轉了吳作棟對選情的預測。首先，安順區的住屋問題讓選民覺得焦慮。肇因為安順區內一個稱為「布萊坪」的地段必須清空鏟平，以興建新的貨櫃港口設施，意味著原來安置於這個地段那九座專為新加坡港務局員工而設的組屋必須拆除。而這九座組屋住著逾千名以短期租約居住的港務局員工與其他工友，他們全都已在較早前收到搬遷令。這些人要求優先獲配新組屋，卻遭到拒絕，被告知只能加入輪候名單跟十萬名其他組屋申請者一起輪候新組屋。王雅興說：「這組人怨氣最大。一千名員工加上他們的另一半，那就是二千張選票了。」這就相當於一三%選票。林子安補充說，馮金興又正好與當時的港務局主席林金山有親戚關係，這就使布萊坪事件猶如火上加油般延燒起來。工友們當時的想法是：「你趕我走，我很不高興。而你現在居然還派了港務局主席的人到這裡坐鎮……天哪！我一定要把握這個大好機會來表達我的不滿！」

不光是布萊坪，安順區其他地方也同樣面對住屋問題。有不少新居民是剛從毗鄰李光耀選區內的達士敦坪新遷入安順區，他們在購買新組屋時受到物價上漲影響，都以高價買入，有些甚至高出三成五。吳作棟說明：「在過去，我們會定期統一調高全島的組屋價格，由政府操作，而不是由市場力量推動的。就是，組屋什麼時候起價，由政府決定。」毗鄰的中峇魯選區議員莊日昆指出中，即便如此，行動黨內仍有不少人相信，安順區這些新居民的選票會是囊中之物。他說：「他們認定這些居民仍處於新房入夥蜜月期，而且他們過去在丹戎巴葛區曾經是李光耀的堅定支持者，如今搬到安順區也一樣會投票支持行動黨。可是，他們的確是付出了高價買房，而且如今投票的對象已不再是李光耀！」

第二個導火線是，競選期間，《海峽時報》在封面頭版刊登了一則有關新一輪巴士車資上漲的報導，這家全國大報的交通專線記者從新加坡巴士公司探聽到這則獨家內幕消息。[2]儘管政府事後否認這項消息，但為時已晚；那個時候安順區選民都在議論生活費上漲的課題，巴士車資起價的報導正好與之吻合，結果惹惱了選民。吳作棟說：「我們當然跳起來！經過查證，根本沒打算調高巴士車資。他們

2 "Bus fare hikes 'will hit pass holders hardest'"〈巴士車資上漲，「月票持有者首當其衝」〉, *The Straits Times*, October 27, 1981, p. 1.

（《海峽時報》）是在操弄政治。他們說：『噢，我們聽說巴士車資會漲價。』你總不成只因為聽說巴士車資漲價就把巴士車資上漲當頭條報導吧？所以，我們火了。不過在那個階段，沒必要向李光耀報告。這並不是我和子安的作風。你要我們統籌競選工作，我們就負責到底。我們得向人們澄清這個消息並不屬實。《海峽時報》後來刊登了一則更正啟事。但已經太遲了。而且更正啟事只是小小的幾行字，而且字型大小還是小到不能再小的那種。」針對這則報導，《海峽時報》前總編輯張業成在自己的回憶錄《言論界限——我的〈海峽時報〉故事》一書中曾經稍作反駁：「後來，總理（李光耀）在總結分析敗選原因時，曾透露新加坡巴士公司確實有意要調高車資，不過讓政府壓下了。」他如此寫道。「我們的記者並非完全錯誤……」[3]

儘管行動黨看似大難臨頭，吳作棟還是不認為行動黨會敗選。行動黨當年正處在極端樂觀的大好時代裡，選舉對這個政黨來說就等於是一個接一個持續不斷的勝選謝票遊行。競選期中途，吳作棟與林子安、王雅興和莊日昆進行交流，分享各自對基層民情的體察與解讀。四人都預測行動黨的得票率較之蒂凡那八四%的得票率會大幅下降，但大家還是認定行動黨必勝。吳作棟和林子安預測得票率會介於五五%至六〇%，莊日昆估計至少五五%。王雅興最為悲觀，他預測支援率會跌破五五%。「但即使是他，散會前我再問：我們能不能贏？他認真思索了一番後說：能贏！」吳作棟說道。根本沒人預料到會敗選。林子安說：「我們都不認為情況會嚴重到讓我們會失掉議席。我當時的感覺是，人們終究還是會選黨不選人。」吳作棟向李光耀彙報了同事們的意見：「他問我什麼情況，我說，是有一些小問題。他再問：『我們能贏嗎？』我說是。『肯定嗎？』我說是。我告訴他，這其實不光是我的觀察，還問過其他人的。他說好，只要能勝出就好。」

然而，行動黨的選情卻急轉直下，居民的冷漠和疏離逐漸演變為公開宣洩不滿情緒甚至挑釁。林子安回憶說：「有居民看到我們來就大力把門關上，我和作棟都吃了不少閉門羹。」吳作棟則說，行動黨的一次群眾大會上，有居民從周圍的組屋

---

3 Cheong Yip Seng, *OB Markers: My Straits Times Story*〈言論界限——我的《海峽時報》故事〉(Singapore: Straits Times Press, 2015), pp. 177-178.

扔下垃圾。「有一回正在演講，突然聽見『叭哴』一聲巨響，有人從高樓丟下一包炒粿條，居然還有空鐵罐。還有空的餅乾鐵罐。情況堪憂。」群眾大會反應很冷清，他也說得很白：「出席的可能大多是自己的朋友。我學著李光耀的做法，刻意走到台側觀察。有時會去得稍遲，從場子後面進來，穿過群眾感受一下氣氛。這時候我會發現好多人蹲著聊天，根本沒興趣聽台上的人在說些什麼。」

到了十月三十一日投票日當天，白衣人陣營殘留的任何一絲希望也蕩然無存了。「我們走出投票站時，人們跟我們沒有任何眼神交集，就只是一味地快步擦身而去。接收到這些點點滴滴的資訊，我們感覺到這場仗恐怕是要輸掉了。」吳作棟憶起當時的情景。「到了那個時候，我們估計情勢會是五五開。最多只能是險勝。」李光耀也得到了情報，卻並非來自吳作棟。他近中午時分打了通電話給王雅興，要他據實報告。王雅興掌握了紅山一帶萄基（bookie的音譯，此處指地下賭盤）的賠率情報，他說：「我坦白告訴他我們的勝算只剩五成，勝負差距不會超出千票。他問我還有機會翻盤嗎？我說我會盡力。」對於李光耀的從旁勘察，吳作棟並不感到意外：「他私下向雅興和日昆打探選情，我並不意外。我之前也說過了，相信，但也須查證。他會查證。」

無論如何，一切都太遲了。當晚，吳作棟領著行動黨的一支小團隊到安順路上顏永成中學計票中心等待選舉結果揭曉，那裡早已擠滿了人，工人黨支持者的人數以三對一的比例遠遠超過行動黨支持者。莊日昆形容，當時的場面相當緊張。「如果工人黨沒勝，很可能就會發生流血衝突了。他們的支持者手中的旗杆全是尖頭的，暴動一觸即發。」吳作棟說當晚的氣氛極度緊繃。「畢竟是補選，行動黨支持者來的並不多，我們站在後方邊上，對方陣營占據了前方。」當年沒有手機，兩方支持者只能耐心等待成績揭曉。吳作棟說：「裡面的情形究竟怎麼樣，外頭的人是毫無頭緒的。不像現在，人人有手機，可以時時通過短信互通消息。」

深夜十時五十三分，補選結果公布：

夏萬星：131 票

惹耶勒南：7012 票

馮金興：6359 票

現場歡呼雷動，淹沒了擴音機傳出的成績報告。歷史在此刻改寫了。人民行動黨在同一個選區的支持度，短短十個月內驟降了足足三十七個百分點，堪稱新加坡獨立史上最戲劇性的一次選情大逆轉。馮金興想上台發言，卻被群眾轟下了台，這位自一九六五年以來行動黨首位吃敗仗的候選人，灰頭土臉地悻悻然離場。顏永成中學這一晚的情景，成了吳作棟多年的夢魇。「噢，現場是一片歡騰！可是並不是我們這一邊。」說著，他側著頭墜入了回憶深淵。「群眾都在高喊：『惹耶！惹耶！惹耶！』每一次有巴士經過，都會有人追著巴士跑，邊跑邊喊：『惹耶！惹耶！惹耶贏了！』群情激昂。而行駛中的巴士也會鳴笛回應。有些剛巧經過的車子聽見了也會鳴笛同慶。」問他，民眾為行動黨的挫敗展現這等欣喜若狂的反應，他看在眼裡，心中是什麼樣一種滋味，他回說：「唔……就是淒涼。」

而他的煎熬仍未結束。保鏢告訴他，李光耀要找他談談。當年沒有手機，附近的商店也全打烊了，他得步行超過一公里回到行動黨安順支部。他腳步飛快，腦海中只想著一件事：「要怎麼跟李先生交代呢？」電話接通了，李光耀問他怎麼回事。「我的回答是：我們輸了。」他說道。「我提出了幾個之所以落敗的理由。我說我們並沒有料到會輸，但是結果顯然比我們預想的還要糟糕。繼續尋找各種藉口是毫無意義的。我不怪任何人，也沒說是候選人表現差勁，我們就是輸了——就是時機不對吧。也並不是馮金興的錯。表像底下其實暗流洶湧，人們心裡埋著不滿和怨氣，只是我們沒覺察罷了。李先生說，沒事。他問起馮金興，我說他們全在裡頭，看起來還好。他並沒有生氣。那種時刻，你才真正見識到什麼是領導人的真正風範——木已成舟，接下來該何去何從？你要繼續往前看。」

問與答

問：補選結果揭曉後，您跟李光耀討論了些什麼？

答：事後檢討。就是這樣才能從失敗中學習。很簡短地進行了事後剖析，敗選的理由大家其實都心裡有數。但整個基調是前瞻性的。我們都學到了一點：失去的就是失去了。我們召開了一次全體國會議員大會，其中一個關鍵問題是：我們接下來在安順區應該怎麼做？我們是繼續管理安順區的民眾聯絡所嗎？還是讓惹耶勒南接手管理？我覺得理應交給惹耶來管理，許多年輕議員也有同樣想法。我認為應該公平行事——他贏得了議席，所以區內的一切都該而由他接管。民眾聯絡所也屬於安順區所有，理應轉交給他。英國國會的規則不就是這樣——接受選舉結果，與對方握個手，給他寫封祝賀信等等。這是年輕一代議員的想法。

李光耀並未斥責我們，不過他問了老將們怎麼看這件事。他們說不，我們不可能交出聯絡所，這是我們的基地。聯絡所一旦由他接管，他就有了扎根的平台，我們從此就再也難以收復失地了。這絕對不成。所以你就學到了個中道理。那，有什麼理由可以讓我們堂堂正正地繼續留守聯絡所？聯絡所屬於政府設施，你不會把政府設施交給反對黨管理。我們這批年輕人很天真地以為聯絡所是隸屬於選區的單位，所以認為理應由當選議員接管。老一輩議員則說：不行。

問：這個道理也一併適用於人民協會屬下的所有其他單位如居民委員會、公民諮詢委員會嗎？

答：沒錯，這些全是隸屬於政府的單位。可是你也得公平行事。任何人只要願意推動政府的政策和計畫，就可以使用居委會和聯絡所。但是這些單位不能用來推動政黨政治。反對黨不可能來推動政府政策，而我們卻會這麼做。如今這些規則變得愈來愈清楚了。因為在最初階段，我們都會一身白衣白褲走進聯絡所。可是一旦反對黨進來了，我們就必須嚴守規矩了。我們制定了一套公正的行為準則：禁止任何人穿著白衣白褲走進聯絡所。起初我對此很不滿，告訴他們我偏要找來一個萊佛士書院的男生[4]走進聯絡所，看你能拿他怎麼樣！可是哪怕我們再不便再不悅，人民協會還是必須嚴格執行這些條例。

問：所以人民協會與人民行動黨政黨分離，就是從這個時候開始的？自此就成了常態？

答：是的。我們那個時候開始區分政府與政黨。我們沒把民眾聯絡所轉交給惹耶勒南是正當合理的，因為聯絡所屬政府所有。同樣的道理，也不能將聯絡所交給人民行動黨管理，這個不妥當。必須一視同仁，公平處理。

4 萊佛士書院的男生校服正是白衣白褲。

問：後來您當上總理，也沒覺得有必要對此做出改變？

答：不。這是不可能改變的。因為背後的理據是：這些設施單位屬於政府所有。你身為政府職員，也就必須嚴格遵守規則條例，才不會給敵對陣營落下話柄。你留意到了嗎？我們的基層活動的宣傳布條都不能以議員身分署名，只能打上「基層組織顧問」字樣。因為如果議員可以用這些設施，那在後港[5]，反對黨也可以使用了。所以我們說不行，只有基層組織顧問可以使用這些設施。你說這不公平，我說這很公平啊。

問：您會認為這個做法形同於你們對「忠誠的在野黨」其實並無概念嗎？

答：我們有啊。但怎麼可以允許反對黨接管政府設施？這並不是一個政治實體，這可是政府單位。

問：我想，這個問題還可從另一個角度看：所有國會議員，無論在野黨執政黨，都屬於這個體制。國會裡有了來自不同政黨的議員，國家才能受益。在野黨議員也和執政黨議員一樣，共同隸屬於這個體制。所以，當在野黨候選人在選舉中成功當

選，政府理應給予他們相同的待遇，畢竟在野黨議員的存在同樣有利於整個國家。

答：你投入一場公平的選戰爭取勝利，而所得的戰利品……只要能保住，就一定要力保。如果保不住，就合法地交出去。我們當年如果把安順區的民眾聯絡所交出去，那建屋局分局也要交出去；萬一我們失去更多選區，我們就得向對方，也就是阿裕尼[6]和後港，送出愈來愈多的戰利品。關鍵在於維持公平原則和統一標準。市鎮理事會，我們交出去了。你不能說市鎮會也屬於政府。就市鎮會而言，誰當選誰就接管。而我們知道他們會利用市鎮會招聘人手、建立實力。市鎮會雇員多半都會成為政黨的忠實支持者，因為如果政黨輸了選舉，他們也會丟失工作。這是一把雙刃劍。所以，反對黨市鎮會的員工支援工人黨的程度會比我們的市鎮會員工支援行動黨來得更甚。

---

5 後港（Hougang）是新加坡東北部選區，自一九九一年大選中由工人黨奪下，蟬聯執政至今。

6 阿裕尼（Aljunied）是新加坡東北部的一個霸型選區，人民行動黨在二〇一一年大選失掉這個霸型選區，由工人黨奪下。

問：這是很精明務實的政治手段。是您所經歷的政治教育教會您的？

答：是的，全都得學上來。起初，你會有點天真，光是靠著書本上學來的知識，希望把這些理論付諸實踐。但真正深入政治沙場，才發現情況截然不同。但是最終，我也說過了，一定得是一場公平競爭。當然，我們身為執政者，必定占有一定的優勢，這個在所難免。我們可以由部長級人物領軍到集選區競選，這也是我們的優勢。有人說這不是一場公平的競爭。但你們陣營裡頭沒有部長，難道也是我的錯？[7]讓我們正面看待丟失阿裕尼集選區一事。我們很不希望這樣，但從此以後我們就能理直氣壯地說：集選區並不是專為行動黨而設的。反對黨一樣拿得下。這就是我們一直在說的：有沒有部長級人物，反對黨都有勝出的機會。集選區制度可從來不是障礙。

問：安順補選結果還在哪些其他方面促使人民行動黨做出改變？

答：李光耀的說法是，我們輸掉的並不只在於區區一個議席；在國會裡丟了一個議席根本不算什麼，我們當年總是囊括國會的所有議席。我們輸掉的，是行動黨給予外界所向無敵的觀感。這是我們承受的最大創傷。在那一刻之前，我們是堅不可摧的。政府想做任何事，無論政策是否討好，如果必須這麼做，一旦決定了，我們就勢在必行。所向披靡。無論我們做什麼，人們都願意支持，對行動黨全然信任——執政黨堅不可摧。人們認為行動黨會永遠立於不敗之地。所以，這次敗選之後，就必定會有更多的失敗接踵而來。

要怎麼制止失去更多議席？行動黨議員必須能在國會中暢所欲言，直言不諱。不然，這個角色就只會由惹耶勒南來扮演。所以，我們每一個人都得精明地扮演好反對黨議員的角色。這是為了展示，行動黨議員完全可以在國會中向政府提出尖銳質詢，而不只是全靠唯一的反對黨議員提問。就這樣，我們變得更有「反對黨意識」，乃至當中的一些人開始把自己視為反對黨人，投身總統選舉與行動黨對立。[8]

7 執政的人民行動黨的慣例是在每屆大選中派部長級候選人到各個集選區充當領軍人，以提高甚至「保障」勝算。惟二〇一一年大選，由工人黨黨魁劉程強和主席林瑞蓮率領的四人團隊在阿裕尼集選區勝出，使行動黨折損三位部長。工人黨團隊繼而在二〇一五年大選成功連任。

問：看李先生與惹耶勒南在國會辯論中過招，滋味如何？

答：很不自在。就有這麼一場辯論，雙方的遣詞用字……可以這麼說吧……並不是國會一般的慣常用語。[9]在場的好多人都覺得很難堪。李先生的遣詞用字非常強烈，卻又不至於觸犯國會規則——近乎人身攻擊，非常侮辱性的字眼。惹耶勒南試著反擊，但他並沒有使用類似狠話。簡直是咄咄逼人。放馬過來吧！李先生會這麼說。你我勢不兩立，不是你死就是我亡。我差點要起身說，夠了。對我們而言，這根本不是國會辯論該有的方式。那也許是其他國家的國會運作的方式，但我不習慣這樣的作風。

問：您那個時候可曾同李先生分享過您的感受？

答：他沒問。他要是問了，我會說他有點過度了。那是他那一代的政治風格，你要贏，就得狠。但我們這一代不同，性格也很不一樣。我們不會使用他那樣的語言。顯龍的口才很好，但他的語言風格迥然不同，畢竟時代改變了，對手也換了人了。

這就是國會議長和我們這一代議員努力維持的行為準則。後來的國會辯論，我們都避免使用人身攻擊的語句；任何人想效仿惹耶勒南或李光耀相互辱罵，國會議長必定會制止，人們也會同意這並不是大家想看到的國會辯論方式。辯論再激烈都無妨，但是請把個人仇恨先抽掉，大家就事論事。可是，一旦碰上了一個頻頻做人身攻擊又難纏的反對黨對手，那總理就必須要有回擊的能力。如果總理是個翩翩君子，就另外找個能回擊的人代勞，也就是「打手」，如副總理或律政部長，他們都可以幫你出招。

8 吳作棟所暗示的，是前行動黨資深議員也是吳作棟少時好友陳清木投入二〇一一年總統選舉，挑戰行動黨推出的候選人陳慶炎，陳清木最後以〇．三五%的微差得票率落敗。

9 那是一九八六年財政預算案辯論，惹耶勒南就削減部長薪資課題在國會中向時任總理的李光耀發出挑戰。李光耀形容惹耶勒南的指責出自「the distorted workings of a sick mind」（一個變態者扭曲的思維）。而後當惹耶勒南三番兩次打斷李光耀發言，李光耀進而稱他為「the heckles of a street hustler」。（街頭騙子在起哄詰問。hustler 一字也有「皮條客」、「男妓」的含義。）

問：李光耀是不是想向年輕一代的未來領導人示範該怎麼應付這一類的政治對手？

答：是的。他並沒有要我們學他這一套，但大家都目睹了惹耶勒南不好對付，而就是要以這個方法才治得了他。而當我們跟詹時中[10]過招，你知道的，那完全是另一種非常友善且毫無敵意的方式。我並沒有模仿李光耀進行人身攻擊的方式。你知道自己不是李光耀，所以最好也別有樣學樣。

問：您也提到，李光耀對惹耶勒南有一種近乎個人的仇恨。那您本身呢？

答：我對他並沒有同樣的感覺。其實我跟他不算熟，就是在政壇上相識。我知道他有些妄自尊大，說話的姿態等等，但不至於討厭他。我對他也算不上友善，就是把他當成敵對陣營的對手。我的意思是，見面時我們還會說話的。但如果讓李光耀看到任何人在跟惹耶勒南說話，他就會質問那個人：為什麼要那麼做，難道不知道惹耶勒南是什麼樣的人嗎！

問：但是您會同意李光耀所說，惹耶勒南並不是預期中理想的反對黨議員嗎？

答：的確如此。我從旁觀察他，發現他對流氓惡棍特別有號召力。他總愛談刑法那些課題，多少是向他的支持者暗示自己在為他們說話。刑法和各類警方案例，他都會觸及；有關員警濫用權力的申訴，他也會處理。因為他就是想建立起那樣的群眾基礎。你可以去查閱他在國會上提出的質詢，大多都是代表社會中下階層，為那些心懷不滿的一群發聲。我認為他是相當危險的一號人物。群眾大會時也同樣看得出來，出席者很多都是流氓惡棍小混混。

你以為選舉就那麼簡單？如今，在選舉結果公布現場，警方執勤人員會把兩個敵對陣營分隔開來。過去，如安順補選那一次，兩邊人馬都集中在同一個地方。其他選舉也一樣，我們扛著大旗，反對黨支持者也扛著大旗。我們的旗杆底部是扁平的，對方陣營的旗杆底部卻是尖的。他們把削尖的那一頭插進土裡。但是一旦拔了

10 詹時中是繼惹耶勒南之後第二位擠進新加坡國會的在野黨議員，於一九八四年在波東巴西區當選，連任六屆至二〇一一年為止，是一九八〇年代末至二〇〇〇年代中期新加坡國會在野黨領袖。

出來，隨時可以用來做武器！我們就是這樣學來的。你們以為選舉都是平靜的？是我們促使選舉變得如此平靜！確保警方告誡他們不准帶尖銳的東西或尖頭旗杆進場。政治並不是大家想像的那麼簡單的。今天之所以風平浪靜，其實是我們善加管控的結果。過去，選舉場面是非常粗暴的。反對黨陣營有好多流氓、惡霸。我們這邊的則多是斯文人。李光耀對我說，去找幾個空手道高手，安排他們站在最前排，有必要的話讓他們再強硬一點。那麼對手才懂得害怕。按規矩走？這就是規矩。你要狠？我比你更狠！

問：安順事件對您個人而言又有哪些影響？

答：李光耀說過，選舉失利是遲早要發生的事。拉蕙勒南也是這麼說的。政治上而言，我們不可能在每一場選舉中都囊括所有議席。這是絕對不可能的。這不符合人性。敗選遲早是要發生的。只是這個失敗來得比我們預想的快得多。政壇元老說：「那也無妨。」也正好讓我們這些年輕一代有個機會學習如何處理失敗，又該如何打選戰。所以前輩們把這一次敗選當作我們的政治課。

對我的影響就是，讓我明白了現實政治是怎麼一回事。這並不只是攸關組織能力、統籌能力。我身為組織祕書，到了安順補選的那個時候對輔選早已駕輕就熟了。可是安順區教會了我，政治這門學問遠超組織層面，你必須勝出。但是，要怎麼才能在合乎規矩的情況下勝出？你必須能體察民情。你必須有能力建立支持基礎，你必須能說服人民。可是在這之前，先得確定政策的方向是正確的。一旦發現有任何真實存在的不滿情緒，那就努力找出原因，妥善處理和緩解，再舉行選舉。如果覺得氣氛不對，那就千萬別馬上舉行補選。

安順區敗選後的幾天，行動黨內雜音不斷，大家都在揣測吳作棟的政治生涯將到此為止。李光耀並不是一個對失敗者很有耐心的人，這個政黨十三年來第一次競選嘗敗績，幕後總舵手肯定要為此付出代價。「很多議員都以為我就這樣完了。」吳作棟聳了聳肩說道。「在國會與我擦身而過時，都是瞥了我一眼就走。我看得出來的，我又不是個毫不敏感的人。一些人會走過來跟我說兩句表示同情，說一切都會沒事的。其他人則以為我完蛋了。這是因為我們從未輸過，這是第一次吃敗仗。而李先生，你知道的，他從來不會輕易容忍失敗。」

李光耀確實不會輕易接受失敗，尤其是以這種方式敗選。他在《李光耀回憶錄》一書中這麼寫道：「我感到不安，倒不是因為行動黨落選，而是從吳作棟那兒我從未得到過我們可能會吃敗仗的信號。我為他的政治敏感度而擔憂。新聞祕書傅超賢告訴我，行動黨領袖在競選期間表現得過於自信，引起一般民眾的反感。」[11]但無論是他或者黨內其他元老都沒有怪罪於吳作棟。

因為，在敗選的那個夜晚，李光耀看出了吳作棟擁有的某些特質：他始終保持冷靜，一肩扛下所有責任。當時也在顏永成中學計票現場的傅超賢事後向李光耀彙報：吳作棟始終鎮靜沉著，不亢不卑。「那個時候我才更瞭解李先生。」吳作棟這麼說。「他並不會因為一次失敗而怪罪於人。他更感興趣的是，你到底是個什麼樣的人。他想看看我的反應，他是在考驗我。我們輸了，這是事實。但失敗背後的負責人，他能繼續充當團隊的領導嗎？我想這才是他真正感興趣的。」而弔詭的是，吳作棟雖然輸掉了安順補選考驗，卻順利通過了政治領導能力的考核。而李光耀則早已為他備妥了一系列更大的挑戰，等著他去迎接。

11 李光耀著，《聯合早報》編務團翻譯，《李光耀回憶錄（1965—2000）》。新加坡：《聯合早報》，二〇〇〇年，第一四六頁。

part 3

創建品牌

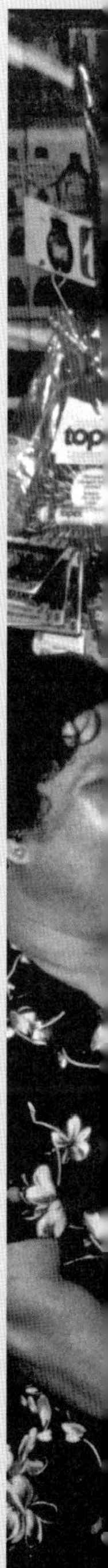

”我很早就意識到自己並不是李光耀。做人一定要實際。必須量力而為。“

第六章　醫療制度的革新者

保健儲蓄政策是吳作棟留下的珍貴遺產，讓人人皆大歡喜。

——潘家鴻，李光耀公共政策學院醫療政策經濟學家

李光耀可不是一個能被輕易阻撓或置之不理的人。可是自一九七五年以來，已經整整六年了，他的老戰友杜進才始終拒絕妥協。時任總理的李光耀為了如何避免新加坡的醫療預算持續增加乃至最終失控而大傷腦筋，遂萌生了一個新想法：與其全然依賴稅收來維持全國醫療保健開支，他希望每一個人也能為各自的醫療需求承擔責任。李光耀的計畫是，利用新加坡的退休金制度——「公積金制度」[1]來做到這一點。他在《李光耀回憶錄》一書中是這麼寫的：「……我提出建議：要每一個人把自己一部分的公積金存款撥進一個特別戶頭，讓大家也能各自承擔自己的醫藥

費。……而也因為個人得負責承擔自己的醫藥費，這就可以防止人們濫用醫療服務。」[2]

可是當時的衛生部長杜進才斷然拒絕這項建議。杜進才剛到過中國北京的醫院考察，對中國政府為舉國上下提供免費醫療服務的做法十分佩服。專門研究衛生醫療政策的經濟學家潘家鴻分析，這位元老級部長把自己所信奉的社會主義理念也引進了衛生部。「杜進才的意識型態觀念很強，他主張建立一套以稅收為基礎的再分配醫療體系，向富人徵稅來救濟窮人。這個理念如果那麼容易落實，社會主義早就成功了。可事實卻是，共產主義失敗了。」杜進才所謂的中國經驗，在李光耀眼中全是廢話。李光耀在回憶錄中寫道：「我說我不相信他們能為所有北京人提供那種水準的醫療服務，更別說是為全中國人民。」[3]這位總理繼續推動自己的想法，於一九七七年得以向前跨出了一小步：規定每個公積金會員從每月收入撥出一％，用以支付自己和家人的醫療開銷。但這仍是不足夠的。根據衛生部的計算，每個人必須撥出公積金戶頭中六％至八％存款，才足以應付醫療開銷。

一九八一年，李光耀在好幾個課題上都與杜進才意見相左；於是，他毅然撤除杜進才的衛生部長職務，將他調離內閣。杜進才當時的身分還是人民行動黨主席，使得這次人事調動愈發顯得突兀。而獲李光耀欽點、取代杜進才坐上衛生部長位子的，赫然是竄升迅速的吳作棟，這更是讓許多人跌破眼鏡。當年，衛生部在外界眼中並非重量級部門，當時在衛生部任職的年輕官員許文遠就透露，杜進才私下稱這個部門為「灰姑娘部門」，意指這個部門的所作所為總是被外界視為理所當然，所付出的大多未受到應有的認可。吳作棟調任衛生部，在大多數人眼中就是貶職。可是衛生部的官員卻有另一番解讀。許文遠說：「他可是迅速竄起的政壇明日之星

1「公積金制度」（Central Provident Fund Scheme，英文簡稱CPF）是新加坡政府為公民和永久居民所設的強制性儲蓄計畫，雇員和雇主雙方每月須把工資的一部分撥入「公積金」儲蓄戶頭，由人力部屬下的公積金局掌管。雇員可在達到退休年齡後全額或分階段提取公積金累計存款，充當退休後生活的經濟保障。

2 李光耀著，《聯合早報》編務團翻譯，《李光耀回憶錄（1965—2000）》。新加坡：《聯合早報》，二〇〇〇年，第一一八頁。

3 同上。

啊，怎麼會突然調來掌管一個『灰姑娘部門』？大家的反應也很驚訝，都在想：我們怎麼突然變得那麼重要了，得由一位重量級人物來掌管？」

可是李光耀很清楚，自己對這位年輕挺拔、真命天子似的吳作棟有著什麼樣的要求和期許。「他瞭解我的構想：提供良好的保健服務，但同時要求人們共同承擔費用，以確保它不被濫用而又能控制成本。保健津貼固然有必要，卻可能對預算造成極大的浪費和破壞。」結果，吳作棟在三年內落實了李光耀的想法，制定了全球第一個國家醫療儲蓄基金，那就是：「保健儲蓄計畫」。

雖說吳作棟並非出身醫療界專業領域，但是從某個角度看，他確實是擔負起這項工作的理想人選。多年後，他在一九九一年國慶群眾大會演說中，談到自己年少喪父的經歷如何形塑他日後對醫療保健政策的想法：「一個人早逝對家屬造成的衝擊，我能感同身受。但是如果我還能為當事人和他的家屬做些什麼，我一定會設法避免讓這個人過早離世。所以我一定會確保每一個國民都能負擔得起基本的醫療保健服務。」曾對吳作棟衛生部長任內的作為做過大量研究工作的潘家鴻分析，他出身貧寒，在衛生條件惡劣且擁擠不堪的巴西班讓長大，這樣的環境讓他愈發渴望為人們創建一個現代化的醫療保健體系。這位李光耀公共政策學院的政經觀察家說：「經歷過蹲茅坑廁時代的人，會對保健與衛生服務心存感恩。」

吳作棟掌管衛生部，不光是為醫療體系引進了經濟學家的詮釋和方法，也融入了私人企業界的原則——擴大價值、減少浪費。生產力和效率遂成了醫療體系的關鍵字。潘家鴻說：「新加坡是第一個將經濟動力融入醫療保健領域的國家。政府要新加坡人保持健康，不僅僅為了強身健體，也是為了加強生產力，讓自己更有能力為經濟做出貢獻。政府也不準備亂花錢造成浪費，錢絕對要花得有效率。這種視角，也只可能出自一位經濟學家！」

吳作棟說，類似改變，都是他那一代領導層在「轉型思維」的大方向下所做出的努力，當中幾位還將市場驅動發展戰略注入施政方針。「我們並沒經過事先討論，但不約而同地在各自負責的政府部門裡推行重大改革。這形成了一股集體效應，也促使老一輩的部長一起加入。」例如，國家發展部長丹那巴南開始為組屋實行不同定價：高樓層、景觀好、地點方便的單位，定價更高。在那之前，組屋的定價就是簡單地按區劃定。交通及新聞部方面，部長楊林豐則將電話費的計算法，從按通話數量改為按通話時間計費。李顯龍認為，這些改變使整個環境更具競爭力也更公平，從而創建一個能將資源妥善分配的體制。「這些顯然都是合理、明智之舉，既能提高效率，創造適當的誘因，也足以涵蓋成本；會讓整個經濟體系更好的運作，創建一個更公平的體系。」

然而，要在政府部門內落實這些改革，其實並不容易。丹那巴南回憶起當年的經歷：「我們引進的視角是之前老一輩部長所沒有的。」許文遠也有同感：「那個時候，想法是很不一樣的。他們普遍對私人領域有所顧慮，擔心這些出身私人企業界的新一代領導人會把事情搞砸。所以需要進行很多遊說工作，反覆地辯論，也意味著得說服李先生本人，這就相當費時了。」

對吳作棟來說，醫療衛生領域成了他在政壇上的第一幅畫布，讓他不只揮灑出一幅願景，也同時為許多微小細節精心繪上斑斕色彩——寓意上也是字面上的色彩——並繪出一幅可長久持續的偉大醫療畫作。而這幅巨作中最耀眼的亮點，莫過於保健儲蓄政策了。這項計畫背後的思考再清楚不過：在人口不斷老化的大背景下，勞動力會日益萎縮，稅收也會相應減少，因此新加坡的醫療制度不能再以稅收做為主要融資來源。取而代之的解決方案是，實行強制性個人儲蓄計畫來應付住院費。這類計畫也能將醫療保健服務水準與經濟發展變數脫鉤。當人人都承擔各自的部分醫藥費，自然也能有效減少濫用和浪費的現象。「否則到頭來，用的是大眾的錢，責任卻無人擔當。」潘家鴻如此總結。

可是要向公眾宣傳保健儲蓄計畫卻很棘手。吳作棟在一九八二年三月第一次宣布計畫大綱，當時距離安順區補選才剛過五個月，坊間民怨高漲，李光耀和人民行動黨在享有民眾近乎二十年不容置疑的絕對信任之後，初次感受到民心動搖。更何況保健儲蓄政策是政府自一九六八年允許動用公積金購屋後，第一次大動作把手伸進人們的公積金存款，取之充作非退休用途。民眾當然起了戒心。吳作棟回憶道：「我們這一回是要動用人們的公積金存款，充作前所未有的新用途。人們都在議論紛紛……政府究竟想要怎麼樣？大家有理由懷疑。這只是第一步嗎？接下來你還會如何動用我的公積金存款？這筆錢可是要留到退休的，怎麼就突然間冒出了個保健儲蓄來。」

這項政策也在行動黨黨內引起很大的反彈，杜進才的反對尤其強烈，甚至在一九八三年八月三十一日國會為保健儲蓄政策進行表決時，以不在場的方式拒絕投票。[4]他在前一日的國會辯論上闡釋立場時說：「為國民提供醫療保健設施必須是一種社會責任。不能說一個人不幸患上某種疾病，就是咎由自取，得自己負責尋找醫療設施來治病。醫療保健是每個政府應負起的社會責任，是全世界政府都公認的社會責任，在把每個個人組織成社會的過程中是不可或缺的環節，也是一個社會文明程度的指標。」針對醫療設施被濫用的可能性，杜進才以豐富幽默的言辭猛烈抨擊吳作棟：「認定人們喜歡生病，彷彿像上超市購物一樣可以自由選擇患上哪一種病症，或者以為人們喜歡把醫院當酒店去度個週末，或是把醫院提供的食物視為功能表點菜或自助餐，是一種極度危險的假設。簡直是有悖常理的政治宣傳。」[5]

吳作棟從一開始就知道，保健儲蓄計畫要順利推行，他必須爭取廣大民眾的支持。他說：「我們這些年輕部長缺少的是與人民之間的默契。人民信任的是李先生，相信的是上一代政府。」於是，他啟動了長達一年的民意徵詢活動，到全島各地走透透，去解說政策，蒐集民意。如此這般大規模徵詢民意的活動在當時的新加坡幾乎是前所未見的。「李先生會說：『何需如此大費周章蒐集民意？做個決定，然後行動。』」吳作棟笑著說。「可是我很早就意識到自己並不是李光耀。做人一定要實際。必須量力而為。想要有什麼作為，就非得先問自己能不能辦到。」

許文遠回憶起這段過程時說，吳作棟付出了很大的耐心，領導民意徵詢活動，還親自主持多場對話會。「衛生部辦了好多場大大小小的對話會，單方面廣播、小範圍廣播、互動對話會，也透過電台、電視、報章廣為宣傳。當時還沒有社交媒體。大家都踴躍參與。我自己也主持了近乎上百場對話會，對象包括工會、基層組織、專業團體、雇主、學者等等。」

民間拋出了不少尖銳提問。有些人唯恐他們也許這輩子都用不上保健儲蓄存款，甚至還有人冷不防地問吳作棟，自己死後能否動用保健儲蓄存款來給自己買副棺材。他說：「答案是可以。我告訴他，保健儲蓄存款在人死後仍會是屬於他的，

4〈針對全民保健計畫，議員紛紛提出批評〉，《聯合晚報》，一九八三年八月三十一日，第七；〈國會原則上批准保健儲蓄計畫〉，《聯合早報》，一九八三年九月一日，第一頁。

5〈杜進才大力反對實行保健儲蓄計畫〉，《聯合早報》，一九八三年八月三十一日，第七頁。

這是他的遺產。可是當然，人死後不可能為自己買棺材，必須由別人代勞。但錢肯定可以由保健儲蓄來支付，因為到時候保健儲蓄會成為已故者的遺產。在場的人都鼓起掌來。」

其他人關注的是，為什麼自己需要自付部分醫藥費。許文遠說，吳作棟當時引用「自助餐症候群」的比喻向人民做出解釋。「這個比喻很容易就讓新加坡人產生共鳴。自助餐價格以人頭計算，人人都付同一個價，所以食客總是將食物盛滿整個碟子，多過自己所需要的或吃得下的，造成浪費食物。食物消耗量大，意味著餐館的營運成本增加，業者到頭來只會調高自助餐收費，把更高的營運成本轉嫁到食客身上。天下沒有白吃的午餐，繞了一圈後病患還是得承擔醫療開支，只不過從保險投保人身分換成納稅人而已。」

這些對話會、交流會何其累人，但吳作棟卻覺得很受用，因為可以讓他和衛生部團隊更好地體察民情。許文遠說：「我記得他當時說過：『每一回，我們都會有所收穫。』」民意徵詢活動如此頻密而廣泛地開展，乃至後來對話會與會者都對吳作棟和衛生部官員的說辭聽得有些煩了。「好多人甚至坦白對我們說：拜託你們就直接行動吧！」許文遠說著，笑了出聲。「後來出席率愈來愈低，我在基層活動上主持的最後一場對話會才吸引了區區兩個人出席！吳作棟這時告訴我：是時候了，將計畫付諸實行吧！我上了寶貴的一課，學到了該如何在推行一項具爭議性的政策的同時，也能維持人民的信任。」

保健儲蓄政策的基礎工作成效斐然。在後來吳作棟當上總理、並以協商式民主奠定其鮮明的領導風格之後，保健儲蓄政策更成了他深具代表性的一項政策。吳作棟說：「制定保健儲蓄政策的經驗成了我對自己的一個重要提醒，日後再遇到棘手問題，我一定會再次走進民間去說明解釋，而不是寫一篇滴水不漏的講稿然後公開發表。」徵詢民意絕非只是一場公關秀而已。人民的顧慮和關注點，他全聽進去，再對保健儲蓄計畫進行適當修訂。原本擬議將公積金總繳交率調高六個百分點，但這卻會無形中壓縮了雇員的實得工資；最終，吳作棟只將公積金繳交率調高一個百分點，餘下的再從公積金特別戶頭存款撥入保健儲蓄戶頭。[6] 有了人民的信任為後盾，也讓他更有信心迎接黨內就保健儲蓄計畫而向這位衛生部長發出的重重挑戰。

李光耀擔心吳作棟無法招架杜進才在國會中的連番攻擊。吳作棟說：「李先生很好，他問我需不需要他在國會中發言，回應杜博士。畢竟杜博士掌管衛生部好多年了，對衛生課題他肯定懂得比我多得多；而我當時不過是個才剛上任的年輕衛生部長。李先生擔心我無法很好地說明政策。我說不需要，我可以自己處理。」他果然從容地應付了質詢，論述清晰卻又不失體面地消除了反對者的敵意。他在一九八三年對國會做出總結時說：「他（杜博士）的基本論述是：醫療保健是任何政府的社會責任。就這一點，我們無從反對。醫療保健的確應該是任何政府的基本社會責任，卻並非只該由政府獨自扛起。但這也不意味著政府只能透過大量配發免費藥物或大量津貼醫藥費，來履行這項社會責任。」

吳作棟也向杜進才回拋幾個尖銳問題：「他能不能保證我們會持續取得八％的經濟增長？能不能保證新加坡再也不會面對失業問題？大家不要忘了我們才剛在不久前經歷過超出一〇％的失業率。」他接著補充說：「眾所周知，新加坡非常依賴出口貿易，輸出貨品和服務。萬一國際金融體系崩潰，或者全球陷入經濟蕭條，我們要上哪兒、去向誰徵稅？太多人會連飯碗都保不住！這個國會能不能擔保新加坡絕對不會出現一位恣意揮霍的財長？我們可以保證十年、二十年，但絕非永遠。一旦出現一任揮霍無度的政府或財政部長，那麼這個國家的所有資源將化為烏有。到了那個時候，我們上哪裡找足夠資金提供醫療服務？要怎麼為醫生護士支付薪水？又該如何確保醫院和門診都維持高水準？」

不過吳作棟也並不認為杜進才是在存心「找碴」，因為他並沒有試圖推翻自己的這位衛生部長接班人提出的論點。吳作棟說：「他就是闡述了反對保健儲蓄政策的理由。我後來一一回復了……他也就沒再糾纏下去。」不出所料地，保健儲蓄政策在行動黨主導的國會中表決通過。但讓人側目的是，民眾居然在毫無一絲爭議的情況下全然接受了這項政策。到了一九八四年四月保健儲蓄政策在公立醫院實行

6 新加坡政府原本擬議自一九八三年七月一日實施保健儲蓄計畫起，將公積金總繳交率從原有的四五%增加到五〇%，當中四〇%撥入普通戶頭，四%進入特別戶頭，六%存入保健儲蓄戶頭。而後為了避免削減雇員實得工資做出調整，修訂後的保健儲蓄政策為公積金總繳交率四六%，只比原來稍加了一個百分點，當中四〇%仍撥入普通戶頭，其餘六%撥入特別戶頭，作保健儲蓄用途。詳情見〈公積金特別戶口供保健儲蓄用途〉，《聯合早報》，一九八三年八月三十一日，第一頁。

時，吳作棟已足足做了兩年的準備工作。許文遠稱之為良好政策的範例。他說：「因為有了之前所有的努力和耐心，真正執行起來根本不算什麼。任何好政策就該是這個樣子的。最糟糕的情況是，準備工作未做足就倉促推行政策，人們在政策推行後才紛紛在問：『這究竟是怎麼一回事？』然後質問政府為什麼要那麼做。那就會是非常惡劣的施政作風。」潘家鴻也同意這個說法：「保健儲蓄計畫開始推行時，簡直是完全不費吹灰之力！保健儲蓄政策是吳作棟留下的遺產，讓人人皆大歡喜。吳作棟堪稱是醫療制度的革新者。」

吳作棟對醫療體制的改革遠不止於這個標誌性政策。他為醫療護理體系注入了成本意識，也在各方面拉近公立醫院和私人醫療之間的鴻溝。他也主張醫院遷出黃金地帶，例如位於市中心的密駝路醫院，一方面讓醫院可以有更大的發展空間，另一方面也騰出高價值地段作其他用途。到了一九八四年，他在衛生部的四年任期屆滿，新加坡的醫療版圖已從一個帶著強烈社會主義傾向的系統，蛻變成以市場為基礎的體制。新加坡日後將公共醫院企業化，讓它們以自治代理機構或完全自主自營方式營運的做法，就是在那個時候打下了基礎。

事實上，吳作棟一開始在衛生部採取的其中一個做法，就是複製他當年在海皇率先推行的那套「執行資訊系統」，以便更好地掌握這個部門相關的所需成本和財務狀況。「治好一個C級病房患者需要多少費用？公務員根本不清楚。收費怎麼計算？他們就只根據他們認為公眾負擔得起的水準來計算費用。那政府又該提供多少津貼？相對於C級病房來說，又該如何界定A級病房的價格？給予A級病房病人的津貼很可能還比C級病房病人要來得多。這些他們都不知道。他們只知道得支付更多。可是對顧問醫生、冷氣設備等等各方面條件的投資究竟有多少？你確定政府的津貼不比C級病房多？不，他們全無概念。」

尤有甚之，醫療護理領域內的公共和私人領域在當時原是楚河漢界。離開公共醫院轉投私人領域執業的醫生被視為背叛了衛生部。這些「出走」的醫生被迫與政府切割，完全斷絕聯繫，同樣令他們心有不甘。許文遠記得當時的分裂是很明顯的：「公共領域和私人領域中間隔了一道厚牆，你要嘛在裡頭，要嘛就是被嚴拒在外。」

對杜進才以及更早幾任的衛生部長來說，他們的責任就只局限於公共醫院。但吳作棟不這麼看。「衛生部的工作是要照顧全國人民的健康，不光只服務那些到公共醫院看病的人。衛生部負責的工作不是只有住院和綜合診療所，也包括醫療護理。」為了結束醫療領域的冷戰，他召集了公共和私人領域兩大陣營的醫生開會，交流想法，進行討論。他說：「私人領域的醫生顯然很高興，他們可以提出自己的看法，我們也可以試著將兩邊結合起來。」許文遠補充說，吳作棟也鼓勵衛生部廣邀私立醫院的顧問醫生到公立醫院提供服務，包括教導和培訓公立醫院的年輕醫生。「他積極地從旁推動衛生部向私人領域學習，借助他們的專長和經驗，而不是只在自己的圈子裡打轉。」他說道。「他也促成了國大醫院成立眼科部門，由私人眼科顧問醫生主導……這些都是非常創新的做法，模糊了公共與私人領域之間的界線，也進而促成了新加坡全國眼科中心在新加坡中央醫院內建立起來。」

說到向私立醫院學習新點子，吳作棟以身作則、不落人後。一發現私立醫院的護士身上的制服顏色鮮豔又舒適，他也要求公立醫院仿效。他說：「我們的制服全是厚棉質，全白，配上帽子。還得像軍人制服一樣上漿，一切都得整潔、端正、筆挺。非常英國式的作風，一成不變。」吳作棟也發現公立醫院的嬰兒床都是用生鐵製成，漆料斑駁；他立刻指示將嬰兒床全改用透明塑膠。然而，一如既往，改變也需要提出符合經濟效益的理由。舊的嬰兒床讓護士很難從遠處看到床上的嬰兒，所以必須每隔半小時就得離開辦公桌，走向嬰兒床檢查。如果嬰兒床改用透明材料，護士一眼就能看到嬰兒是否顯得不自在或不舒服。「所以我問她們會不會有助於提高生產力，他們說會的。也顯得較乾淨。所以我說，那就換吧。」

不過一切並非全然一帆風順的。他接下這份工作時懷著滿腔熱忱和抱負，立志拯救生命；卻很快發現在生死當前，政府能做的原來那麼有限。當上部長的最初幾個月，他就得眼巴巴看著許多腎衰竭的年輕人，因為洗腎設備有限而無法使用洗腎機控制病情。「為什麼我們要扮演上帝的角色，來決定誰可用洗腎機誰不可用？為什麼我們會因為洗腎設備不足而拯救不了一條生命？我們的工作就應該是設法拯救每一個生命的，不是嗎？」他如此說道。「我父親很年輕就離世了，而我現在只能看著這些年輕人，問自己為什麼救不了他們？」

他盤算了一下，結論是，政府確實有能力多添購幾部洗腎機。可是當時衛生部的常任祕書周元管提醒他。「他說：『部長，我們要擔心的不只有腎衰竭而已。還有很多其他病症，如癌症；而如果您都這麼做的話，我們不會有足夠的資金。要設法救每一個人是不可能的。我們沒有那樣的本錢。財政部長也不會答應。』」吳作棟憶述著。「所以無論如何，我們最終還是得做出決定。這很不好受，但總得有人扮演上帝的角色。」這個經歷後來變成了切身之痛——跟他最親近的叔叔，那位曾在一九六〇年代帶著他去體驗競選群眾大會的叔叔，在吳作棟當衛生部長任內，心臟病發送院不治，離世時才四十四歲。普辛德南在回憶這段往事時說：「那次事故讓他深受打擊，因為他居然什麼也做不了。」

問與答

問：一九八二年，您從原來的衛生部長一職調為衛生部第二部長。這個調動很不尋常。當時發生了什麼事？

答：是總理要對衛生部和國防部做一番人事調動。首先，他不滿意杜進才在衛生部的表現，也對當時的國防部長侯永昌不滿意。所以他調我到國防部擔任第二部長替補侯永昌，跟著他學習。我當時是衛生部長兼國防部第二部長。不久後，大概有人反映說我準備好了，有能力接任國防部長了。

但李光耀還得找個地方安置侯永昌。他選擇了衛生部。可是他也知道將侯永昌調任衛生部必定使他的士氣大受打擊，甚至可能會試圖推翻我之前啟動的計畫。所以李光耀讓我繼續留任衛生部當第二部長。就是繼續看守衛生部。可是我很明智。我改為第二部長後，就不再踏入衛生部。

問：為何如此？

答：當侯永昌是國防部長而我出任第二部長時，他能接納我，沒問題，因為我是跟著他學習的。可是當他調任衛生部長，且讓我擔任第二部長，他心裡清楚李光耀對他的表現不滿意。如果我以第二部長的身分出席衛生部會議，就好比在充當李光耀的線人，隨時向總理打小報告。我當時是很明智的，所以一次都沒去出席會議。他可以罵醫生——由得他去——我不會去理會。我只負責看好保健儲蓄計畫，是不是如期推行或胎死腹中。不過我從不進門。可是李光耀也從不過問我是否到衛生部上班。侯永昌也從不曾問過我怎麼從來不出席他召開的會議。如果他當時問了，我會去出席，不過他從來沒過問。

這些全攸關人際關係。誰教會我的？我不知道。是人之常情吧。一開始一起在國防部，我是去學習、準備接班的。我畢竟是年輕部長，侯永昌願意支持我，他願意支持領導層更新。我在當常任祕書時就認識他了，彼此間一直合作愉快，我想他也能明白這是責任交接的必要環節。可是到了衛生部，我成了第二部長，責任變成是在監督他，確保他不會幹出什麼荒唐的事——那還實在是很為難。我好像還從未告訴過任何人，我當年身為衛生部第二部長，卻從未踏進衛生部半步。

問：您認為自己如果繼續積極參與衛生部事務，跟侯永昌之間會有摩擦？

答：是的。調任衛生部第二部長的那一刻起，我就告訴自己我不會再踏進這個部門。而我絕對有理由這麼做，因為當時得專注於國防部的工作。

問：李光耀可曾告訴過您為何把您調到國防部？

答：他說，要領導新加坡，我就必須懂得國防事務。所以，這算是比較早期的跡象，顯示我可能會是領導新加坡的其中一個人選。他的意思是，我必須很清楚我們的武裝部隊有多少實力。如果將來有一天必須與來犯的鄰國面對面對峙，我必須知道自己什麼做得到、什麼做不到。如果自己只是空手道褐帶，面對的卻是黑帶高手，那就別輕舉妄動，大家都別吵，我們坐下來談。

問：當今的領導者可還相信必得先熟知國防事務才可能當上新加坡總理？

答：這我就不知道了。我已經不是總理了。不過，你多少得瞭解軍隊的運作。可是也許到了現在，這個問題不再那麼重要了，畢竟當今的新加坡武裝部隊在管理上比過去好很多，部長當中軍人出身的也不少。所以問題不大。反觀我的年代，同代領導班子中沒有一個有武裝部隊背景；後來加入的顯龍是唯一一人。所以我們這批人都可能變得……這麼說吧，面對威脅時可能過於自信。不過你實在必須很清楚自己有多少實力和能耐。切勿蠻幹逞能，卻也不能當縮頭烏龜。你不需要事事輕易地逢迎屈就——你得清楚自己的實力，要展現應有的骨氣，知道自己的背後又有多少後盾。如果你對自己的軍事實力不甚瞭解，那應對起來就難了。面對一個手握重兵的對手，對方一向你怒目相視，你就會完全不知所措、亂了陣腳。

問：您從貿易與工業部長調任衛生部長兼國防部第二部長，當時是不是有人竊竊私語，說您是被貶職？

答：身邊的幾個同僚的確給我這樣的感覺。他們並沒直接說出口，但是有時候從他們的一些反應，你會知道他們認為你慘遭貶職。在好些人眼中，貿工部在那個時候是個重要部門。衛生部嘛……你給我資金，我會把醫療衛生管好，但畢竟靠的還是醫生，我不過就是在國會裡回答質詢而已。所以有些人會視之為貶職。但你總不成只聽著人們的議論過日子吧。

問：您有些什麼反應？

答：跟往常一樣，我是有自信的。我履行了職責。即便自己不是排在第一位，那又如何？我從沒爭取要排第一，不過就是在執行任務而已。李先生跟我說的是，衛生部有些事情需要你來完成；而國防部，你必須去學習去熟悉。所以我清楚自己並不是被丟在一旁。換句話說，外人可能覺得我被降職了，可是他的說法是，他有任務要我去擔當。而且是個至關重要的重任。我其實喜歡衛生部的工作，因為它讓我有機會走訪各大醫院，推行改革。身為衛生部長，讓我覺得充實而有意義。

問：是李光耀委任您接管多個不同部門，他也向您扼要地交代了他希望您在各個部門裡完成的任務。那之後，他對您的實際工作介入程度有多深？

答：他對很多微觀問題其實都心裡有數，也很注重細節。但他並不是一個事必躬親、只懂得微觀管理的領導者。事情一有任何不對勁的地方，他必定會質問；但他放眼的永遠是全域。對於細節性事務，他想知道的時候會很快掌握。有時他會問起一些資料，然後會很快釐清條理，結果反倒比你懂得更多。他深信得用人得當的道理：一旦找到對的人做適當的工作，就放手讓他獨自去完成。那是他的領導作風。

問：可是一旦有什麼課題是他認為異常重要的，他就會深入研究？

答：噢……就說恐怖主義吧！他會看遍有關激進主義意識型態的論述，比任何人都要瞭解得更快更深。

問：可是回頭談談保健儲蓄計畫。那可是他的主意，而對於您會怎麼包裝執行，他居然完全不介入？

答：他有個資料夾，記錄了他的一些想法，其中一個就是怎麼利用公積金來支付醫藥費。但是他對這個課題並沒有很深的研究，而是把課題交由我處理。他交給了我那個資料夾，就是這樣。我詳細看過。當時，我也正在思考一些創新的、大膽的想法。我正在暗自計畫自己可以在衛生部做些什麼，就那麼巧，他把這份資料夾交到我手中。我當下恍然大悟：「啊，是了，這正是我可以做到的，也是我很想去做的事。」所以這是個好主意，是他播下的種子。

還記得另一個例子。一九七九年我出任貿易與工業部長時，曾與嚴崇濤[7]和溫斯敏（Albert Winsemius）[8]見過面。嚴崇濤當時是常任祕書。兩人嘗試說服我，早期維持工資低水準的政策對新加坡的發展是會造成傷害的。工資壓得低，必會吸引大批海外投資。再加上我們的土地價格也偏低。到頭來，我們吸引到的許多外資其實是在利用新加坡的低成本進行生產。結果是我們就一味在生產低成本貨品，而經濟又在不斷膨脹。但有不少工業其實是在囤積人力和土地，因為人力和土地成本低，而商家預見到生意還會繼續擴展，所以預先囤積人力與土地為將來的擴充做準備。

就這樣，他們成功說服我，我們必須擺脫低技能工作，開始發展高技能工業。那個時候我還只是個年輕部長，不難被說服。你是個年輕部長，這才是你的第一次；溫斯敏在我心目中就是一位經濟學專家和顧問，而嚴崇濤之前曾是我的前輩，對我來說他就像菩薩一樣；這兩人都非常有說服力。於是我提交了一份內閣文件，這應該是我的第一份內閣檔。出席內閣會議時，李先生看著我，問我可知道溫斯敏和嚴崇濤這兩人嘗試說服他推行高工資政策已經好幾年了！我瞠目結舌。他們過去三年

7 嚴崇濤投身公共服務四十餘年，曾任總理公署、財政部、貿工部、國家發展部等多個政府部門常任祕書；退休後受委為公積金局和建屋發展局主席。

8 溫斯敏是荷蘭經濟學家，一九六〇年率領聯合國代表團到新加坡評估這座小島城市推行工業化的潛能，隔年留任新加坡首席經濟顧問至一九八四年，在二十四年任期裡對新加坡的經濟發展有巨大貢獻。於一九九六年病逝，享年八十六歲。

來都在嘗試說服他，可是他不為所動！接著他問我對他們的說法是否信服，我說是。我都已經提交內閣檔了，檔中列明瞭種種理由，我必須說是。

當下他看著我，說，你既然信服了，就去做吧。這就是領袖該有的風範。他自己怎麼想並不重要，現在負責的是這位部長，如果部長被說服了，就應該讓他試試。

問：他難道不曾跟您爭辯，否決您的決定？

答：他說自己是在早幾年前不認同這個說法的，但我說我信服。他之前之所以有所保留，是因為新加坡必須能吸引外資，才能創造就業機會。如果工資調高了，投資商就不會進來了。高工資政策需要冒風險。如果投資商不來，哪來的資金？而且工資一旦調高，就不可能再降下來了。所以千萬要審慎行事，因為一上去就下不來了，而如果投資商不來，那國家會怎麼樣？他大可以這麼質問我，但是他沒有。這就是他的作風，也是我們學習的方式。可是，我認為經過了三年的遊說，也許他已經漸漸接受了這個說法。

他並沒有咄咄逼人。我的理由全寫進內閣文件裡了。只是嚴崇濤從來沒告訴過我說總理三年來都一直反對這個想法，我還得過總理這關。他們兩人從未跟我說！如果我提前知道的話，至少我會預先想好法子說服總理。無論如何，他的反應讓我大大鬆一口氣。如果他跟我辯論，我還真不知道自己能否應對。

問：那您是否也跟李光耀一樣，放手讓常任祕書執行任務？換句話說，您也不會選擇當一個「超級」常任祕書？

答：我也不會願意當一個超級部長。我的記憶裡，那些老一輩部長也是這麼做事的。部長會提點子，問問題，由常任祕書去執行。然後常任祕書會再向部長彙報，再由部長提出更多問題，將想法逐步完善。但是這些年來，部長和常祕的關係大不相同了，如今大家都在同一個平台上直接而頻密地溝通交流，交流過程中，部長也難免成了超級常祕。到了今天，我想某些部長有時對自己管轄的事務甚至比常祕懂得更透澈。

問：您會刻意不採取微觀管理的方式來管理您的官員嗎？

答：讓我告訴你一段故事。當年在海皇，我有個行政經理。他很能幹，但是總喜歡凡事親力親為。我覺得他不懂得如何妥善有效地委派任務給下屬。所以有一天我告訴他，你是個很優秀的員工，而且非常勤奮，凡事親力親為。可是你知道嗎？你如果想升級，就不能讓自己成為不可或缺的人物。因為這就意味著沒有其他人能夠接替你現在的職務！換句話說，必須學會分配和下放職務。如果想升級，就一定要懂得培訓員工，分配任務。好好培訓你的團隊，那你才能騰出更多空間做其他事。

所以，順著這個職場哲學來看，身在政府部門，如果你想要做得更多，首先就必須學會委派職務、授權團隊。招攬優秀人才並敢於用人。李光耀先生也是同一番思維。他不說委派、授權，但是他總是在尋找賢才能人幫他做事。只要找到了一位好部長，就放手交給他，讓他去完成任務。你可以偶爾與他討論、詢問，但不要干涉。重要的是要用人得當。

他教會我的另一點是，在機構體制與人才之間，永遠以人才為先。別想嘗試改變機構體制，將之完善，再來為一個完善了的體制尋找人才。一定得先找到對的人。一個優秀的人才可以形塑機構體制，使之優化、完善。我認同李先生的這套管理哲學。他以自己的方式治理新加坡，而後建立起了完善的體制，確保在他離開以後，完善的體制會繼續存在。

他並沒有擺出政治強人的姿態，要求所有政府部門或者所有公務員都向他彙報。不像獨裁者如海珊[9]，下令所有部下和一切決策都得由他通過；到頭來他離開後，沒人有能力接管。這個樣子行不通的。你不可能一手遮天，讓自己的權力無所不在。

像我的情況也一樣。如果我讓自己成為不可或缺的總理，我就永遠沒法退位。李先生從來不讓自己無可取代。一個有魄力的領導人會讓自己可以被取代。所以啊，我現在才有時間跟你聊天。

問：今時今日情況還是一樣嗎？現在的部長似乎覺得自己必須知道每一個細節，部分原因會不會也是社交媒體帶來的壓力？

---

9 薩達姆・海珊（Saddam Hussein）是伊拉克前政治強人、獨裁者，一九七九年至二〇〇三年任伊拉克總統，也集總理、阿拉伯主義復興黨總書記、最高軍事將領於一身。二〇〇三年伊拉克戰爭中其政權被美國推翻，流亡多年後被美軍虜獲，經審判，於二〇〇六年判處絞刑處死。

答：部長並不需要知道每一件事情每一個細節，那是常任祕書的工作。社交媒體上的貼文也無須一一回應。我向來不太去理會。他（部長的新聞祕書）會把他認為應該讓我知道的資訊傳給我，其餘的，我不會理會。我知道一定會有很多汙言穢語、謾罵詛咒。可是如果我對每一個咒罵我的人都很在意，那我根本做不了事。對稱讚你的人也一樣——別想細讀所有的讚譽，因為這麼做只會讓自己飄上天。但是，必須對民間情緒有所體察，否則就是完全無知了；感受周遭的情緒、氛圍，然後適當改變自己的作風，或換個方式進行遊說。不能對情緒、氛圍完全無感。可是這不等同於就必須細讀臉書上的每一則貼文或每一則留言。

到了一九八四年四月，保健儲蓄政策正式執行，吳作棟已經在政壇和政府累積了八年的工作經驗與成就。對這麼一個懵懂出道、每一步又總是走得如此出乎意料的政治人物來說，如此成就算是非常了不起了。他統籌並率領人民行動黨打勝了一屆全國大選和一場補選；卻也領導過一次失敗的補選，見證了安順區支持率偏離常軌地陷入低谷，遭遇重挫。在政府中，他發表過三次財政預算案，也曾成功推動一些重要卻棘手的政策，例如高工資政策和保健儲蓄政策。《亞洲雜誌》在一九八九年為吳作棟寫了一篇人物特寫：「他猶如被吸入公共服務體制中，所接觸的每一份工作都實現了轉型蛻變。」

他在一九八四年交出的這一份八年成績單，雖然也談不上是完美無瑕，但卻也堪稱亮麗輝煌，足以讓他脫穎而出，成為第二代領導層當中最為出類拔萃的接班人。這一地位也在同一年年終正式奠定。新加坡建國史上頭一回，李光耀的接班人將在國人眼前正式、公開地，粉墨登場。

第七章　前鋒出場

我自此退居守門員位置。

——李光耀，一九八五年

那是一九八四年歲末十二月三十日；雖說是喜慶佳節期間，新加坡卻籠罩著一股極度不尋常的疲憊感。尋歡作樂者對耶誕節狂歡活動似乎沒有以往投入，酒品的銷售量比前一年驟降了三〇%。季風雨傾盆而下[1]，澆熄了聖誕購物熱情，就連預料中捲心菜娃娃的搶購熱潮，也成不了氣候。股市開年形勢看好，年末將近卻一

1 編按：新加坡地理位置靠近赤道，屬於熱帶雨林氣候，十二月至三月間有東北季風，每年的十一月到一月最多雨。

連好幾個月步履蹣跚，中間更爆出老字型大小出入口貿易商「互泰號」倒閉的驚人消息，轟動市場。[2]許多經濟學家都形容來臨的新一年展望並不樂觀，這個預測，也由總理李光耀在兩天後發表的新年獻詞中進一步呼應。

對這個國家的許多人來說，一星期前的那一場全國大選所留下的政治震撼，還有待慢慢消化。那個年代，投票日多半會落在十二月，而這個時候新加坡人大多會選擇不出國渡假而留在家中，今年亦然。豈料選舉結果卻叫人無比震驚，執政黨人民行動黨的全國支持率驟降了一二．九%，還連失兩個選區。行動黨這支向來堅不可摧的常勝軍一夜間銳氣大挫，反倒讓民間一片歡騰。不過，也有人擔心選民給執政黨的教訓是不是有些過火了，畢竟真正想要看到這個政府倒台、換人執政的選民並不多。吃了癟的行動黨此刻還在嘗試接受擺在眼前的資料。正如哥南亞逸（Kolam Ayer）議員施迪在大選結果揭曉當晚告訴媒體：「不明白，我實在不明白為什麼會這樣。我甚至走遍了每一家每一戶拜票。」他的得票率在短短四年內由八〇%直線下墜至五七．九%。《海峽時報》的標題一語概括當時的情緒：「這一夜，勝者形同輸家。」[3]

然而，就在舉國和全黨上下顯得無所適從、人心渙散之際，李光耀決定將選後檢討延後進行。他眼下有個更為迫切的任務。至今整整四年了，他三番兩次公開表明，自己不會欽點指定接班人。他見證過邱吉爾（Winston Churchill）在這方面的失敗經歷，已故的鄧小平也是。相反地，李光耀要第二代領導班子自行推舉他們當中的領袖，這麼一來他們才會更願意支援這位新領導。如今大選結束了，雖然他尚未給自己何時卸下總理棒子定下確切期限，但是他需要知道第二代領導層的集體決定。他催促吳作棟就這事召集大夥兒做決定。「李光耀先生有點著急了，他催促我們做決定。我是其中一個可能被推舉出來的人選，叫我怎麼主動去召集大家商議這

2「互泰號」乃新加坡一家頗具規模的雜貨批發商，創立於一九四六年，黃春賜獨資，以買賣罐頭鮑魚為主，故也有「鮑魚王」之稱。一九八四年十二月初突然爆出負債上億元，牽連二十行，疑與股票和黃金期貨交易重挫有關，此事震驚商界。

3 "Night the winners felt like losers"〈這一夜，勝者形同輸家〉, *The Straits Times*, December 30, 1984, FOCUS / Analysis, p. 14.

事？所以，我只是一味拖延敷衍，並沒有召開推選領導的會議。」

結果這個差事就落到陳慶炎身上了。雖然黨內議論紛紛，指領導層交接進度也許會因為大選結果不理想、經濟走勢疲弱而延緩，陳慶炎卻也感受到此事的急迫性。「當時是個極度混亂的時期，有些人認為領導層交接工作應該延後，有些人則認為不能再等了。在我看來，發生了什麼事都好，領導層交接在那個時候的確是不能再延誤了。」

於是，十二月三十日晚上，陳慶炎將內閣中的十一位年輕部長都請到他位於武吉知馬的住家；除了他本身之外，還有吳作棟、王鼎昌、丹那巴南、麥馬德、賈古瑪、楊林豐；楊林豐是在林子安和陳天立退出後新加入「政壇七俠」行列的新人。出席的政務部長則有李玉全、鄭永順、阮順美、莊日昆。最後一位參與會議的是剛剛加入政壇的李顯龍。

但這場會議還是出了段小插曲。吳作棟在馬林百列有一場社區活動，必須遲些才能到陳慶炎家中碰頭。但是其他人沒等他來就先開會了。丹那巴南還記得當時是陳慶炎以東道主的身分主持會議和討論。他說，關鍵是，陳慶炎「開誠布公地表明自己既不尋求也沒有意願當下一任總理」，「但他並沒有提出理由」。接著，大家邊享用咖啡、橙汁、巧克力蛋糕，邊商議著誰該是下一任副總理，以取代即將退位的現任副總理吳慶瑞和拉惹勒南。儘管並未明說推舉出下一屆總理，但副總理順勢成為下一任總理；個中意義，在場的所有人都不言自明。李顯龍說：「我們當時磋商的重點是，誰應當出任副總理？副總理應該有兩位，還是就推舉一人？」

陳慶炎說，他們並沒有花卻太多時間就有了決定。「我們都相當清楚知道，在場的所有人都支持吳作棟先生出任下一任總理。」對當時尚屬新人的李顯龍來說，幾位領跑者顯然已經就最終人選達成協議。「他們四人：東尼、丹那巴南、鼎昌、作棟，一起合作很長時間了，想必已經相互溝通過。」他接著回憶道：「大家都樂於支持作棟。我同作棟共事過，也很願意支持他。所以並沒有任何激烈競爭。」賈古瑪是第一個將開會一事對外曝光的人。他在一九八七年人民行動黨黨報《行動報》上透露：「我們非常坦誠地交換意見，大家一致決定推舉作棟為第一副總理，王鼎昌為第二副總理，完全沒問題。」除非接下來還有任何變動，否則，吳作棟將會是李光耀的接班人。

吳作棟在當晚九點半終於抵達陳慶炎住家，有人把一塊蛋糕遞給他。他問：「所以，你們做了什麼決定？」陳慶炎笑著回答：「就你了！」吳作棟多年後在接受此書訪問時開玩笑說，這個故事教會他，開會千萬別遲到：「大家都不想做的差事，可能就落到你頭上了！」但一九八四年的那個晚上，據賈古瑪憶述，吳作棟欣然接受了團隊的決定。賈古瑪在《行動報》的撰文中寫道：「他說他意識到這絕對是個重大的責任，但是有了我們的支持，他願意接下任務，以自己的方式全力以赴。」讓丹那巴南「印象深刻」的是，吳作棟願意接下這份重擔。「他並沒有說『不，我不想當總理』；但是卻也不會給人他非常渴望當領導的印象。」

吳作棟坦言，這個結果其實並不讓他感到意外。李光耀在選後要他負責組織新內閣，用他自己的話說，他「或多或少已經是那個在做很多事的人」，包括統籌一九八四年大選競選活動。政治觀察家契連・喬治（Cherian George）在著作《新加坡：空調國度》（*The Air-Conditioned Nation*）一書中寫道，吳作棟負責的都是「最強硬且最需要鐵腕式管理的部門：財政部、貿易與工業部、國防部」。[4] 丹那巴南再概括出大家推舉吳作棟的另外三個理由：教育、背景、同儕綜合條件。「大家心裡都有個沒明說的共識，那就是……大家需要一位有能力領導一個正在改變的社會的人選，這個社會裡受英文教育者愈來愈多，西方觀念的影響愈來愈大；也需要一個已獲認可，懂得更有效處理經濟問題的人選。吳作棟擁有經濟學背景。大家心中都認定，他會比任何其他人選更善於把經濟這塊處理好。」

也因為吳作棟是他們當中較早加入政壇的，自然也占了一定的優勢。丹那巴南說：「當時的想法是起步早的人理應當領導。所以吳作棟是想當然的人選。」尤有甚之，他強調，團隊是信任吳作棟的。「我們集中討論的是，團隊裡哪個人選最能在需要做出艱難判斷的時刻，做出正確的決定。而攸關政策事務的話，大家顯然對吳作棟抱有十足信心，相信他總會做出正確決定。」

做出決定後，新一代領導層刻不容緩地向全國人民宣布消息。隔天，元旦前夕，吳作棟率領他的團隊在總統府召開記者會，宣布新內閣名單。他在宣布自己接

4 Cherian George, *Singapore: The Air-Conditioned Nation* .Singapore: Landmark Books Pte Ltd, 2000), p. 37.

任第一副總理時向媒體這麼說：「我的同僚決定，由我來充當『中鋒』。他們要我在新團隊裡扮演前鋒的角色。這是一項何其重大的責任。他們託付於我的角色，我接下了。我會竭盡所能，全心全意，扮演好這個角色。」至於總理李光耀的角色，吳作棟繼續沿用足球隊為比喻。「我和我的同僚將在前線衝鋒陷陣。總理則會退居後座，但他不會是『後座駕駛』，在後方指手劃腳，而是將充當足球場上的守門員。」

吳作棟上位的消息在總統府宣布後，在場的行動黨議員都報以熱烈掌聲，足見吳作棟當了多年黨組織祕書後，已在基層穩健地累積了人氣。行動黨眾議員也順著足球隊的比喻，紛紛創造出各自的說法。例如陳樹群就說：「這位前鋒還有優秀的翼鋒支援。而我們還有一位優秀的守門員坐鎮，將攻門一一化解，堅守城池。我想這位門將在球場上還可以充當清道夫跑遍全場，但這樣的情形未必會出現，因為這個團隊整體而言全是很棒的球員。」不過王鼎昌也許有感於過多的比喻只會讓民眾一頭霧水，猶如霧裡看花，他直白地點出了新內閣名單最重要的一項指標：「按邏輯推斷可以得出結論：只要不出現任何不可預見的變數，他（吳作棟）將會成為我國總理。」新加坡自治邦成立二十五年後，舉國上下乃至世界各國，對於這個獨立新興小國的第二任總理人選，終於有了一張明確清晰的臉孔。

只是，當事人拒絕讓那一刻的光芒沖昏了頭。如今回顧，他說他當時還不曾想過自己就是下一任總理。他坦言，最多也只是總理潛在人選吧，就僅此而已。這位一貫擅長推測的候選人當時卻拒絕做出任何推測。「我是個現實主義者。我並沒有到處跟人說我會是下一任總理。」他相信自己眼下的任務是統領年輕一代的領導團隊。「當時是一九八四年。李光耀的政治生涯還長著。你並不知道他會在一九八八年還是一九九〇年退下。所以凡事不能做無謂的推測。」

此外，李顯龍在一九八四年加入政壇，引起輿論揣測他會不會繼承父親成為新加坡的領導人，這也為吳作棟的接班平添疑雲。吳作棟坦言，自己也曾這麼想過。「李光耀可說是個十足『馬基維利式』的領導者。[5]過一陣子之後，李顯龍很可能就會取而代之成為他的接班人。誰知道呢？」他如此反問。「李光耀也許會說：『嘿，所有議員都接受由我兒子來領導新加坡，而不是陳慶炎或吳作棟。』你永遠猜不透的。」這些顧慮讓吳作棟不願意妄自推演，預先以國家新領導的身分自居。

他很清楚，如果不守本分冒出頭，那這顆腦袋可能就不保了。「如果當時我真的自以為是下一任總理，開始越過李光耀走在前頭，以老大自居，他多半會馬上要我滾蛋！」他大笑起來，還豎起大拇指使勁向外指以加強語氣。

然而，這並不意味著吳作棟並未嚴正看待自己可能成為國家下一任領導人這個新角色。他努力地以明顯有別於李光耀的作風來建立自己的權威。一九八四年末在總統府召開的記者會上，他明確闡述：未來總理會提出主張，並交由整個團隊集體做決定。「新政府會有一套自己的治國風格與政策內容。」除非遇到一些涉及國家安全與存亡的重大課題，否則他不認為李光耀會推翻年輕一代領袖的決定。他斬釘截鐵地說：「這個地方將由我們管理，我們必須能獨當一面治理這個國家。」此番表態更嚴重的是，這也意味著新政府會推翻李光耀所推行的一些具代表性的激進政策，包括在一九八四大選期間引起民憤的某些政策。

當中，最具爭議性的莫過於那場引起軒然大波的「婚嫁大辯論」——一場攸關婦女學歷與婚姻狀況的大辯論。[6]這很可能是新加坡獨立建國以來最讓人不安的一項社會工程項目。李光耀發現大學畢業的婦女遲婚或不婚，生育率也遠遠不及低學歷婦女。於是，一九八四年上半年，他推出實際措施，鼓勵高學歷母親多生育，其中最惹人矚目的是「大學畢業母親子女入學優先計畫」，讓擁有大學學歷的母親享有子女在小一入學報名階段的優先權，以及稅務優惠。與此同時，對低學歷婦女發放高額絕育獎勵金。[7]這些政策馬上在全國引起巨大而強烈的反彈，連許多大學畢業的母親都難以認同。《海峽時報》當時就收到一封讀者來函，直指行動黨政府猶如「德國納粹黨突擊隊」在進行優生學人體實驗。

5 馬基維利這位十五世紀文藝復興時期義大利著名的政治思想家和哲學家，其主要的主張和理論是「政治無道德」、為達到目的而不擇手段；「馬基維利主義」（Michiavellian）遂成了政治權術與謀略的代名詞。

6 一九八三年八月十四日，時任新加坡總理的李光耀向全國人民發表一年一度的國慶群眾大會演說，重點談及高等教育婦女遲婚少生育現象令人擔憂，而教育程度較低的婦女生育的子女卻愈來愈多。他進而引述優生學理論說明，新加坡人口倘若繼續以如此不平衡的趨勢繁殖，會降低國民素質和資質，進而影響國家經濟與社會發展。李光耀的這番話震驚全民，引發各界就學歷與婚姻、優生學、社會階級分化等爭議點掀起一場全國辯論。

李光耀是優生學的堅定擁護者，對於人類資質是天生且遺傳的理論，深信不疑。簡單地說，聰明的父母就會生出聰明的小孩。這個政策實施前曾在內閣激烈辯論過，年輕一代有好幾個部長都無法認同。可是吳作棟是站在李光耀這一邊的。即使是三十年後的今天，吳作棟仍然堅持他認同李光耀的想法，哪怕這是多麼明顯地政治不正確。「我完全憑直覺而選擇支持這項政策。」他說道，罕見地針對這一場舉國震驚的社會工程運動坦白透露自己的想法。「我或多或少是站在他這一邊的。有些人很不以為然。有些人同樣認同他的想法，但是不願多說。」

吳作棟的論點是：一個人的各方面發展，與生俱來的條件必定發揮了一定的影響。憑他自己對身邊的人的觀察，包括自己的大家庭，他得出結論，認為要完全抹殺基因因素是不實際的。「我的親戚當中，一些人的教育水準比另一些人來得高；即使不到大學水準，那些教育水準較高的親戚，子女的表現一般上也會更優異。」

當時的爭議點在於，先天條件與後天培育，究竟各占了多大比例。吳作棟說，內閣中有人說三分靠天資，有人說各占五成。可是李光耀發表資料顯示，天資占了七成比重。對此，吳作棟的立場卻是模棱兩可。「你可相信李光耀的說法完全正確嗎？其實沒有人當真相信他提出的相對比重是百分百正確。我要說的是，大家當時都沒什麼概念。他提供了七三比例的相關資料，可有誰真正相信這一套呢？可是天資確實很重要啊，這是無可置疑的事實。李先生當年總是抱怨，怎麼說起肌肉和其他生理條件，大家都相信遺傳；而一談到腦袋，就沒人願意相信他的話！」

吳作棟以健美健將為例子。他說，健美健將需要靠長年累月的持續鍛鍊和特殊飲食計畫，才足以雕塑出一個完美的體格。但如果一開始沒有優質的身體素質，再怎麼鍛鍊都不會有好身材。「你問我的話，我也說不上各占了幾成，我根本也不去理會這個。依我說，假設是各占五成吧。那為何不在兩端都下功夫，爭取最大效益？」吳作棟說，內閣中有些部長辯稱，與其鼓勵選擇性育種，更該做的是投注更多資源進行後天栽培。對於這個說法，李光耀是同意的，但也補充說，政府應該兩

7 新加坡政府於一九八四年六月一日起實施低學歷婦女絕育獎勵金計畫；未滿三十歲的婦女在生育了一或二個子女後進行絕育或結紮手術，便可獲一萬元獎勵金，申請者除了必須是新加坡公民或永久居民，夫婦的教育水準須低於劍橋「O」水準，且家庭總月入須在一千五百元以下。

方面都兼顧。「他說，後天培育理應加強，透過改善環境和教育體系等等；但是你能說先天遺傳因素就不重要了嗎？」吳作棟回憶道。「當然，沒人可以這麼說。所以，為什麼不也同時讓先天遺傳發揮最大效益？大學生、大學生，你可以將這個條件發揮到極致。我是憑著直覺，加上自己的觀察和邏輯推理，選擇支持並認同這項政策，先天條件確實也很重要。」

這之後，就是要如何制定將先天條件極致化的政策，並且說服人們接受它。李光耀自知將在來臨的大選後退下前線，因此決意在大選舉行之前讓這些措施付諸實行。「他很坦白地告訴大家，由於這些都是非常重要的課題，必須先由他掃除障礙，因為輪到我們這一代當家作主後，我們恐怕做不到。」吳作棟這麼說。「他準備親自上陣，向人民說明這項政策。我們沒法代勞，因為沒人像他那麼博學；他研究過很多資料，對課題瞭解得很深入透澈，能夠非常有邏輯地為這項政策辯護。而且政治上而言，他擁有聲望，也有足夠的政治資本。」

結果，新加坡民間強烈的負面情緒一觸即發，選民轉而對人民行動黨投下不信任票，使執政黨在一九八四年全國大選中的得票率驟降一二・九％。大學畢業母親子女入學優先權政策，以及李光耀所推行的其他不受歡迎的「苦藥」，例如建議將公積金存款提取年齡底限從五十五歲提升到六十歲，最終提升到六十五歲；讓執政黨為大選付出了慘痛的代價。在吳作棟主持的黨內選後檢討會議上，行動黨承認這一回的確是「鋌而走險」了。內部報告甚至表明：「若不是民間對行動黨的支持有著多年的深厚基礎，我們可能就此失去政權。」

吳作棟清楚知道，一旦自己做為總理繼承人的身分在一九八四年十二月三十一日公開確定了，「大學畢業母親子女入學優先計畫」必會是首當其衝不得不廢除的政策。雖然他本身認同這項措施，但也很清楚政治代價太沉重了，再不及時逆轉，很可能最終演變為行動黨的致命衝擊；尤其如今年輕一代領導層欠缺了李光耀和他那一代元老所享有的政治聲望和擁護基礎。「難以持續。」他說道。「就連我們幾個認同這項政策的人，都感受到了它所附帶的政治代價，甚至可能讓我們輸掉選舉。我們就是在這個時候決定調整政策。我們都是務實主義者，很清楚什麼可行什麼不可行。」更重要的是，他相信治國政策必須奉行「溫情的唯才是用」原則，鼓勵先天條件更優渥的人多向弱勢群體伸出援手。而廢除這項措施的任務，最終交由新任教育部長陳慶炎負責。[8]

對於內閣翻轉這項政策的決定，李光耀並未阻撓。吳作棟說：「他也是個務實的人。年輕部長不想繼續推行這項政策，他也願意交由我們全權做決定。這就是他的領導方式。他還是對這一套深信不疑——如果他還是掌事者，他依然會義無反顧地推行。但是此時他已經不再是總舵手了。我們必須決定，如果選擇繼續推行這項政策，是不是也能站得住腳？這並不容易。我們不是李光耀，沒法像他那麼強硬。所以，我們不得不逆轉。」

這位前鋒，上場了。

問與答

問：安順補選失敗後，人民行動黨可曾為了因應選民的變化而嘗試為一九八四年大選物色不同類型的候選人？

答：行動黨不斷在撒網，物色各式多元的候選人。問題其實更在於我們能否成功招攬這些人。並不是說我們偏向公務員或軍官，我們總在尋找適當的候選人，也很重視從私人領域招攬人才。那陣子，李先生經常要所有議員都提名適當人選，但我是主要的「星探」。所以我勤於翻報紙，一發現哪裡又擢升了哪個人才，想著此人也許可以考慮，就會邀請他來「茶敘」。我也會廣為接觸不同圈子，設法擴大求才網路。星獅集團和新加坡報業控股可有適當人選？[9] 而如果我們找上的人表示沒興趣，我們會再追問他可否推薦可能感興趣的適當人才，然後再跟進。

8 陳慶炎在一九八五年一月二日宣誓就職新任教育部長，同天召開記者會宣布將檢討教育政策，他隨後於三月二十五日在國會辯論總統施政方針時再宣布，廢除大學畢業母親子女入學優先報名權政策。這項政策從推行到廢除未滿一年。

9 星獅集團（Fraser and Neave Limited，簡稱 F&N）原為新加坡食品及飲料集團。新加坡報業控股（Singapore Press Holdings Limited，簡稱 SPH）是新加坡媒體集團。

問：那個時候會很難找到人加入政壇嗎？

答：找議員倒不會太難。因為待遇還不錯，而且不必全職，不難找人。困難的是延攬有潛質的部長，因為那意味著完全不同的要求。這些有潛質的人才對於自己踏入政壇能不能成功其實也沒有十足把握，畢竟這是性質全然不同的工作。所以，你得找到一個對這份工作充滿興趣也有堅定信念的人。當過公務員的人可能比較能適應這份工作，就像我和丹那巴南，我們都曾經當過公務員，而後到私人企業界闖蕩，都做出了成績。重返公共部門以後，我們很清楚體制內的運作方式，也不會受到外面的金錢因素所誘惑，隨時做好準備再投入公共服務，不會眷戀外面的一分一毫。但是要說服那些長期在私人企業界打滾的人從政，那就很不容易了。

問：一九八四年大選前夕，李顯龍被引入政壇，引起坊間熱議。公眾和輿論對他的強烈興趣，可在您的預想之中？

答：當然！這是毫無疑問的。他可是李光耀的兒子啊！人們當然要揣測。他也不容易，因為必須讓眾人信服，他從政不是因為李光耀。他首先必須說服李光耀的同僚自己不是父親帶入政壇的。其次，部長們必須能信服，李光耀無意建立李氏王朝。

我曾經在很多場合上不止一次說過，李顯龍是被我發掘的。他當時是上校，在國防部辦公室辦公。他還只是一個小夥子，而我是國防部長。我們每週一開會，他需要做例常簡報。他非常能言善道，語言表達能力和邏輯思維都讓我留下深刻印象。所以我對自己說，可以啊，這個小夥子有潛質。我當時問他是否想過要在不久的將來加入政壇，他說有興趣。他後來跟妻子名揚聊過此事，確認了自己願意從政。所以，我把他調到職總去協助推動電腦化進程，讓他也可以借此機會擴大接觸面，也跟工會建立聯繫。遺憾的是，他太太突然離世[10]，這事就沒了下文。

眼見下一屆大選逼近，我主動向李光耀提出，說顯龍會是個理想的候選人。李光耀當時說，不。他說顯龍剛痛失愛妻，又有一對年幼子女要照顧，其中一個還是自閉兒；他也需要再建立一個家。不不，他不會感興趣的。

10 黃名揚是李顯龍的首任妻子，兩人一九七八年結婚，育有一女修齊和一子毅鵬，黃名揚於一九八二年生下毅鵬三周後因心臟病發猝逝，年僅三十一歲。

我告訴李光耀，如果顯龍對從政確實感興趣，一九八四年會是加入政壇的最好時機。原因是一九八四年引進的新候選人將是歷來人數最多的一批，而在政治上，同屆隊伍很重要。如果他也能成為這一屆的一份子，假以時日他成為領導，整個團隊都會願意支援他。所以他說，就讓我試著去勸勸顯龍。我找顯龍談這事，他說不，說他的家庭狀況如今這般那般，他沒有時間兼顧。我問他是否還有心從政，他說是的，他還是有這份心。

我告訴他，如果他還是對從政感興趣，那與其延後到一九八八年，不如現在就進來。我把告訴李光耀的理由再對顯龍說了一遍。他考慮過後，回來告訴我說願意現在加入。所以，我很清楚是自己把顯龍帶入政壇的。他父親並沒有告訴我自己的兒子是武裝部隊軍官，還是個非常聰明的年輕人。所以你得明白我們的做事方式。李光耀從來不曾把顯龍推薦給我。是我把他帶入政壇的。

問：您是怎麼說服其他部長顯龍是個優秀的人選？

答：顯龍一答應，李光耀就預見到部長之中會有雜音。果然，杜進才和王邦文非常介意，他們認定李光耀意圖建立李氏王朝。他們針對的並不是顯龍，因為大家都知道他是個資質過人的孩子。不過，企圖在新加坡建立家族王朝，對國家和人民行動黨來說都是災難。他們只是直抒己見。

李光耀是怎麼說服他們的？他寫信給顯龍的數學教授，這位教授則給他寄來一封信，是教授自己就顯龍的潛質所寫過的一封信。所以李光耀選擇在適當的時候展示這封信，以顯示不是他在誇自己的兒子，全是這位數學教授對顯龍的評價。所以一次內閣會議後，他讓人把教授信函上的內容念出來。原來顯龍放棄了在劍橋從事學術研究的機會，全因為他覺得國家需要他。李光耀善於說服人，他借別人對他兒子的評價來讓大家心服口服。你們說的建立王朝的野心是另一回事，但他的這個兒子的確出類拔萃也深具潛質。所以，結論是李光耀的兒子不是傀儡，他確實是個適當人選。大家都知道，顯龍這回來真的。

下來就是，要怎麼把顯龍招攬進來？他也得跟所有候選人一樣經過「茶敘」這一關。讓你看看顯龍當年成為行動黨候選人的資料吧，你就會明白我們辦事並不是隨李光耀的一時興起或好惡而改變，而是非常系統化的作業方式。你看吧，李顯龍也得呈交履歷表。中文一科只考到「C4」，原來他不是科科考「A」的狀元！是有其他人成績在他之上，科科考「A」（特優），但面試那一關的表現都不理想。他得呈交所有成績單。他是軍官出身，工資相當高——七六七二新幣，還是上校。他填上了兩位推薦人：唐愛文[11]和林祥源[12]。他還需要撰寫個人履歷。

不過李光耀並未親自去函要求推薦人提供對顯龍的評價，而是指示拉惹勒南去進行。李光耀當時的身分是行動黨祕書長，這事卻反而讓別人來代勞。如果這信是以他的名義發出的，人們必定會說，推薦人還能不說好話嗎？對吧？唐愛文說，有朝一日如果李顯龍當上了國會議員，他們都不會感到驚訝。

然後，還得經過兩輪面試。第一輪由林金山主持。其他面試官有我、王邦文、蔡善進、王鼎昌。賈古瑪和楊林豐也列席。大家對顯龍的評估是：他有自信有想法，很清楚自己要什麼——的確如此。那次面試長達一小時十五分鐘。第二輪面試時長也差不多一樣，由拉惹勒南擔任主席，面試官有我、鄭章遠、陳慶炎。楊林豐負責做記錄。遴選委員會認為顯龍加入肯定會是國家的一大資產，他對受邀從政有過周詳考慮，對於將要面對的是什麼也做好了心理準備。所以你看，遴選委員會成員並不全是偏向顯龍的人。王邦文就可能比較排斥他，鼎昌則可能把他視為自己的威脅，因為在那個時候第二代的領導班子的排陣尚未十分明朗。

李光耀完全沒有說話權。他沒寫信給推薦人，他也不參與任何會議。遴選面試總會由其他人來主持。第一輪是林金山，第二輪是拉惹勒南。

問：姑且容我當一下壞人來唱反調。會不會有可能，因為李顯龍正好處於那個特定年齡段，而且各方面都很出色，是個顯眼的候選人人選，李光耀其實早料到您會主動舉薦他？而您也一如他所料這麼做了。假設您不曾主動提名李顯龍，那也許就

---

11 唐愛文（Edwin Thumboo）是新加坡最著名的英文詩人之一，一九六六年起在新加坡大學任教，曾任英語語言文學系主任，一九八〇年起擔任新加坡國立大學人文及社會科學院首位院長。出版過多部詩集，也是一九八〇年新加坡文化獎得主。

12 林祥源曾任新加坡政府投資有限公司集團總裁，新加坡經濟發展局原主席，新加坡公務員首長。他在公共服務領域擁有豐富經驗，一九七八年至一九八一年出任總理李光耀首席私人祕書，一九八一年至一九九四年出任國防部常任祕書。

會有些什麼事情要發生？

答：沒錯。不過倒也不至於會發生什麼特別的事。李光耀後來告訴拉惹勒南，我似乎並不擔心有競爭，這點讓他覺得意外。他是這麼看的：吳作棟建議我們考慮李顯龍。這顯示我並不害怕面對競爭。當時是在一九八四年大選前夕。顯龍在一九八四年加入政壇時是一位年輕有為的小夥子。但是李光耀會在什麼時候退位呢？一九八四年時，一切還不明朗。所以，如果顯龍進來了，在兩三年內有非常亮眼的表現，那李光耀很可能就會說，好，就讓他跟其他人公開競爭吧。

但情況並非如此，李光耀選擇從另一個角度看這事。如果我沒提名顯龍，他很可能就會說：「我的天！這個傢伙那麼害怕競爭！一個如此出類拔萃的年輕人就站在他眼前，而他居然視而不見！」或者我可以耍些小聰明，預先設想到這些，告訴李光耀我找顯龍談過，他說自己的家庭狀況如今這個樣子，他沒興趣從政。我大可以讓這事就這麼結束，暫且擱置個四五年。我大可以玩弄手段，不在一九八四年引進這個人，而是等到一九八八年或更遲以後，待他準備好了，才招他進來。而到那個時候，我接班的形勢已成定局。只是，我從政是為了這個國家，從來不是為了我自己。

問：李光耀在多年以後說過，李顯龍不可能直接繼承他。他當時還以排檔來做比喻。他說前後兩個排檔不可能妥善銜接上。所以，您就像是……

答：暖席者。

問：他並沒說是「暖席者」。

答：當然，他不會這麼說。這是公眾的說法。

問：他的意思是，他們父子倆很難完全契合，會有衝突。

答：他說得對。我想這是比較好聽的說法。因為顯龍對某些事情有非常強烈的主見，而做父親的也有一套自己的觀點。他倆的一些觀點是相互衝撞的。我在內閣會議上就曾經見證過顯龍提出與父親截然不同的看法。父親要這麼做，顯龍說，不；然後他們就會起爭執。顯龍對自己執著的事絕對不是個應聲蟲。所以，在這個比喻裡面啊，我會是什麼呢？……潤滑劑？（大笑）

問：既然有關建立李氏王朝的謠言和指控滿天飛，您為什麼還認為把李顯龍引入政壇是值得的？

答：引起非議也許算是政治代價，但我們向來不怎麼擔心這些。我們更關注的是那些必要的元素。什麼才是對國家真正有利的事？真相是什麼？我可以問心無愧地說這些話，因為我們很清楚遴選過程的每一個步驟。李光耀心裡到底在想什麼，這我未必清楚。我只知道一個鐵一般的事實，那就是：他從來不曾告訴過我，武裝部隊裡有個很出色的年輕人，你不妨問問他。是我自己發掘李顯龍的。李光耀也從來沒問過：你們覺得顯揚[13]怎麼樣？從來沒有。不過後來有一天，他倒是提起了他女兒。他說，瑋玲[14]會是個好議員。

問：他沒提議李顯龍，反倒提議李瑋玲？

答：瑋玲是當議員。當議員應該還好。這是因為她有一種社會良知，很強烈的社會責任感。那個年代從政的婦女不多，我們正在物色女性候選人，可是並不容易。所以他純粹是想幫我。他也不是非要她從政，就是為了幫我尋找適當人選。當時的情況就是這樣——這兒就有個不錯的人選。

問：那是什麼時候的事？

答：不記得了，應該是我還在當副總理的時候吧。正在物色合適的候選人。李光耀給出的理由是：瑋玲對弱勢群體懷有深刻的同情心，富有強烈的正義感。任何在她看來不公不義的事，她都會見義勇為、據理力爭。所以，他推薦自己的女兒。我當時怎麼做？我悄悄向楊榮文[15]打聽，他當時是行動黨青年團主席，在政壇上也頗有分量。他說不。接著，我再試探顯龍。顯龍同樣說不。這就夠了。之後我就沒再提了。

---

13 李顯揚是李光耀次子，也是三個子女當中最小的。他是新加坡武裝部隊準將出身，而後出任新加坡電信總裁，星獅集團董事會主席。

14 李瑋玲是李光耀唯一的女兒，三個子女中排行第二。曾任新加坡國立腦神經醫學院院長，現為學院高級顧問醫生。

問：那您怎麼跟李光耀交代？

答：我沒再回覆他。就只是：嗯……嗯……，支吾以對。說真的，我問過榮文和顯龍——兩人都說不。所以我不再說什麼，李光耀也沒再追問。他向我提了他女兒的名字，如果我決定不跟進，他為什麼還要鍥而不捨？這就是我們的作風。如果他追問，我是準備跟他說，自己已經同兩位政壇上的重量級人物討論過，兩人都表示反對，所以我決定不再繼續跟進。並不是我不願意給她機會，我已經打探過了，向兩個人探聽了。所以，李光耀又再一次叫我十分佩服——他再也沒有問起瑋玲的事。

問：但是李顯揚呢？他就從來沒主動提起過？

答：他的確從來沒提過顯揚。我其實曾經考慮過顯揚。之所以沒推薦他，是因為我覺得他的光芒會讓哥哥蓋過。兄弟同在國會裡是沒問題的，像陳冠立、陳天立兩兄弟就曾經一度雙雙當選國會議員。[16]但是在內閣就不一樣了，如果父親、長子、次子都在，我這個總理要怎麼當？沒人會相信我能獨立自主，是吧？三面夾攻，你還能有多少機會？我的意思是，外界一定會這麼看，他們並不知道我們都是很不一樣的個體。

顯揚，他如果加入政壇，肯定會與大哥不一樣。兩個人都不是唯唯諾諾的人。你也看到了現在的情況，他在跟大哥纏鬥。[17]他會有不一樣的個性，展現截然不同的

15 楊榮文曾任新加坡武裝部隊參謀長兼聯合行動與策劃司長，一九八八年升任準將後辭去軍職從政，在大選中當選阿裕尼集選區議員，同年獲委任為新加坡財政部兼外交部政務部長。一九九〇年代和二〇〇〇年初期，是新加坡政壇重量級政治明星，在吳作棟與李顯龍內閣均受重用，曾任新聞及藝術部長、衛生部長、貿工部長、外交部長。二〇一一年全國大選在連任二十三年的阿裕尼集選區意外敗給工人黨團隊，政治生涯提前告終。淡出政壇後活躍於商界學界，現任香港嘉里集團副董事長、嘉里物流主席。

16 陳天立原為「政壇七俠」之一，曾任國防部政務部長，一九七七年至二〇〇一年間當選國會議員。哥哥陳冠立加入政壇較遲，一九九一年至二〇〇一年間當選國會議員。

17 這段訪談於二〇一七年十一月進行，正好是李顯龍與弟妹為了歐思禮路李光耀故居未來該如何處置陷入紛爭一事曝光四個月後。

特質。如果我有意思將他納入體制，他的價值會是私人企業界的經驗，但這也是後來的事了。顯龍就少了這方面的經驗。

所以，回歸根本，李光耀就是這麼一個非常值得敬重的人。大家都以為他一定會對我們呼來喝去，但是，完全沒有。他會對你平等看待，尊重你的想法等等。他並不會下令叫我們做這做那。如果是這樣，他就不會找來陳慶炎、我、丹那巴南，為他做事了。

問：您認為很多新加坡人，以及世界各地的人們，為什麼那麼難以接受是您選擇了李顯龍，而不是受他父親欽點的？

答：因為李光耀的性格太強勢，人們覺得難以相信。但他絕對是個高尚的人。這也就是為什麼我們都願意為他賣命。他有鮮明的個人觀點，也會嘗試影響你。但來到某些事某些原則，他還是願意尊重我們的決定的。

我給你舉個例子。這事在我腦海中多年來揮之不去。他卸下總理職務後不久，我就收到一則由總理公署祕書發出的便條，李夫人呈報說他們的裁縫師送來了十套李先生最愛的外套——五套是給父親的，另五套是給兒子的。他們拒絕免費接受這些外套。裁縫師回說，這些外套是專為他們而裁剪縫製的，比起李先生為國家所做的貢獻，這點心意算不上什麼。裁縫師堅持分文不收。李夫人於是向總理公署祕書呈報這份禮物，詢問得繳付多少錢。

祕書當然向我彙報了此事。我問祕書，他們是不是長期如此？他們過去是不是都會付費給裁縫師？答案是，的確如此。

所以，我說，那就沒問題了，我批准了。他們無須繳費，把這些外套當成是朋友的贈品吧。關鍵之處在於，李夫人主動呈報了。她大可什麼也不說，對吧？這就是我所認識的李光耀和李夫人，從跟他們的接觸就能感覺他們是非常正直正派的人。

他建議李瑋玲時，並不是因為他想讓女兒參政，而是因為我們正在物色女性候選人，他不過是想幫忙。而顯龍也大可以說這個主意不錯，那今後國會中就可以再添一位李家成員。但他就只說了不。他不認為妹妹適合從政。而他說得一點也沒錯。我也不覺得她合適，但我什麼也沒說，只是先自己打探。

問：談起女性候選人和李氏家族，您可曾在任何時候向何晶[18]提起，邀請她加入政壇？

答：我就知道你會問這個！我確實曾找過何晶，問她可有興趣從政？那是很早以前的事了，她還是二十八九歲或三十歲吧，當時還沒嫁給顯龍。我在國防部發現了她，覺得她的睿智和特性就是我們要找的。我當時只知道她是總統獎學金得主，但並不相熟；因為她當時在國防部的科學工程部門任職，我對她也只不過是粗淺的認識而已。從簡報會議等等場合，我看得出她是深藏不露的人才。她應該會是個好部長，另一種類型的部長。

她沒說不，只說還不是時候，畢竟當時她還很年輕。之後，我就忙到忘了這事！然後她就嫁給了顯龍。她成了李家的一份子後，我就沒想過為這事再去和她接洽了。我不再邀請她從政，顯龍一定反對，她自己也會反對，全新加坡更會反對。

一九八四年十二月三十一日，吳作棟在總統府記者會上闡明了新一代領導層接下來的兩大目標：第一，深入檢討為何人民行動黨在剛結束的大選中表現一落千丈；第二，實現年輕一代領袖為一個更發達、收入更豐裕、生活品質也更高的新加坡所勾勒的願景。《海峽時報》稱之為「新前鋒誓攻破兩大龍門」。[19] 兩天後，當這位指定的新接班人率領著他的新內閣團隊宣誓就職，向來對體育不甚感興趣的總理李光耀，在致辭時罕見地選擇以足球語言做一番總結。

李光耀把自己的政治生涯劃分為三個階段，喻指在足球場上擔負起三個不同的位置角色。他說，從一九五九年至一九八〇年間，自己是前鋒。一九八一年至一九八四年，拖後擔綱中場，好讓年輕領袖接受考驗，輪番測試能否充當前鋒。一九八

18 何晶是現任新加坡總理李顯龍的夫人，曾是國防部工程師，後出任新科工程總裁兼首席執行官，現任新加坡投資公司淡馬錫控股首席執行官。

19 "My two goals — by the striker"〈新前鋒誓攻破兩大龍門〉, *The Straits Times*, January 1, 1985, Home, p. 10.

四年以後，他在總統府向全國人民宣布：「我自此退居守門員位置。」[20]新前鋒早已在盤算著要如何攻下自己設定的兩道龍門。宣誓就任副總理短短兩週後，他就雷厲風行地落實包容性民主的願景，快到連他最親密的心腹都始料未及。他正在逐步兌現他在一九八四年十二月三十一日所做出的承諾：「我個人會希望鼓勵所有新加坡人都更積極地參與，一起來形塑國家未來的命運。」

20 林鳳英，〈內閣宣誓就職，李總理呼籲年輕人支持治國新一代領袖〉，《聯合早報》，一九八五年一月三日，第一頁。

第八章　不做保母當夥伴

吳作棟從來不會讓人覺得他的作風很強硬，而更像是個總願意聆聽的人。

——陳慶珠，學者兼外交官

一九八五年一月宣誓就任副總理一個月後，也就是同年二月十六日，吳作棟在總統府與總理李光耀共進午餐。這位新前鋒告訴守門員，他心中有一道想突破的龍門：創建一個新單位，透過這個單位設法瞭解人民的想法，體察大家在生活上關心些什麼，以及對政府的政策有些什麼反應。早在人民行動黨對一九八四年大選的檢討報告完成之前，吳作棟就直覺地對行動黨差強人意的表現總結出原因。他說：「那個時候，政府給外界的觀感就是不願意多聽聽人民的心聲，只是一味地將政策強壓在人民身上。這樣的看法相當普遍。」而他所提的概念，原始雛形源自舊有的

「公眾投訴局」，這個單位在一九七九年因為受到民眾冷落而被解散。李光耀在這場飯局上給了吳作棟他的祝福。後者隨即展開行動，雷厲風行地落實這個想法。他在幾天內向內閣提及這事，讓社會發展部長丹那巴南迅速草擬一份建議書，將概念具體化。建議書很快提交內閣討論，大家討論的其中一個重點是：該給這個新單位定一個什麼名稱？吳作棟回憶道：「高級部長拉惹勒南問我們，希望這個單位發揮什麼樣的功能？我說：蒐集民意。他就建議：那乾脆就把它稱為『民意處理組』，如何？我說好啊！」[1]

一九八五年四月十五日，「民意處理組」正式成立，由向來敢怒敢言的後座議員陳清木擔任主席。[2] 這是這個國家歷來第一個體制化的國家層級民意蒐集機制，從萌芽到誕生只花了區區兩個月時間，即使是在這座公認快速發展的城市裡，其效率之高，還是前所未聞。吳作棟急於達成的不光是為了讓自己做出成績，更是為了調整並重塑這個政府治國理政的思想信念。問及為什麼需要以如此驚人的速度創建「民意處理組」，吳作棟答得乾脆：「因為這勢在必行。」一語道出他當時的急迫感。顯然，他非常清楚民意已發生變化，政府不得不做出相應適宜調整，也必須讓民眾看到政府的態度。藉由成立民意處理組，他要向人民發出的信號再明顯不過：這位準總理接班人已經做好準備要改變治國作風：從一個由上而下的「保母式政府」，逆轉為「由下而上」的作風。他決意讓保母蛻變為夥伴。

吳作棟的想法背後並沒有什麼偉大的理論。他直白地說，自己從來不是什麼哲學大家的「忠實讀者」。他也並不是一個重視意識型態的領袖，甚至可以說是反其道而行。他的思想基礎就是很直截了當地對一些小癥結進行診斷，再以最簡單、直接、有效的方法對症下藥。姑且稱之為「吳氏務實作風」吧。在吳作棟看來，由上而下治國的時代已經過去，如今是時候推動一個真誠且更能長久持續的「由下而

---

1 這段有關「民意處理組」成立背景的內容，取自薩稀・賈古瑪博士（Dr Shashi Jayakumar）即將出版的關於人民行動黨歷史的新書。薩稀・賈古瑪博士是新加坡南洋理工大學拉惹勒南國際關係學院研究學者。本書作者白勝暉對他願意在書未出版前先讓自己參考其內容表示感謝。

2 民意處理組（Feedback Unit）於二〇〇六年更名為「REACH」（Reaching Everyone for Active Citizenry @ Home），英文全稱意指「聯繫全民，使每一個公民都能積極參與創建共同家園」，中文名稱則以此為基礎，濃縮為「民情聯繫組」。

上」的運動。他補充說：「當然，政府還是得負責出點子、做決策，但你必須有一套由下而上的流程，才能真正建立起參與式民主。」在這麼一個新的生態系統下，權力分散了，不再只集中在一個決策點。治理模式會變得較雜亂，但是對吳作棟來說，這是必經的過程。

即使是在軍事領域這一塊，他也不惜承擔這個「雜亂」的代價。一九八四年，國防部長任內，他就推動了「全民防衛」的概念，鼓勵每一個新加坡人都為國家防衛盡一分力。他在那一年的一次致辭時說：「一個團結的社會，心意相通、心跳一致，就不會有任何縫隙可容外人乘虛而入。因此，你本人，你的先生或妻子，還有你的孩子們，你們都得負起各自的角色。任何潛在侵略者面對的都不會只是我們的彈藥，而是全體人民。國家防衛是整體的，必須全民投入。」[3]

推動著他對治國作風做出改變的原因，源自於四個方面。首先，他對民意做了番評估，認為人民如今要求擁有更大的話語權。其次，他要借著這股新湧現的時代新思潮，實現自己為這個國家勾勒的願景。「這並不是憑空萌生的靈感。」他如此說道。「而是真切有感於社會正在朝這個方向發展，而這正是自己所嚮往的方向，所以我要進一步鼓勵推動。」第三，自己在商界政界的好幾次經驗，讓他清楚見證了廣泛協商諮詢過程的好處，如推行「保健儲蓄政策」；以及早期在私人企業界時如何透過權力分散的管理方式提高了效率。最後一點，李顯龍說，這與吳作棟個人的開放親民的領導作風更為吻合。「他會聆聽，會聽取勸告，也能夠延攬合適的人為他辦事。而且他對事物總有透澈的瞭解。所以，當有人嘗試說服他時，他能瞭解，也願意去接受對方的觀點。」

不過吳作棟也坦言，這當中的某些改革，其實並不合李光耀心意。「他未必認同我在做的很多事，例如推動協商式政府。他曾經說過：『為什麼要協商？我做決

3 一九八四年一月五日，吳作棟於馬林百列民眾聯絡所為「新加坡武裝部隊成長史展覽會」主持開幕時，宣布成立由社會各界人士組成的「國防社會關係諮詢理事會」（Advisory Council on Community Relations in Defence，簡稱ACCORD），研究如何動員國人投入「全民防衛」（Total Defence，前譯為「整體防務」）。他在致辭時闡述了「全民防衛」的重要性。見Paul Jacob, Ronnie Wai, "Your say in our defence. Our defence must be total — Chok Tong"〈吳作棟：國家防衛是整體的。你也當盡一份力〉, *The Straits Times*, January 6, 1984, p. 1.

定就是了。』對李光耀來說，協商太浪費時間了。」不過李光耀遵守諾言，退居後座，即便他的身分仍然是總理。吳作棟說，李光耀選擇尊重眼前這個實際的新領導人，而師徒兩人在這個初期磨合階段，彼此間維持著很好的關係與默契。吳作棟說：「他認可了如今是由我來負責，這反映了這位長者的智慧。他知道自己不可能永遠掌政。如果他要求只要他還活著，凡事都得按他的意願來進行，那之後會怎麼樣？當這樣一個領導人退位或離世，一切都會被反轉。看看川普就好，他如今意圖反轉前任歐巴馬所推動的任何事。李光耀是個智者——他換了排檔，然後讓新領導和他那一代團隊以他們想要的方式往前開進。要是覺得哪方面做得太快太大膽了，他會提出自己的觀點，但不會介入干預。他並非事事認同，但從未阻撓過我們。」

於是，吳作棟放手去做了。民意處理組過後，他在一九八〇年代下旬推行了一系列重大政策，初步奠定了「參與式民主」的雛形；而這也正是未來他在總理任內極具代表性的治國理念。尤其當中的三項新概念，更是成功突破了初期階段的種種爭議和排斥心理，成為日後新加坡政治體系的規範常態。第一項概念是「市鎮理事會」。好幾年來，吳作棟總是認為讓建屋發展局同時充當所有政府組屋的發展商及管理公司的做法是難以持續的。進入一九八〇年代，居住在政府組屋的新加坡人口增加到二百萬以上，讓建屋局不勝負荷。原有的中央集權管理制度只會拖慢民間地方組織辦事的效率。吳作棟憶述：「我身為區議員，想要為區內的組屋居民做些什麼。建屋局會說，這的確是個好主意。不過如果你在這一區做出了改變，那我們也得在全新加坡的所有組屋都這麼做。所以，請等我們做好準備再推行吧。」

這種爬得比蝸牛還慢的辦事速度讓吳作棟不勝其煩。他在一九八八年六月二十八日國會對「市鎮理事會法案」二讀進行辯論時曾指出：「建屋局對責任的履行與擔當確實讓人佩服，卻也附帶了一定的代價；而代價就是事事講究統一性，以致於規則條例缺少了伸縮性。只是，既為一個中央管制單位，那麼在做決定時嚴格遵守條規、堅持一視同仁原則，也是必須的。它不可能在推行措施時極具彈性，也不可能在選區層級上迅速做決定。如果只善待一個選區，必然會引起其他選區也要求公平待遇。」[4]

他希望能把在醫療體制實行的那一套也應用到住屋領域上。就像讓公立醫院分散權力以便提高效率和服務水準一樣，他對政府組屋也有同樣一番計畫。各個組屋區的管理權原本集中掌握在建屋局手中，如今則轉移給各個市鎮理事會（簡稱「市鎮會」），由市鎮會管理組屋居住環境的日常事宜。他希望能透過成立市鎮會，減少組屋居民對政府的依賴。他當時在國會上也說：「建屋局為人民所做的決定愈多，人民愈不懂得如何自行解決問題。這無助於建立起自力更生的社群、也不利於栽培社區領袖，更無法培養出充滿幹勁和創意的人民。」

成立市鎮會的政策並非一蹴而就。初步概念於一九八四年提呈，兩年後在新加坡中部的宏茂橋新鎮試驗推行，到了一九八八年，推廣到全島所有市鎮。每一個市鎮理事會均由三位議員坐鎮，由當中一人擔任市鎮會主席。吳作棟毫不諱言這項政策帶著濃厚的政治用心。一九八四年大選後，他想更積極地為新加坡政治注入所謂的「穩定器」，以便更好地因應這個國家的選民開始湧現的一種怪異心態：一方面希望行動黨能繼續執政，卻也渴望看到國會中出現在野黨議員，對執政黨發揮制衡作用。這種投票心態很可能導致一種堪稱畸形的選舉結果，那就是：行動黨選舉失敗下台，哪怕大多數選民其實並不希望看到這種局面發生。

市鎮會正是這麼一個「穩定器」。吳作棟希望借著市鎮會賦予國會議員更大的權力，會促使選民在投票時更謹慎周全。可是他堅持這項政策意不在對付在野黨，讓在野黨處於劣勢。他一九八八年在國會上說：「市鎮會將使能力較弱的候選人更難以當選，無論這些候選人來自哪一個政黨；卻又無礙於能力強的候選人贏得選戰。如果反對黨能夠召集一批能幹的候選人，市鎮會的成立，反而會有利於反對黨。」吳作棟進而以飛行員為比喻。「如果（新加坡哪個政黨）意外上台執政了，就好比一個雄心萬丈的飛行員，還不曾獨自一人駕駛塞斯納小型通用飛機，就得在半空中接過機長位置負責操控整部新航珍寶客機。這對珍寶客機上的乘客沒有好處。所以，任何政黨想要取代行動黨政府執政，第一步非得透過管理市鎮會累積經驗。市鎮會就如同我們政治體制裡的塞斯納飛機。任何有志於組織政府的政黨，必得先證明自己有能力管理市鎮會。這符合新加坡的全體利益。」

事隔三十年後，如今再回頭看，吳作棟相信自己的論述依然成立。「市鎮會對

4 Liak Teng Kiat, "Town councils a 'major contribution to democracy'"〈市鎮會是「對民主的一大貢獻」〉, *The Straits Times*, June 29, 1988, p. 1.

行動黨或是反對黨有利？我當時的想法是，它是中立的。那個時候可能會讓行動黨稍占優勢，因為我們能做得比他們更好……但他們拿下波東巴西和後港以後，證實了他們也同樣有能力好好管理市鎮會，那它就成了一把雙刃劍。」時間證明了吳作棟的說法是對的。新加坡民主黨借助波東巴西市鎮會的管理經驗，在一九九一年大選又多拿下兩個議席。[5] 同樣地，工人黨則以後港市鎮會做出的地方政績為基礎，在二〇一一年大選一舉囊括阿裕尼集選區，取得了歷史性的勝利。[6]「他們說：『看吧，我們也可以把市鎮會管理得很好。下屆大選，讓我再接管更多市鎮會。』所以，凡事都不是靜止不變的。這是個動態的平衡。最初階段，我們會占優勢。但時日久了，反對黨建立起了良好紀錄，我們的優勢也會漸漸失去。」

權力分散與下放，是吳作棟一心一意要推動的治國文化。他在一九八〇年代推行的另一項代表性政策是，建立「政府國會委員會」，賦予後座議員更大的發言權和參與權。國會議員會按照與政府部門對應的幾個主要的政策領域分成幾個委員會，個別委員會將就所關注領域的相關政策進行研究檢討，向前座議員或內閣部長提出質詢。為了幫助後座議員更瞭解這些課題，各政府部門的公務員會定期向國會委員會進行簡報。政府國會委員會也會延攬各界專家學者，以志願方式為國會議員提供建議。吳作棟的目的是要說明行動黨籍議員提高國會辯論素質。

行動黨上台執政幾十年來，新加坡的政治文化一直都籠罩在一個絕對主導的政府和強勢的內閣之下。「但是這真的是未來最好的方程式嗎？」他在一九八七年闡述政府國會委員會背後的思考時拋出了這道問題。[7]他說，自己無意削弱內閣的權力，但讓國會議員在決策工作上擁有更大的發言權，從而協助他們更有效地發揮功能，與維持內閣的權力並不相互牴觸。「我仍然堅信必須要有一個強大的政府和果

5 新加坡民主黨於一九八四年大選由黨魁詹時中攻下新加坡東南部選區波東巴西議席，一九八八年大選成功蟬聯；一九九一年大選，民主黨挾著詹時中在波東巴西區高漲的聲勢，再奪東北部另兩個議席。雖然這兩個議席只維持了一屆任期，詹時中卻在波東巴西連任二十七年。

6 一九九一年全國大選，工人黨政壇新人劉程強在新加坡東北部後港區當選議員，因市鎮會管理得當，地方上深得民心，之後連任四屆。二〇一一年大選，工人黨候選團隊在劉程強的率領下攻占毗鄰的阿裕尼集選區，擊敗以外交部長楊榮文為首的行動黨候選團隊，成為新加坡政治史上第一個成功奪下集選區的在野黨。後港單選區和阿裕尼集選區至今仍由工人黨控制。

斷的內閣；政府在政治上必須保持支配地位。但如果能讓議員在國會上更有效地發揮作用，我相信我們的體制一定更為行之有效。」[8]

政府國會委員會也能讓國會辯論內容更多元廣泛。吳作棟在為此書接受訪問時說：「政府國會委員會成立之前，我發現國會議員總會挑他們感興趣的課題來發言，多是局限於常見的社會服務、經濟發展等領域。而且有好些重疊重複的內容和提問。還有很多其他領域和課題值得討論，但卻沒人談及，因為……這麼說吧，有些課題對議員來說就是不夠精采。所以，成立國會委員會，就能確保所有課題都會談到，各個政府部門都受到議員監督。」

有關政府國會委員會的誕生，一種新的說法在過去三十年裡漸漸浮上檯面；批評者指國會委員會是吳作棟用以圍剿在野黨議員的伎倆。例如，曾經擔任過政府國會委員會主席的簡麗中，就曾在二〇一七年接受《海峽時報》訪問時說過：「因為國會裡缺少反對黨，而新加坡人又渴望能聽到一些反對的聲音，所以吳先生就萌生了這個念頭，讓我們都從黨內扮演某種反對黨似的角色，或充當反對黨代理人。」[9]

不過吳作棟說那並不是他的本意。「政府國會委員會從來不是為了讓議員充當反對黨，而是讓行動黨議員能夠提出更有深度的質詢。不是簡單地說：『去扮演反對黨角色。』你需要有更透徹的瞭解，提出更深入的批評；而且不光是靠你自己的想法，我們還找來了一組專人幫助你，讓各個政府部門官員向委員會做簡報……如此一來，議員發言時才能有更全面的思考。」

因為力求提高國會水準，也為了讓人們能在國會制定政策的過程中有更大的參與感，這位第一副總理遂推出了他的第三道政策，這很可能也是最具爭議的政策之一。一九八九年，他首次提出「非民選議員」概念，這項政策後來改稱為「官委議

---

7 吳作棟是在一九八七年二月十日政府部門行政人員協會舉行的午餐演講會上宣布成立九個政府國會委員會，並闡述這項新舉措背後的思想。見〈行動黨成立九個政府國會委員會〉，《聯合早報》，一九八七年二月十三日，第一頁。

8 林金，〈政府成立九個國會委員會，讓議員更直接影響政策制訂〉，《聯合早報》，一九八七年二月十四日，第一頁。

9 Elgin Toh, "30 years of GPCs — 7 things you didn't know about GPCs"〈政府國會委員會三十年——你所不知道的七件事〉, *The Straits Times*, Nov 19, 2017.

員制度」。類似問題，李光耀也曾在一九七二年提過，他當時抱怨反對黨無法推出優秀人才；可是並未衍生出任何進一步行動。一九八九年，吳作棟決意要比恩師更進一步。他為官委議員制度作了一番簡明扼要、清晰明確的闡釋。「在那個時代，我感覺反對黨引進國會的當選議員並不是我所希望能對政府發揮制衡作用的那類人才。他們更像是只會起哄鬧事的傢伙，一個個都是能言善辯的政客，卻總是沒法對問題提出可能的解決方案。而官委議員則不同，是必須發揮實際功能的。他們全是各個領域的專家，加入國會不為發表漂亮聳動的演說，而是提出具體的建議與觀點，並且做出建設性批評。」

這項提議引發行動黨內外的猛烈炮轟。批評者抨擊執政黨這是別有居心，企圖借此確保國會裡「只有友善的反對黨議員」。一位匿名的中層公務員對《海峽時報》說：「這個想法太陳腐了。一個民選政府還要透過邀請別人進來體制批評自己的政策，為自己的政權尋求合法性。要進入國會殿堂，就堂堂正正地參選，贏得人民的委託。」[10]有人提出反向建議，讓這些專家在國會殿堂外發聲，包括透過也是吳作棟所設立的「民意處理組」平台。對官委議員制度抨擊最強烈的其中一位反對者就是吳作棟的老朋友陳清木。「他當時還真是有點對我不爽。」陳清木如今回憶起往事，笑出聲來。「不過他並沒有抵制我，或者向我發脾氣。他太善良了！」[11]

選擇不阻止朋友公開反對他的政策，是吳作棟一貫的作風。吳作棟說：「我告訴他儘管提出反對。他當時非常非常糾結。他說他實在無法支持這項政策。我說別擔心，儘管說出自己的想法；他攻擊的並不是我，而是這項概念。可是他說，這可是你的主張。我說，沒錯，這是我提出的主張，可是這是經過辯論才得出的概念。

10 Bertha Henson, "Non-elected MP idea: Some questions and some pluses"〈非民選議員概念：有哪些問題？有什麼好處？〉, *The Straits Times*, June 16, 1989, Home, p. 24.

11 陳清木是吳作棟在萊佛士書院求學時的同窗好友，一九八〇年踏入政壇，代表人民行動黨當選為新加坡西部的亞逸拉惹單選區國會議員，之後連任六屆，次次高票當選。任內敢於在國會上直抒己見，也曾罕見地以後座議員身分躋身行動黨中央執行委員會。二〇〇六年退出政壇後依然活躍，不時對政策和課題發表意見。二〇一一年投身總統選舉，在四角戰中以〇·三四個百分點的微差敗給行動黨推舉的候選人陳慶炎。二〇一九年一月，年屆七十八歲的陳清木成立新政黨「新加坡前進黨」，宣布重返政壇，投入下一屆大選，爭取以在野黨議員身分重返國會。

所以我讓他暢所欲言。他後來也這麼做了。」陳清木是本著意識型態的基礎而反對這項概念，但吳作棟無法認同這位老朋友的觀點。「清木和其他人基於基本原則問題而反對這項概念。他們說國會議員非得是由人民票選出來的。就是這樣。我說，這是誰說的？馬來西亞的上議員並不是民選的。英國的上議院也不是經選舉產生的。」

吳氏現實主義風格此時此刻又再度強而有力地顯現。如果宗旨是為了延攬更多有識之士進入政治體制，而利於新加坡的發展，那些所謂的信條原則都阻止不了他。他也有個堅定的支持者，那就是當時已經退出政壇的拉惹勒南。這位行動黨元老說：「如果聽到有人說，這個優秀的傢伙並不是我投票選出的，我不要他進入國會；我寧可要一個自己票選出來的無賴；那會讓我十分吃驚。」[12]

吳作棟推動官委議員制度，還有另一個鮮為人知的目的。在他看來，內閣中幾個重要職務的理想人選，萬一不幸在選舉中落選了，官委議員制度就能為政府提供一個管道，來任命這些無法當選的能人。具體地說，他尤其擔心無法為財政部長和律政部長兩大要職找到適合的人選。他說：「我當時非常擔心這兩個內閣職位。」

考慮到這兩大要職所需的專門知識和特殊專長，萬一具備這方面條件的行動黨部長人選都在選舉中落敗，他需要想出一個後備對策來解決問題。官委議員制度能提供一個機會，讓他從行動黨之外任命適當人選擔任財長或律政部長，以確保政府能繼續良好運作。他進而說明：「但是在經過一個任期之後，這些獲委任的部長必須參與選舉。任何非民選部長不能在位超過一個任期。這在原則上說不過去。他們終究必須憑著自己在職時的表現來面對選民，爭取選民的委託。」

不過，吳作棟所擔心的局面並沒有發生，行動黨選定的兩個能人，分別掌管這兩大部門好長一段時間，期間更是成功打贏每一場選戰。賈古瑪從一九八八年至二〇〇八年出任律政部長，任期長達二十年；而胡賜道則從一九八五年至二〇〇一年間坐鎮財政部，在任十六年。

12 同注10。

問與答

問：您在一九八〇年代推動的這些改革，為您的「參與式民主」豎起了鮮明的大旗。可是也有好些人認為這些改革是意圖把在野黨逼到牆角，讓他們處於劣勢，因為在野黨顯然難以擁有同樣的資源人力來管理市鎮會，也多半不具備官委議員的專長。這可是您的本意？

答：成立市鎮會一開始也許對行動黨有利，畢竟我們在管理上更為得心應手。當然，我們在競選期間問選民會不會想看到組屋樓下堆滿垃圾——那是競選語言，誇大其詞。無論如何，一開始我們是有優勢的。當反對黨先後拿下波東巴西和後港兩個選區，他們的市鎮管理工作，無論是清潔衛生、雜費拖欠問題、累積基金，客觀來說，都遠遠不如我們。可是他們所收取的組屋雜費比行動黨選區來得低。後來我們發現，只要可以不必繳付那麼高的組屋雜費，人們其實並不在乎外在居住環境不是那麼整潔。這就反轉了形勢，使我們處於劣勢了。近期，後港和阿裕尼集選區出現了管理上的缺漏，這些事對我們有利。但也因為我們逼著他們糾正管理不當的失誤，一旦他們重回正軌，事態的發展就不再對我們有利了。

至於官委議員制度，它可曾限制了反對黨的發展？這項制度開始實施時，國會裡只有一位反對黨議員。如今，有六人。可見官委議員制度並不會對反對黨繼續壯大形成阻礙。即使國會中的反對黨議員比例增至兩成，我還是認為官委議員有存在的價值。他們對國會是有貢獻的。看看他們的發言素質，對國會可有貢獻？答案是肯定的。他們可曾限制了反對黨的發展？並不會。所以，完全是兩回事。我並不認為新加坡人民把官委議員視為反對黨議員。人民還是希望看到他們所謂的真正的反對黨議員。現在的問題是，就連工人黨都被人們批評說對行動黨太溫和了。有不少人甚至渴望國會中有故意找碴鬧事的人，像是徐順全。然後他們就等著看好戲。我們要的是反對黨議員能提出更為尖銳的質詢。確實有幾位反對黨議員做足了功課，準備得很充分，在質詢時尖銳提問。這才是大家希望看到的難以應付的反對黨議員。難搞，沒錯；難以應付，是因為他們提出的質詢總是一針見血。

政府國會委員會也一樣。開始推行這項計畫時，是為了行動黨議員而設的。當時國會中只有一位反對黨議員，所以沒必要把他也納入委員會。不過我心裡總想著，有朝一日「政府國會委員會」可能不必再有「政府」兩個字了。有朝一日，當國會結構改變，變成六四比例，那就是名副其實的「國會委員會」了，到時候朝野雙方的當選議員都可以加入各個國會委員會。

問：您認為現在是時候嗎？

答：不。我可不希望如此（大笑）。

問：現在國會中，包括非選區議員的話，總共有九位工人黨議員。[13]

答：也許現在邀請他們加入也不是件壞事——那他們就會被視為是政府的一部分，也會就此漸漸失去對支持者的影響力。到頭來他們在國會上提出的問題也會跟我們的議員沒兩樣，因為當你也清楚了政策制定的背景，你還能怎麼問出不一樣的問題？他們不會想要加入的。

**問：您推動這些重大的體制改革，心中所要為新加坡打造的是一個什麼樣的願景？

答：我問自己，我們究竟需要一種什麼樣的體制，才能確保新加坡的政治長久穩定。穩定，並不意味著就必然是行動黨長期執政。如果你的想法是只要行動黨一黨專政，那長遠下來必然會出問題。我的想法是，必須要有一個穩定良好的政府，由一組優秀團隊負責治國。這才是我的出發點。在政壇打滾這麼些年，我經常問自己為什麼從政。為什麼我在自己對政治語言和各方面能力都不太熟練的情況下，還居

13 新加坡在一九八四年國會選舉前夕宣布實施「非選區議員」（Non-constituency MPs）制度。為了確保每一屆國會都有一定人數的在野黨議員，當選的在野黨議員人數如果少於特定下限，則選舉官可以讓落選但得票率最高的幾位在野黨候選人也進入國會，出任「非選區議員」。最初階段的在野黨議席下限為三個，一九八四年國會選舉後，當選的在野黨議員有惹耶勒南和詹時中二位，待補的唯一非選區議席則因受邀者拒絕接受而懸空。一九八四年至二〇〇六年前後六屆選舉中，有四人接受非選區議員議席。二〇一〇年，非選區議席增至九個。二〇一五年全國大選中，工人黨共有六位議員當選，也同時填補了餘下的三個非選區議席，所以工人黨在國會中總共占有九個議席。

然願意扛下重擔出任總理？我想要成就些什麼？而又為什麼會是我？所以，我總是會回歸到自己常說的一句話：讓新加坡能繼續往前走。

讓新加坡繼續往前走——我是刻意用最簡單的詞彙來表達。我不願定下不切實際的期望，也不想低估這項任務的艱巨性。所以我絕不喊出浮誇或造作的口號。在我的潛意識裡，新加坡在李光耀退下後必須繼續生存、成長、繁榮昌盛，我深為關切，也深感這份責任此後得落在我和團隊肩上。我見證過多少新興國家在第一代領導層離世後崩潰瓦解。我實在不想看到新加坡終究也逃不過這樣的命運。

這就是我的責任所在。而一旦接下了擔子，我就必須確保新加坡繼續往前走。而許多後續的任務也會接踵而來。我要怎麼做才能讓新加坡繼續往前走？再明顯不過的首要任務就是經濟成長。但政治也很重要，你也得把政治發展帶上正軌。我當然想贏得選舉，但我更想公平公正地贏得選舉，我也隨時做好有得必有失的準備。可是最終，即使我全盤輸了，只要政治依然朝正確的方向發展，那新加坡就可以繼續往前走。

我從不敢保證唯有人民行動黨能讓新加坡千秋萬代、永垂不朽。如果我們能把優秀人才招攬進國會，無論出自哪個黨派都好，那你根本不必擔心由誰來組織政府治理國家。A或B，無論哪一方執政，都沒什麼好擔心的。我們其實討論過這個模式。在行動黨贏得國會百分百所有議席的那個年代，李光耀就與年輕一代領袖探討過，是否將行動黨劃分為兩個團隊。這麼一來，我們就有優秀的人才組成兩個團隊，來滿足人民的需求。我們會展開唇槍舌戰——不是作秀——而是兩方之間的實質辯論，只是這兩支團隊同樣來自人民行動黨。所以，人民如果要求換政府來做做看，那就會是行動黨一隊或者行動黨二隊。

問：那最終怎麼沒有付諸實行？

答：因為資源太有限。如果把行動黨團隊一分為二，那等於是立馬削弱了政府的實力。你可以找到一批優秀的議員，但是組織政府——就說需要十五、二十人吧——你根本不可能把這個一隊進一步劃分為二。根本做不到。我們以前經常開玩笑，說，如果我和陳慶炎分別擔任兩隊總理，那我挑王鼎昌，他挑楊林豐；我點黃根成，他點賈古瑪。看吧，學校足球隊就是這樣子點將組隊的對嗎？但這麼做真會對新加坡更好嗎？我認為不會。我們一定要結集到一支實力最強的團隊，來迎戰其他學校，來面對整個世界的挑戰。

問：所以你們當初真的曾經認真討論過這個做法？

答：是的，我們的確討論過。只是還不至於認真到將之付諸實行。我們討論過好多次了。

問：這難道不意味著你們也相信兩黨、一人一票制，會是個更穩定的制度嗎？

答：我們其實對一人一票制度抱有很深的疑慮。所謂的民主，往往對一個說服力特強而又走民粹路線的政客最有利，這樣的人總會贏得選舉。但是你沒有其他辦法，你必須爭取人民的委託。所以我們設法建立一個體制，為這個國家的民主制度注入穩定器。那就能確保掌權的人也同時是才德兼備的人。所以我們的這些努力，都是為了把更多優秀人才延攬進國會。

要是沒有民選總統制，任何人都可以在大選期間開出任何空頭支票，承諾提供免費醫療服務，這個也免費那個也免費等等。但有了民選總統，你就較少聽到反對黨人隨意做出這些承諾了。[14]他們不開出那些空頭支票，也就意味著我們其實可以排除掉大贈送似的民粹政治元素。當然，民粹主義可以有很多種形式，可是派這個送那個的民粹政治——他們現在不能這麼做了。你也知道人民行動黨的成功也存有僥倖成分。因為李先生是位如此強大的領袖，他設立了這麼一個制度。我們現在只能試著複製他的做法。而大多數新加坡人一直是願意接受的。但這並不意味著這套方法可以永遠持續下去。這也就是為什麼必須為我們的政治體制注入穩定器。

問：既然目標是招攬優秀人才進入國會，那您應該會樂於見到工人黨如今成功吸引到愈來愈多優秀人才。人們都說這些候選人愈來愈像行動黨人。

14 新加坡獨立建國以後，總統原由國會推選，扮演象徵性角色，是國家名義上的元首。一九八四年，時任總理的李光耀提議改革總統職務，讓總統充當國家儲備金的「第二把鑰匙」，國會於一九九一年通過修憲，將總統推選制度改為民選制度，賦予總統五大否決權，首要職責就是有權拒絕讓政府動用歷屆政府累積的儲備金。王鼎昌在一九九三年當選為新加坡首任全民直選總統，現任總統為哈莉瑪（Halimah Yacob）。

答：他們成功吸引到素質高的人才，對我們來說會是個挑戰。但你寧願面對能人的挑戰而敗下陣來，也不要總是與一些陰險狡詐卻長袖善舞的政客周旋。長袖善舞的政客很多時候就是一批騙子、無賴；或者還不至於到無賴，但他們多是目光短淺的民粹主義份子。這些政客會把大家帶上歪路，讓國庫一味撒大錢討好選民，只為了能贏得選舉。這就麻煩了。反對黨出現有才有識之士，對執政黨來說固然是項嚴峻挑戰。但這樣更好，因為萬一輸了選舉，隔天一早醒來，國家依舊運轉自如。不過當然，我們可不希望自己會輸。

問：所以您樂於見到反對黨有能力吸引更好的候選人？

答：沒錯。這對大家都好。他們能夠吸引素質更高的候選人進入國會，發表稍微不同甚或本質上不一樣的觀點，對大家都好。沒問題，我們大可辯論後得出結果。重點是，他們是不是都有誠信？是不是都願意付出？從政，是不是為了新加坡？你必須知道這些。我並不想妄下判斷。但如果反對派陣營能夠吸引到誠實可靠又有能力的人，那就沒問題，我們大可來一場真正的辯論，國會的素質會變得不一樣，政府的素質也會變得非常不同。如果是這樣，勝也好敗也好，對新加坡都不會是一場大災難。除了幾個主要的負責人之外，誰也不必因為擔憂而失眠。李先生就不必在九泉之下也不得安寧，我也不會躺在黃土之下還要輾轉反側。

問：這個想法很開明。未來總理都會這麼想嗎？

答：別誤會。你還是必定得打贏選戰，因為你的團隊比對手優秀。你一定得有這樣的自信，不是嗎？但我是說，如果對方的團隊更優秀，而在選舉中你失敗了。隔天一早，你不至於看到街頭爆發暴動。你不必擔心對方會對你趕盡殺絕。首先是因為你沒做任何犯法的事，你根本無須擔心對方會對付你。你並沒有把錢拿出來藏進自己的枕頭底下或什麼隱祕之處。但最需要擔心的是，對方上台後，推翻了你之前所作的一切。

但是我請問你了，如果反對黨上台執政，你難道認為他們就能免去我們現在所面對的問題？他們在現在的位置可以當英雄。但一旦當政，碰到地鐵發生故障，他們一樣千夫所指。這就是體制的本質，不是嗎？如果劉程強[15]掌權了，一些設施失靈了，很多東西沒法好好運轉，人們也會歸咎於他所領導的政府。我們也都會把矛頭指向政府的，這就是政治的本質。他們一旦有機會組織政府，黨內就必然要發生內訌——誰來當財長？誰又是外長？我不相信當他們掌握政權了，一切都會風平浪靜。這就是政治運作的方式。不過話說回來，如果掌權的都是正直可靠的人，一切問題終究可以解決，這個國家的發展也不至於完全脫軌。

終究還是得回到根本：選民的智慧。我相信新加坡選民是明智的。選舉結果普遍上都還不至於脫序，我想選民知道在對政府不滿的時候該怎麼向政府發出信號。我們需要的正是時時保持警惕的選民。他們說，徐順全，這傢伙。我不信任他，選民也不信任他。他也許很聰明，但有些狡猾，最好還是別相信他。林瑞蓮——她沒尚穆根那麼出色，但也還算可以，她是個有誠信的女子，所以，好的，我們需要她。16

第四任總理在選舉中面對的挑戰，肯定要比我和顯龍來得更嚴峻。我會不會擔心他遇到一個強勁能幹的對手？我並不擔心。如果他的對手是一個非常狡猾的政客，那我會不會擔心？答案是，肯定會。而如果這個不善的來者成功淘汰了我們的團隊，對大家來說就會是更糟糕的局面。

問：您推動民意處理組和市鎮理事會等改革措施，讓人民能在治國管理中有更大的參與感，您可曾期待這些努力為行動黨換來更高的支持率？

答：這些改革是為長遠做打算。關係到你要如何治理這個國家，希望如何讓人民也一起參與這個過程。你不會期待這些努力會馬上在選票上見效，或者希望人們會

---

15 劉程強是工人黨前祕書長，一九九一年在後港當選後踏入政壇，建立起「潮州怒漢」的鮮明形象。劉程強二〇〇一年取代惹耶勒南成為工人黨祕書長，與詹時中成為新加坡國會裡兩大反對黨勢力。二〇一一年，在後港區執政二十年後，率團轉戰阿裕尼集選區，一舉攻下這個集選區五個議席，使工人黨成為國會最大在野黨，自己也穩坐國會在野黨領袖位置。劉程強積極拓展工人黨的政治版圖，並堅持理性路線，不走極端，為新加坡政壇開創了全新的在野黨文化。劉程強在二〇一八年四月將工人黨領導棒子移交給接班人畢丹星，現退為後座議員。他也是新加坡政壇在任最久的在野黨議員。

16 林瑞蓮是工人黨主席，二〇〇六年出任非選區議員進入國會，二〇一一年當選阿裕尼集選區議員至今。尚穆根是現任新加坡律政部兼內政部長，一九八八年步入政壇，當選三巴旺集選區議員，現為義順集選區議員。

立刻改變投票的風向標。他們不會光是因為你成立了民意處理組或實施其他措施就改變了投票傾向。讓我告訴你選民是怎麼投票的，從一個很小的例子就能看出來。二〇一一年大選過後，一個我認識很多年的居民告訴我，她投了反對票。我問她，為什麼？我說，我們是老相識了，她怎麼會對我投下反對票？她有些尷尬地說，自己想在社區花園種點什麼，但是他們不准她種。所以，就因為社區花園和居民委員會不讓她隨自己的意願栽種植物，她就對行動黨投下反對票。所以，當然我說，她應該早點讓我知道這事。後來她趕緊加快腳步走了。

還有接見選民活動，我在當下就能覺察到我們是不是要失去某個人的選票了。一般上，居民會因為得不到他們想要的而決定不投你一票。例如，娶了越南新娘的新加坡男子想為太太申請永久居留證。你向他解釋為什麼你幫不了他；在他回頭來見你三次之後，你認為他還會支持你嗎？他是個新加坡公民，娶了越南籍妻子，想要為太太申請永久居留證，這是合理的要求，而你居然無法遂他所願。他們通常還是會維持基本禮貌，因為他們還需要你繼續替他們爭取。我也總會有禮的回應，因為我需要他們的支援。但是你認為他們還會投你一票嗎？我的猜測是，三人中有兩人會不再把票投給你。可能當中有些人會想：再怎麼樣也不能怪到你頭上，只能怪政策。可是我敢打賭，三人中有兩人不會投你一票。投票普遍上是取決於個人利益的。

不過整體而言，當你創造了一個環境，讓人們感覺自己無論身在社會最底層或位高權重，都能參與國家建設與發展，的確，時間久了，他們會說，好的，你把自己的信念都付諸實現，而這個體制、這個模式，也是他們願意支援的。

問：一九八四年以後的這段期間，實際上是您在掌權，但李光耀仍然是總理。您是怎麼把握分寸，既需要做決策，又不至於越界失了分寸？

答：打個比方：他是主席，我是總裁。總裁不能為所欲為，因為主席掌握最後決定權。如果我開始耀武揚威、得意忘形，我就會爬過他前頭。那他當然會說：這傢伙，都還沒擔正，就已經想取代我了。那就是越界了。但是就工作上來說，他讓我有絕對的自主權。我如果想修訂憲法推動某些改革，他會放手讓我有那樣的空間。前提是，我的團隊願意支持我。不過，你是基於什麼理由要修憲？是為了鞏固誰的權勢？李光耀會對我嚴格審視，確保我不會試圖創造什麼體制來長久延續自己的權力。那就是越界了。真發生這種情況，我敢肯定他絕對會介入，說：「不行，這傢伙太危險了，讓權力沖昏了頭。」

問：所以您很清楚該怎麼表現得恰如其分？

答：不，不是的。你根本不會去刻意考慮這些事。你是副總理，領導層更新的程序正在展開，你即將接管這個國家，而當下的那一段時期，他要你學習、接受種種考驗、努力有所作為。做就對了。而你也不要因為擔心時時面對考驗，所以事事分外謹慎小心，否則他會認定這傢伙太謹小慎微了，沒有承擔風險的膽識。

問：這就是給予外界的觀感與實際情況有落差的關鍵點了。對外界來說，大家都認為他還是活躍的主席，他還在那裡，而您只是……

答：他的傀儡？

問：執行者。

答：你不可能總是去問：「總理，您要我做些什麼？我應該成立政府國會委員會嗎？」不是這樣的。你認為該推動的就去推動，但要時刻謹記——他還是總理，而你想推動的任何政策最終還是必須經由內閣通過。在內閣會議上，他還是總理。所以，你必須推動總理也會願意支持的政策。即使他不認同，你也必須能夠說服他。不過，在這之前，你先得說服自己的同僚團隊。

我和李光耀之間吧，是一種很自然的相處方式，畢竟我們一起工作也好一陣了，建立起了彼此自在的默契。我們定期單獨吃午餐，他知道他的任務，我也很清楚我的任務，知道自己需要扮演什麼角色。他的任務是確保領導棒子順利移交給以我為首的整個第二代團隊。他已經讓他自己團隊中的好多位元老退位淡出，這都是十分痛苦的決定。人們過了很久以後才知道汰換他們其實讓他很難過。要他這麼做其實是非常痛苦的一件事。人們都以為李光耀無情無義，怎麼能就這麼淘汰那些跟他並肩作戰了大半輩子的夥伴們？還不只是元老級部長，也包括許多元老級議員。他的理由很清楚，是為了要引進我們這些第二代接班人。他著眼的是大局。他並不是為了招攬自己的朋友親信，確保自己繼續得到關照，像穆加貝為自己的夫人接任總統鋪路一樣，好有人繼續看管他的財產等等。那不是他。他並不是為了這些。

而是，全然為了成就大局。然後我進來了。我清楚知道這是必須執行的任務，我盡力做好它，而不會總在想：自己會不會越界？就是把事情做好，說服同僚夥伴一起努力。我的團隊會審視我、看著我：這個人有沒有主見？我如果領導大家而自己卻毫無主見，就只是負責審批部長們所提呈的內閣檔，那同事們一定會納悶，我這總理是怎麼當的。大家都等著看我能不能提出自己的想法，我是不是敢於承擔風險，抑或只是不顧後果的輕率莽夫。所以，我的每一個決定都受到同事們的嚴格審視，當然還有總理本身。

問：這麼一個強大的主席還在位上，身為總裁要怎麼去平衡拿捏，不可能會是件容易的事。

答：其實真的不難。因為李先生已經先找來了一組人，大家很清楚這個團隊的任務和使命是什麼。所以，就性格、能力、奉獻精神來說，我們大家都很相似，做起事情來也就容易多了。我並不是要把事情簡化，只是我沒感受到當中有多複雜。反之，如果團隊中的成員性格各異，不是由李先生集結成一個團隊，那也許就不是那麼簡單了。那是因為我們每一個人都會有各自不同的使命。未必是都想當總理，但對於新加坡，每個人都有各自的一套不同的使命和願景。

好在這個團隊的每一個成員都清楚知道，我們共同的任務是要使新加坡繼續往前走。換句話說，我們大家上了同一條船，載著一船的人民，我們必須齊步划船或揚帆起航，或者以任何方式都好，駕著這艘船，領著滿船的人民，一同朝向我們所知的目的地航行。而在這艘船上，誰能夠更好地掌舵，那就是考驗了。我說起來好像不是那麼艱難，全因為這個團隊是個優秀的團隊，由李光耀一手建立起來的團隊。

儘管吳作棟和他的第二代領導班子急於為新加坡的政治體制注入參與式民主元素，但他們並沒有矯枉過正，突然改道轉向另一個極端，推行民粹主義決策模式。

正如丹那巴南在一九八五年宣布成立民意處理組的記者會上說過，這個機制意在加強政民溝通，但並不意味著政府就會為每一個課題進行公投或民意調查，純粹根據民意指標來治國。他當時強調：「我們絕對不能只制定受歡迎的政策。」[17]行動黨在一九八四年全國大選檢討報告中也說：「儘管強硬措施往往叫選民難以接受，但行動黨政府的施政方針與基礎絕不能因此而動搖。政策的制定必須堅持以邏輯理論為依歸，而非感情用事，哪怕邏輯理論再不討好，也再所不惜。」

如果說新加坡政壇元老以強硬而理性的治國作風為代表，新加坡人民和全世界也將會很快意識到，新一代領導層也不是省油的燈。他們也許不似上一代前輩，在一個世界戰事硝煙並起、反殖民主義浪潮洶湧澎湃、與共產黨慘烈鬥爭的大時代下跨入政壇；但這些初生之犢同樣敢於出招，必要時候甚至不畏於烙下拳印。尤其是統帥吳作棟，將會證明自己在經濟、外交、國內防務，比任何人想像的還要敢於做出艱難且不討好的決定。

---

17 林鳳英：〈民意處理組任務：反映民意、解釋政策〉，《聯合早報》，一九八五年四月十七日，第一頁。

第九章 刺蝟先生

他看起來不像，卻總能果敢地做出艱難決定。

——李光耀，一九八八年

有個名叫馬斯南・阿威（Maznan A.）的新加坡人，總會定期往返馬來西亞最南端的柔佛州，到士姑來小鎮參加馬來團體「聖潔真相」組織（Budi Suci Sejati，簡稱BSS）[1]的特別訓練活動。這個組織傳授的是一種帶著靈異色彩的馬來傳統武術席拉（Silat），訓練過程中也進行儀式浴和念誦可蘭經。一九八七年上旬的訓練中，馬斯南接到指示，「聖潔真相」要他散播謠言，指種族衝突即將在新加坡爆

1 Budi Suci Sejati的馬來語意即「聖潔真相」。

發，同時在新加坡的穆斯林（編按：考量東南亞語境，本書之「穆斯林」／「回教徒」，「伊斯蘭教」／「回教」，兩者並用）建立「聖潔真相新加坡分支」，蓄意製造種族衝突。馬斯南曾當過員警，「聖潔真相組織」要他結集一個十人團隊到士姑受訓，同時答應，種族衝突一旦在新加坡爆發，「聖潔真相」吉隆坡和柔佛分支將會提供支援。

這位三十歲的前警員迅速採取行動，幾天內就結集了一個四人團隊：除了他本人之外，另外三人分別是在職警員、司機、學生。他們在一九八七年四月間開始四處放出消息，稱種族暴力衝突會在五月十三日前後發生，當天是一九六九年馬來西亞種族暴亂的週年紀念日，這場種族暴亂當年延燒到新加坡，在島內奪走四人性命。[2]散播謠言的同時，馬斯南等四人正緊鑼密鼓地勤練馬來武術，將巴冷刀一一磨利並「下咒」，為即將爆發的一場「血戰」做準備。他們也備妥了充當「護身符」的紅色肩帶和腰帶四處分發，據說戴上它迎敵就能刀劍不入。

這組馬來青年毫不知情的是，新加坡內部安全局已經收到風聲。這支國家情報安保單位於是向時任第一副總理的吳作棟報告，請准逮捕馬斯南等四人。吳作棟回憶起當時的情形：「他們對這則流言相當確定。不過，當我問起是否掌握任何具體證據，例如是否起獲四人準備用來發動種族暴亂所匿藏的武器，他們回說沒有，還無法掌握具體證據。只是他們相當確定這夥人必定匿藏武器。」儘管線索不完整，吳作棟仍得做出決定是否批准逮捕令。

他心裡非常清楚的一點是：沒有比現在更糟的時間點了。他回憶當時的情形說，回教齋戒月轉眼來臨；也因為剛發生了「赫爾佐克事件」，馬來社群當時也正處於「躁動不安」的狀態。不過是六個月前，於一九八六年十一月間，以色列總統哈伊姆．赫爾佐克（Chaim Herzog）對新加坡展開國事訪問，那是第一次有以色列國家領導人到新加坡訪問。在那個年代，中東局勢牽動著東南亞一帶穆斯林社群的

2 馬來西亞「五一三事件」是馬來西亞歷史上一次大規模的種族暴亂事件。事緣反對派在一九六九年五月十日馬來西亞第三屆大選中得票率過半，首次超越執政的聯盟政府；隔日進入首都吉隆坡舉行勝利遊行，觸怒了巫統激進黨員而發起反示威。雙方人馬五月十三日在街頭大動干戈，最終演變為馬來人和華人之間的種族流血大暴動，持續好幾天。官方事後公布的死亡人數為不超過二百人，惟非官方資料顯示，在事故中喪命的人數介於八百至一千。

心，對於以色列與巴勒斯坦的長期對抗，穆斯林社群普遍同情並傾向於巴勒斯坦。而今以色列領導人到訪新加坡，而新加坡周邊鄰國古往今來均以穆斯林人口居多，故此行引發鄰國的強烈不滿；馬來西亞、印尼、汶萊均對新加坡表示抗議，指新加坡未顧及穆斯林社群的感受。這種情緒也在新加坡國內的馬來－回教社群裡浮現，赫爾佐克事件甚至引發嚴重爭議，使馬來人對國家的忠誠度、馬來人在新加坡武裝部隊應該扮演的角色，頓成了刀鋒浪口上激辯的課題。吳作棟憶述：「那個時候，馬來社群的立場動搖，有些離心。某些團體的馬來人開始質疑國內的馬來社群領導層。民間情緒躁動不安。所以，如果我當時批准逮捕令，而到頭來卻搜不出任何武器，政府就會被視為在針對馬來人，毫無緣由地進行羈押。」

儘管顧忌重重，吳作棟選擇相信情報單位，批准將這個四人馬來武術團體即刻逮捕歸案。如今回顧，他說：「這是我必須承擔的風險。我並沒有諮詢任何人，是獨自做出的決定。我沒向內安局說：『待我向總理李光耀先生請示，待我問問大家。』他們根據自己的判斷來找我，而這正是我的職責範圍。我說，行動吧。」一九八七年四月二十四日，內安局先發制人羈押了馬斯南等四人。四人落網後承認所有罪狀，還把調查人員帶到武器匿藏之處。調查人員從其中一人的組屋住家起獲五把巴冷刀、兩支帶波狀刃馬來短劍，以及一支馬來長劍。

這位向來文質彬彬的君子，很少見他會揮舞大棒；但自真正獲得治國實權起，那段期間，他在經濟、政治、外交等各領域，甚至像這一起馬來武術案例如此高度敏感的內政安全事務，他都不止一次展現了自己也會瞋目切齒、無所畏懼。力求讓政府更貼近民心的同時，他也並不畏避做出艱難且不討好的決定。李光耀在一九八八年形容吳作棟時以一句話概括：「他看起來不像，卻總能果敢地做出艱難決定。」[3]

「刺蝟」，會是一個相當貼切的比喻。一九八〇年代下旬，吳作棟在國防部長任內，就曾經引用「刺蝟」來形容新加坡軍事防衛系統的威懾作用。要用「刺蝟」來比喻這名親切溫和的男子，其實也並不為過。必要時，他會豎起一身的刺，不惜讓你見血。到了一九八七年，他和他的團隊已建立起足夠的膽識和信心，反轉一些

3 "University students question PM on election issues"〈大學生就選舉相關課題向總理提問〉, *The Straits Times*, August 24, 1988, p.1.

重大政策，當中有不少還烙著當時仍在位的總理李光耀的個人印記。一九八五年五月，最先逆轉的是大學畢業母親子女入學優先政策。隔年，侯永昌報告書中有關提取公積金年齡底限的爭議化解了。[4]一九八七年三月，吳作棟親自宣布新人口政策，以應付新加坡生育率下降的困局，撤除了自一九七二年以來全力推行的「兩個就夠了」計劃生育政策。他打出的新口號是什麼？「三個好，養得起，多生更好。」

一九八五年，新加坡陷入獨立以來最嚴重的一次經濟衰退時期，吳作棟充分發揮自己在經濟領域的長處，引領這個國家走出低谷。他的其中兩項決定發揮了至關重要的作用。一是，當絕大多數同僚都主張讓新幣貶值，他堅持不認同。理由是，這麼做只會造成生活費上漲，窮人會比富人傷得更重。最終他成功說服團隊。李光耀在三年後盛讚：「他從一開始的少數位置，一路論述到自己的主張讓多數人接受。但這也意味著，他隨之必須做出另一個更為艱難的決定。」[5]

這就牽出下一個吳作棟不得不做出的重要決策。既不讓新幣貶值，又得幫助商家繼續撐下去，那唯一的出路就只能是削減工資了。內閣先是批准了削減雇主公積金繳交率一〇%；雖然當中包括吳作棟在內的一些內閣成員堅信降幅必須達一五%才能看出效果。吳作棟心裡明白，要讓員工接受工資一次過猛砍一五%並不容易。可是，一次同工會領袖會面，讓他看到了把雇主公積金繳交率削減幅度進一步推到一五%的可能性。「我看到他們的眼神中流露出惶恐——害怕面對經濟衰退，害怕

---

4 新加坡政府在一九八二年六月成立高層級「老人問題委員會」，由時任衛生部長的侯永昌領導，探討人口老化的應對策略。委員會於一九八四年三月發表「老人問題報告書」，後來廣泛稱為「侯永昌報告書」。報告書當中最具爭議性的建議是，將提取公積金存款的最低年齡從五十五到六十後有更多經濟保障。這項建議引起民間強烈反彈，故擱置未推行。到了一九八六年七月間，吳作棟宣布，政府允許人們在滿五十五歲時只須保留少部分存款養老，額外公積金存款可全數提取，而這筆最低保留存款還可把持有人所擁有的房產價值考慮在內。吳作棟改而以更靈活的方式取代侯永昌報告書中的有關建議，既回應了人們的要求，又不違背以公積金為老年生活提供保障的精神。

5 "Prime Minister's Assessment of Goh Chok Tong"〈總理點評吳作棟〉, The Straits Times, August 24, 1988, Home, p. 17.

失去工作。」他回憶著往事。「我在跟他們對話時並沒有使用那些花俏的多媒體手法來表述，只畫了一個簡單的圖表和幾條線。工資削減一〇％，就會有這樣的效果，跨國企業成本降低了，利潤卻可以多出這麼多。如果工資削減幅度進一步擴大到一五％，企業和投資者的回報還會更大。所以我說，如果你問我，我會說，一五％吧。我用很簡單的邏輯來說明。光減薪一〇％，搔不到癢處，投資商會說這個政府缺乏大刀闊斧的勇氣。一次大減一五％——這對你來說不容易，但投資商會說，新加坡是個經商的好地方。結果，工友們都願意承擔這些陣痛。他們同意了。我說，很好，就決定削減一五％吧。我當下就做了決定。」這個決策果然奏效了。到了一九八六年第二季度，新加坡經濟復甦，回彈的速度比預想的要快得多。李光耀在一九八八年讚譽此舉為「世界任何其他地方都未曾嘗試過的重大勝利」；他當時說：「甚至沒人會敢奢望這麼做，因為工會會馬上憤而罷工！」[6]

然而，眼前接踵而來的是更多隱藏的定時炸彈；新加坡建國史上最令人震驚的幾件政治危機，促使吳作棟必須做出艱難又極度不討好的決定。第一起事件在四名馬來武士落網不久後發生。這一回，內部安全局又牽扯其中。吳作棟說，內安局連同內政部官員有一天出現在總理辦公室，向李光耀披露一起馬克思主義陰謀，企圖顛覆新加坡現有社會與政治體系。他當時也在場。與過去幾次重大事件不同的是，以往經常是官員向吳作棟上報，也由他做決定；但這一次涉及的是更為重大的國家安危，李光耀打從一開始就掌握了內安局所提供的第一手情報。

內安局蒐集到的情報顯示，有一組前學生會活躍份子，企圖滲入天主教教會團體等合法組織為「掩護」，進行顛覆活動，當中有的人還與馬來亞共產黨有聯繫。這組激進份子當中，包括教會職工、社工、劇團成員，甚至專業人士。情報單位也揭露，這起陰謀的幕後主腦為一九七六年起就自我流放到英國的前學生會領袖陳華彪。陳華彪透過遙控自己在新加坡布下的人脈，包括天主教會專職職員鐘金全，指使這些激進份子滲入學生會、宗教組織和工人黨，以向政府施壓，最終與政府公開對抗。內安局也向李光耀和吳作棟披露，好些畢業自新加坡大學的星馬學生活躍份子在一九八〇年代初紛紛加入馬共，他們有理由相信馬共正試圖將影響力擴大至受

6 同上。

英文教育群體。馬共曾於一九七九年明確發出指令，要地下份子滲透並顛覆大型合法組織，因此當下的事態發展，愈發引起高度關注。

吳作棟回憶說，內安局基於這些理由，建議將這批激進份子逮捕歸案。「可是我們並非當下就做出決定。李先生提了不少問題，當然，我們（年輕一代部長）也提了好些問題，大家必須確定內安局提到的陰謀活動確實會危害到內部安全。」馬共之外，情報單位調查也顯示，部分激進份子也深受解放神學新思潮的影響，這是一九七〇年代拉丁美洲羅馬天主教所奉行的一套天主教教義，主張天主教教會與信徒必須積極參與政治進而推翻專制政體，解放窮人與受壓迫者。內安局情報顯示，鐘金全就曾數次前往菲律賓，並在那裡接觸到「解放神學」教義，見識了當地天主教組織如何左右政治鬥爭。吳作棟說，情報指馬共是這個組織的幕後操縱者；對李光耀和年輕部長而言，單是這個理由就已足夠。李光耀對著吳作棟說：「你說我們應該採取行動嗎？」吳作棟回應：「是的。」李光耀當下批准了逮捕令。

一九八七年五月二十一日，內安局在黎明前展開以「光譜行動」（Operation Spectrum）[7]，為代號的祕密逮捕行動，一舉逮捕了十六人。一個月後，當局再扣押另外六人，同時釋放首批十六人當中的四人。同年十二月，除了鐘金全之外，其他人全數獲釋，理由是內安局判斷這些人已不再對社會安全構成威脅。可是事情顯然還未了結。一九八八年四月，這批拘留者當中，已經獲釋的其中九人發表聯合聲明，推翻自己原先的供詞，否認涉及馬克思主義陰謀，並指在扣留期間遭內安局威迫虐待。獲釋者的這番大動作，讓吳作棟頓時陷入兩難。李光耀當時出訪義大利，由吳作棟出任代總理，他必須做個決定。李光耀打了越洋電話，問吳作棟他決定怎麼做。

可是吳作棟還沒想好。「我一直在思考應該怎麼做。我把年輕部長召到家裡來開會。問大家，所以，我們應該怎麼做？大家討論了一番，最終決定重新羈押這些人。這批人全盤否認之前被逮捕和扣押的理由，指控政府採取了不合理的行動；因此，我們不得不對他們重新羈押，以確認之前基於安全理由將他們逮捕歸案的行動

7 編按：「光譜行動」也稱為「一九八七年『馬克思主義陰謀』（1987 "Marxist Conspiracy"）」事件），後文中亦有敘述。

並沒有任何不妥或不當之處。換句話說，他們不知悔改，反倒指說是我們行為不當，讓他們屈打成招。這些人既然不承認自己犯錯，也就非常有可能再次投入之前的顛覆活動。所以，我們不得不再一次逮捕這批人。就是這麼簡單。」

隔天，這九人當中的八人，再次被逮捕。[8] 不過，中間這長達二十四小時的延誤，惹惱了李光耀。同年八月，他在新加坡國立大學學生論壇上發表演說時談及這事：「換作是我，聯合聲明一發出，就會馬上採取行動。這就是我的行事作風。」[9] 他也在一次內閣會議上毫無保留地表達了此次對吳作棟的不滿。時任環境部長的麥馬德透露，李光耀在事發時，曾嘗試打電話到吳作棟家裡，可是撥了很久都接不通。後來發現當時是吳作棟的兒子在占用電話線。

李光耀回國後召開了內閣會議，為猛打電話卻連不上線而大發雷霆。麥馬德形容當時的情景：「他接著轉向就坐在他正對面的吳作棟，當著內閣所有人的面，氣得大吼：『如果顯龍不是我的兒子，我現在就會讓他取代你！』」他補充說：「我不知道作棟當下心裡是什麼感受，可我是真的覺得難堪，也被激怒了。」

第二次逮捕行動十天後，八名拘留者收回聯合聲明上所言，改口說最初的供詞全是真相。政府也進一步揭露了更多資訊，顯示陳華彪的確跟馬共有聯繫，[10]而馬共當時還在馬來西亞森林裡進行武裝鬥爭。

而今事隔三十餘年，圍繞著這起「馬克思主義陰謀」的爭議非但未見平息，反而甚囂塵上。二〇一七年，光譜行動三十週年，活躍份子在新加坡地鐵列車上發起抗議行動，要求為光譜行動翻案，還這群前拘留者一個清白。這起事件其實也造成體制內出現分歧。吳作棟在《白衣人——新加坡執政黨祕辛》一書中曾透露自己的內閣同僚丹那巴南就因為無法全然認同逮捕行動，而在一九九二年辭去部長職務。[11]

---

8 發表聯合聲明的第九人是當時三十一歲的律師陳鳳霞，二度逮捕行動時她人在英國，至今不曾回國。

9 "Prime Minister's Assessment of Goh Chok Tong"〈總理點評吳作棟〉, *The Straits Times*, August 24, 1988, Home, p. 17.

10 新加坡內部安全局分別在一九八七年五月和一九八八年四月發表聲明，具體詳述陳華彪跟馬來亞共產黨領導人之間的聯繫。馬來西亞政治部展開的獨立調查行動也揭露陳華彪與馬共有聯繫，並於一九八八年三月在吉隆坡公開這些資訊。

丹那巴南為此書接受訪問時，說明了自己當時的決定，他說自己對所謂的陰謀「全然無法信服」。「我當時當然要求查閱每一份報告，因為我並不打算就這樣接受這個結論。我的感覺是，也許當中有兩三人——名字我記不得了——是別有居心，但其他人顯然是被操縱的，他們不過是一群想要行俠仗義、鋤強扶弱的人，覺得社會的某些群體被忽略或被遺忘了，而自己有責任為這些弱勢群體爭取利益。」

現任新加坡副總理尚達曼（Tharman Shanmugaratnam），在當年留學英國期間也曾加入陳華彪領導的學習小組，因為與「光譜行動」被捕的當中幾人相識，也曾在事發期間被召到內安局盤問了一星期。他在二〇〇一年加入政壇時同樣對此事提出質疑：「雖然我當時無法獲取任何國家情報資料，但從我跟這些人私下交往接觸的經驗，他們大多都只不過是社會運動活躍份子，不見得有顛覆體制的意圖。」同樣的，專門研究新加坡歷史的歷史學家瑪莉．特恩布林（Mary Turnbull）甚至稱官方的「陰謀論」為莫須有的傳說。

丹那巴南也說，吳作棟對於這些活躍份子的看法與李光耀同出一轍。「印象中作棟對於這組人會對社會安全構成威脅完全深信不疑。他自己的立場很明確，這些人對他來說就是危險人物。他打從心裡相信這些人居心不良。」對於這個說法，吳作棟沒有異議。他說明了自己做出這個判斷的兩大理由；這還是他第一次針對「馬克思主義陰謀」事件侃侃而談。第一個理由是，他和第二代領導層自一九八五年肩負起國家領導重責以來，都會定期聽取內安局簡報。「我們瞭解到內安局的作業方式。更重要的是，認識在這個體系中任職的官員──知道他們如何蒐集情報，知道他們如何對情報進行分析，知道他們如何做出最終判斷。我們認識他們，知道都是什麼樣的人在操作；不光是內安局局長，還得認識他的團隊。否則，如果我們對這些人不認識、不瞭解，也就談不上信任，而他們又是負責提供情報的，要借著所提供的情報來操縱政治領導層，其實也是能辦到的。但事實是，我們對籌劃逮捕行動的人員是瞭解的。」

第二個理由，馬來武術團的逮捕行動給了他信心。他說：「那起事件讓我更信

---

11 葉添博、林耀輝、梁榮錦著，李慧玲、鄒文學、鄭景祥、林慧慧等聯合翻譯，《白衣人──新加坡執政黨祕辛》。新加坡：新加坡報業控股，二〇一三年，第四三六頁。

任內安局的判斷。馬克思主義陰謀事件並非他們首次為我提供情報。情報消息不可能百分百準確。如果能夠百分百確認，你會立刻將涉案者繩之以法，控上法庭等等。以《內安法》進行逮捕，所得出的情報可以牽出更多線索……而你懷疑事態可能擴大，將對內部安全帶來很大的麻煩。就是在這個基礎上，我們決定逮捕，然後再從他們身上獲取更多的情報消息。」

如今回顧，吳作棟指出，從後來的資訊中，可以確認政府的判斷和行動是正確的。他透露自己在二〇〇四年卸下總理職務兩個月後，曾在新加坡總統府接見馬共前領導人陳平，陳平當時承認曾在新加坡安插馬共份子。在那之前，陳平也在二〇〇三年出版的回憶錄中提到馬共「於一九七〇年代中期，從星馬兩地大學學府成功招募了一批大學生」，到馬共設於中國湖南的「馬來亞革命之聲廣播電台」服務。這個電台成立的目的是為了顛覆星馬政權。一九七八年中國領袖鄧小平與李光耀歷史性會面後，中國政府決定停止輸出革命，「馬來亞革命之聲」隨即在一九八一年停播關閉。那場星中最高領導人的歷史性會晤，吳作棟也在場。而陳平書中談到的幾位被馬共招募的星馬大學生當中，有好幾位與陳華彪關係密切，而當中有一位陳月清[12]後來正式入黨成了馬共黨員。陳平告訴吳作棟，他曾經與陳月清和高兆賢[13]接觸過；至於陳華彪，「最近倒沒有」。

吳作棟說，要全憑情報消息做決定，從來不是一件容易的事，無論是馬來武術組織或馬克思主義陰謀皆如是。但最終還是非得要做出決定。「李先生、我本身、我的同僚，都做了正確決定。非到最後階段看不出事件全貌。這些人也許就是不切實際的理想主義者，想行俠仗義，但一旦我們懷疑他們可能涉及可疑活動或者被別有居心者操縱，你無從預測事態會如何發展。所以，如果不及時制止，任由情況繼

12 陳月清是一九七三年至一九七四年新加坡大學學生會會長，比陳華彪早一屆；也是「光譜行動」首批十六名拘留者當中一人陳麗清的姐姐。根據新加坡內部安全局於一九八七年五月二十六日發表的文告，她於一九七四年底因為涉及政治活動，觸犯外籍學生來星不參政原則而被驅逐出境，返馬後加入馬共周邊組織「馬來亞民族解放陣線」，而後投入「馬來亞革命之聲」祕密電台。

13 根據新加坡內部安全局於一九八八年四月二十一日發表的文告，高兆賢於一九七八年至一九八〇年間同陳月清同期加入「馬來亞革命之聲」，電台在一九八一年關閉後，她在陳華彪的協助下取得荷蘭政府的政治庇護。

續擴大惡化，再要搶救就來不及了。」他進而強調：「而我們要重申的一點是，你有什麼樣的使命都好，大可光明正大地去推動，完全沒問題。公開向我們發出挑戰，不成問題。你要為外籍幫傭發聲，要為弱勢群體爭取權益，這些行為都是正當的。但請別遮遮掩掩、以顛覆性的方式去推動。張素蘭[14]在多年以後就採取了正確的行動——參加二〇一一年全國大選。」

這個課題在未來看似還不太可能有平息的一天。吳作棟如此說道。而他也已做好準備一輩子面對。「不會罷休的；就好像許多被李光耀羈押過的人一樣。他們都說自己是英雄，說：『我們也曾在新加坡歷史上發揮作用。』的確，他們是發揮過作用，他們可以自稱英雄。但是倘若換作是這批人上台執政，我們會有怎麼樣的下場？就像李先生曾經說，我連指甲都會被剝光。我們執政，他們不過就是被關押，吃的還是國家的飯。我們選擇釋放他們，那些前拘留者當然得為自己的所作所為辯護。」

這起馬克思主義陰謀隨後更進一步升級為外交危機。一九八八年四、五月間，兩位負責為被拘留者辯護的代表律師也被內安局扣押。這兩人分別是新加坡極富盛名的律師蕭添壽和常國基。蕭添壽在新加坡法律界名聲顯赫，曾任副總檢察長，律師公會會長。他涉嫌接受美國駐新加坡大使館一等祕書梅森・亨德里克森（E. Mason Hendrickson）的暗中資助栽培，參加國會選舉，與人民行動黨對抗。吳作棟說，雖然當時還處於冷戰時期，新加坡是美國的忠實盟友，但內閣很快做出決定，將亨德里克森驅逐出境。他說：「無論此人是不是美國外交官，對我們來說，那並不重要。我們絕不容許任何外國勢力干預內政。亨德里克森要蕭添壽參選以對抗政府，這就是干預，美國形同在支持一個反對黨候選人。而如果我們不慎防，接下來他們可能變本加厲，支持一整個反對黨來對抗政府。這是我們絕不容許的。要如何治理新加坡，該由新加坡人民來決定。」

蕭添壽隨後於一九八八年五月十六日提呈法定宣誓書，承認自己曾到華盛頓會

14 張素蘭是「光譜行動」首批被逮捕的政治犯之一，當時的身分是律師。她在二〇一一年大選中以新加坡民主黨候選人身分角逐新加坡西部裕華區國會議席，最終以三三・一四%的得票率敗給行動黨候選人傅海燕。

見亨德里克森在美國國務院的上司，並獲得對方保證，一旦發生任何事致使他必須離開新加坡，美國願意給予他政治庇護——他最終果然也接受了美國的政治庇護，直到終老。美國駐新加坡大使館聲明，表示亨德里克森的行為並無不妥之處，卻也同意應新加坡政府的要求召回亨德里克森。只是，美國也做出反擊，在毫無理由的情況下將新加坡在華盛頓的駐美大使館一等祕書蔡顯光逐離美國。蕭添壽後來獲釋，即投入一九八八年國會選舉，代表工人黨組成三人團隊出征友諾士（Eunos）集選區，最終得票率高達四九．一一%，只以微差敗給行動黨組合。選後，他涉嫌逃稅，罪名成立，潛逃到美國，至二〇一六年逝世。

吳作棟認為，美國華府之所以急於將蕭添壽扶植上位，只因為看不慣人民行動黨壟斷新加坡國會。「我們當時對美國談不上不信任，仍然視美國為一股友好良性的勢力。他們不過是看不慣行動黨在國會裡一黨獨大；在他們的定義裡，這是不民主的。民主，對他們而言，意味著必須至少有另一個政黨，每隔四年、八年，或至少十二年換一次政府。這是他們的信仰。」然而，儘管美國長久以來透過或公開或隱蔽的方式多次插手他國政權的更替，吳作棟仍然相信亨德里克森事件並非華府為了要扳倒人民行動黨而使出的手段：「我們得出的結論是，這些傢伙只是想試圖鼓勵更多反對黨人士站出來挑戰政府，鼓動更多反對黨人進入國會，而非真正意圖推翻行動黨政府。」

年輕一代領導層所採取的一系列行動，贏得了李光耀的讚許。他在一九九〇年一場國大學生論壇上說：「這支團隊在處理艱難敏感而又極可能使我們流失選票的棘手課題時，展現了膽識與魄力。我們必須處理這些問題，因為這攸關國家存亡。」[15]吳作棟視之為李光耀對他們的嘉許，雖然這從來不是他或他的團隊想要爭取的目標。「我們的出發點從來都不是為了對外展現魄力。我們只是做了大家認為應該去做的事。我從來也沒想過要表現自己強硬的一面，那並不重要。馬來武術組織的案例，內安局說，這是我們蒐集到的情報，指他們在散播謠言，這是他們正在籌劃要幹的事，我們建議下令逮捕這些人。您同意嗎？我並沒說：我是錚錚硬漢，

15 "Team has shown guts in tackling tough, sensitive and vote-loosing issues"〈面對艱難敏感又不利選票的棘手課題，團隊展現了膽識與魄力〉, *The Straits Times*, July 24, 1990, p. 16.

我同意。沒這回事。你得負起全責，得問清楚；到頭來，你選擇相信內安局的判斷。這些全是非同小可的大事。」

問與答

問：您如今怎麼看《內安法》？

答：我們在一九八〇年代末告訴過大家，要發起運動爭取廢除《內安法》，是人民的權利。如果贏了，《內安法》可以廢除。但如果我是國家負責人，我會認為《內安法》非常重要。假設《內安法》廢除了，你認為回教祈禱團（Jemaah Islamiyah，英文簡稱JI，中文簡稱「回祈團」）[16]不會趁機給我們製造麻煩嗎？政府扣押了幾個自我激進化的回教徒，他們瀏覽激進網站，吸收網上資訊，心生憤恨，誓言到敘利亞為伊斯蘭國組織抗戰。這樣的安全理由是否足以拘捕他們？激進化的回教徒只會愈來愈多，無論是自我激進化或是透過其他方法。到了激進化的回教徒人數擴大到上百上千的地步，人人都相信只有透過暴力才能達到目的；到了那個時候，安全威脅問題的嚴重性就會難以控制了。還是得及早把他們帶進來，盤問、拘留、改造。

有人說，他們不過是看看網站，自我激進化，又沒做出任何傷天害理的事。他們只不過說說想去敘利亞。你的國土上出現了一心一意要遠嫁到敘利亞，給敘利亞戰士做妻子的馬來婦女。[17]別拘留她，這不過是她的心願，遠嫁敘利亞當一名戰士的妻子，這可完全是她的權利。好吧。可是你放眼看看四周，這並不是單一個案，而是有許許多多這樣的例子；這麼一來，將導致廣大回教社群在多元種族的新加坡成

16 回教祈禱團是東南亞一個恐怖主義組織，目標是在這個區域建立伊斯蘭國。回祈團曾在二〇〇一年與二〇〇二年間涉嫌密謀在新加坡發動炸彈襲擊，被內安局揭發，約四十名成員在《內安法》的法令下被拘捕。

17 新加坡在二〇一七年六月拘捕首位自我激進化的新加坡女性公民。這位二十二歲的幼兒保育助理一心一意要前往敘利亞，嫁給伊斯蘭國組織的聖戰份子。

了眾人懷疑的對象。所以你最好還是及早把這些激進份子帶進來。到頭來你必須贏得馬來—回教社群和社群領袖的支持。這也正是我們在做的——我們說過，我們的出發點是要幫助馬來—回教社群。我們並不是在針對回教。

自我激進化為什麼危險？世界各地發生的好幾起事件都顯示，哪怕是個別人士自我激進化，也有可能會訴諸暴力，發動恐怖襲擊。事實也的確如此，在《內安法》法令下被拘留的這些自我激進化的人，都在密謀在本地或海外發動暴力襲擊，或者從事會對安全構成嚴重威脅的活動。

所以，廢除《內安法》？《海峽時報》大可發表文章反對《內安法》。反對黨人也可以發起反《內安法》運動。這是很公平的，如果輪到你執政，你大可以說你不相信《內安法》，這很公平。但放眼全球，大家都紛紛在開始推行預防性拘留，而非反其道而行。

問：可是我想，一直讓大家心生惶恐的是《內安法》被濫用的問題。

答：說得沒錯。但你是否寧願為了免除對《內安法》的這種惶恐心態，將它廢除，而引發後來更大的恐慌？對於潛伏著的顛覆性活動渾然不覺——哪一種情況的恐慌會更大？我知道國家是交在一些誠實可靠的人手中。李光耀、我本身、李顯龍。一九八七年的逮捕行動可曾以任何方式讓我們在政治上得利？我們在一九八八年大選中流失了大批支援票，因為對逮捕行動不滿的人認為我們做得不對，認為我們如此對付一些「行俠仗義」的「無辜好人」是小題大做。但如果我們是在借《內安法》濫權瀆職，我們肯定早已被轟下台。

讓我告訴你一個切身例子。在馬克思陰謀逮捕行動過後，我發現其中一個被拘留者是我同學的妹妹；他是一個我很要好的朋友，至今還是如此。這位同學與他哥哥來找我陳情，說妹妹並沒有做錯什麼事。我說，也許是這樣沒錯，但證據顯示她涉及其中。我能做的就是安排這兩位哥哥與內安局人員會面，讓內安局人員親自向他們說明妹妹在整個謀劃中所扮演的角色。內安局告訴他們扣押兩人妹妹的理由⋯⋯她是組織成員，在不知情之下被操縱了。我和這位同學至今還經常見面，他算是我比較要好的朋友之一。換句話說，他也許不完全認同我的說法，但起碼相信我沒有濫權。至於內安局的解釋他能否接受，我無從知道。我要說的只是，我們至今還是好朋友。

問：蕭添壽與馬克思主義陰謀有聯繫。您之前提到有些不良份子不應當進入國會。他會不會是您口中的其中一個「不良份子」？

答：蕭添壽被捕，是與亨德里克森事件有關。不會，我不會用「不良份子」來形容他。我和他只能算是點頭之交。我還是公務員的時候，在財政部工作，當時他在總檢察署任職。所以我們經常會在去吃午餐時擦身而過，會彼此點頭打招呼。當然，那個時候我對他充滿了崇敬。我還是個年輕的小公務員，而他是副總檢察長，肯定是個德高望重的人。所以，我不會把他列入「不良份子」或「製造麻煩者」之列。

問：換言之，如果他在一九八八年當選了，您相信他也許會在國會上發揮一點實際作用？

答：他可以辯論，但大家都知道他不算是一個很勤奮的人。如果加入國會，他也不見得會認真負起這份責任。絕不會做到像惹耶勒南或劉程強那樣。但是對於某些他很熟悉的課題，例如司法問題，可以想見他一定跟你辯論到底。但他對政治實際上並不是真的感興趣。

問：您之前說自己私下跟惹耶勒南交談沒問題。跟蕭添壽是不是也一樣？

答：當年我到威廉斯學院接受榮譽博士學位時，蕭添壽也出席了。我們相互打招呼。他來了，還坐在第一排。他挺有君子風度的，就是出席大會，靜靜地聽著。我簡短致了辭，之後參與了座談會，他就這麼坐著到完場。散場後我走下台，我跟他說話，他也跟我說話，我們就聊起天來。他並不是來製造麻煩的。他對我還算不錯。

問：那像鄧亮洪[18]這類人呢？您見到他，會不會也和他交談？

答：他也一樣，經歷了那麼多事，在我當上總理後到澳洲去演講時，鄧亮洪居然

---

18 鄧亮洪是律師出身，一九九七年新加坡全國大選中代表工人黨參選，出戰靜山集選區，以四五％得票率敗給行動黨團隊。他在競選期間被行動黨指為「反基督教華文沙文主義者」，大選後遭李光耀、吳作棟等行動黨領袖以誹謗罪名控上法庭，同時面對逃稅罪狀。鄧亮洪遂離開新加坡自我放逐到澳洲，此後定居澳洲，迄今不曾回國。

來了！我的隨扈很緊張。鄧亮洪說：「嗨！吳先生你好。」我說：「嗨！亮洪，你還好嗎？現在日子過得如何？」他說在澳洲一切還好。所以，沒有任何私怨。他這個人本身是沒問題的。可是政治上來說，他卻利用了華人語言和文化課題來贏得選票。那是不對的。如果我們任由他這個樣子，馬來人就會說我們在扼殺馬來語，也會爭取進入國會來捍衛馬來語。所以，我們必須說這麼做在新加坡是行不通的。

問：您覺得李光耀會願意跟鄧亮洪打聲招呼嗎？

答：鄧亮洪未參選以前我就認識他了，大家都知道他非常積極地在推動中華文化。而李光耀私下並不認識他。鄧亮洪把華文課題帶上競選平台，的確是做錯了；可是最終我們贏了選戰而他輸了。他其實也沒打算再反撲，因為他的個人政治前途已經毀了。可是對李光耀來說，連受了傷的老虎你也別輕易放過；他的作風就是要戰鬥到底，決一死戰。對於語言、種族、宗教課題，李光耀容不得任何異議或活動。幾年後我到澳洲訪問，霍華德[19]暗示我說鄧亮洪要求澳政府批准居留權。不是尋求政治庇護，只是申請居留權。霍華德說他們打算批准他的申請。他並不是在徵求我的同意，只是知會我一聲罷了。我說，那很好啊。話題就此打住。至少鄧亮洪可以有個棲身之所。如果澳洲不批准他的申請，他必須回國。不然還能去哪裡？中國嗎？可是如果他回來，就馬上面對負債問題，他連房子都變賣了，肯定會麻煩纏身。所以我說，那樣很好。

問：您也會友善對待詹時中[20]**和劉程強等在任很久的反對黨議員嗎？**

答：我把詹時中當朋友。

19 霍華德（John Howard）是澳洲前總理，一九九六年至二〇〇七年在任，是澳洲第二位在任最久的總理。

20 新加坡在野黨政治領袖詹時中，律師出身，於一九八四年大選以民主黨黨魁身分當選波東巴西區議員；一九九一年大選率領民主黨再攻下兩個議席。而後雖然退出民主黨，另組新加坡人民黨，但仍力守波東巴西區長達二十七年。任內問政風格溫和理性，備受國會各黨派議員和人民尊敬。二〇一一年率團轉戰碧山—大巴窯集選區敗選，加上健康欠佳，從此淡出政壇。波東巴西區也在同一年重回行動黨手中。

問：對劉程強也一樣嗎？

答：劉程強也一樣。其實大多數人都是這個情況。我們總是在從旁觀察。他們的動機是什麼？有什麼樣的抱負和目標？會不會拖垮新加坡？或者是不是就只是對我們來說較難以應付的政治對手？如果是這樣，我們要確保自己比他們做得更好。所以，如果來者是誠實正直而值得尊重的人，都是為了國家好，只不過角度和方式不同而已，那沒問題，我們可以到國會上辯論。不過如果你的觀點在我們看來是完全不合理的，像是承諾建立福利國、濫用儲備金，那我們會對抗到底。我們會對你的誤導性民粹政策強打猛攻到底。

問：所以，會有哪個人是您不會願意主動交談的？

答：徐順全。

問：是因為他是您最難纏的對手嗎？

答：才不是。他的品性有太多缺陷，根本談不上是一個強勁的對手。這麼說吧，我們最強勁的對手其實是行動黨自身的成就。還有人民對國會中有另一種聲音的渴望。因為我們做得很成功，贏得那麼多議席，不光是反對黨人，也包括普羅大眾都會說，這樣不行，我們需要不同的聲音。這才是我們最強大的對手。我們當然可以鼓勵行動黨議員，而我們也確實那麼做了，鼓勵他們展現更大的批判性，提出批評時中肯誠實，自由說出自己的觀點。但是人們同樣會說：你們全是同一個模子出來的；人們要的是不同政黨背景的人。這才是真正最難以應付的對手。換句話說，就是如何在成功和完全壟斷之間求取平衡。

所以，如果你問我哪一個人會讓我們覺得棘手？他們都說不上誰比較麻煩，但是因為他們與人民的情緒完全吻合，從這個意義上說，他們不容易對付。所以，你很難在波東巴西打贏詹時中，因為他符合了人們想要的，是個大多數人所能接受的正正經經的議員。你要在大選中挑戰他，把他踢出局，那很難。所以，難以對付是這個意思。劉程強也一樣。他一旦當選了，就很難再把他擠出局。他在政治上要比詹時中敏銳得多。你要想在國會辯論時壓倒他讓他出局，不容易。他非常精明。

徐順全的品性有太多缺陷。他屢試不爽、屢戰屢敗，人們品評他之後，決定不要他。我接受威廉斯學院頒發榮譽博士學位時，徐順全還專程飛一趟到威廉斯學院來，在儀式上狠批新加坡。另一次我到美國演說，是個只限受邀嘉賓出席的活動，他在沒有受邀的情況下去了，論壇中途闖入會場，然後問了一個關於馬來人的問題，問我們怎麼對待馬來人。這顯然就是專門來找碴的。[21]蕭添壽和鄧亮洪在政治上受到的傷害比徐順全要深刻得多，但他們維持風度、對人友善、讓人敬重。徐順全，無論他到哪裡，與我都是對立的。

問：可還有第二個人是您不屑理會的嗎？

答：沒有了。

問：就是這麼一個？

答：是的。一個就很糟糕了，你知道的。

問：讓我們回到您在一九八〇年代下旬必須做的艱難決定。除了與內安局相關的所有事件之外，還有集選區制度。您親上前線，向大眾解釋這項政策。當時這份差事的最大困難是什麼？

答：一開始是李光耀提出的雙組合概念，由一個華族候選人與一個少數族群候選人搭檔參選，組成雙人選區。大家都反對這麼做。馬來社群領袖，尤其麥馬德，表達強烈反對，因為這給外界一個明顯的觀感，就是馬來族候選人得在華族候選人的扶持下才進得了國會。所以年輕一代領導層提出建議，是不是組成三四人選區較好，馬來人就不會被視為白搭順風車；在一些馬來選民居多的選區，甚至還可能是馬來族候選人帶著華族候選人當選。這就會形成三腳架。三腳架的話，是誰帶著誰比較不好說；而只有雙腿的話，就相對明顯得多：是左腿較強還是右腿較強，一目

21 徐順全是新加坡民主黨祕書長。一九九二年獲原任祕書長詹時中引入政壇，參與馬林百列集選區補選失敗。隔年與詹時中決裂，逼退後者，奪取黨領導權。一九九五年，當吳作棟獲母校威廉斯學院授予榮譽博士學位，徐順全專程到美國麻州威廉斯頓加入當地發起的抗議行動，反對威廉斯學院之舉。二〇〇一年大選競選期間，徐順全再次公開挑釁吳作棟。他多年來採取激進手法對抗執政黨，後因誹謗罪成而無力償還賠償，宣告破產。二〇一二年脫離窮籍後一改激進形象重新活躍，二〇一五年率領民主黨投入全國大選，仍然全軍覆沒。徐順全前前後後在新加坡參加過五次選舉，均以敗選告終。

了然。

所以這就是我們將李光耀想法再加以調整推行的一個例子。他說好，他可以接受。接著他問，要不增加到六人一組？這就是他的作風，總是想得更加長遠。但在那個時候，六人集選區的做法未必能讓人接受。所以我們其實一開始就已經想過要有六人集選區，但一九八八年推行時，先把人數限定在三人。我們告訴人民，這個做法的目的是確保國會具備足夠的多元種族代表性。

問：可是，集選區制度實施之前或之後都好，其實也曾有過不少少數族群候選人在單議席選區裡擊敗華族候選人的例子。所以，說少數種族需要集選區制度來保障國會中的代表性，這個說法究竟有多少立足點？

答：沒錯，是有不少例外。雖然大家都不願說出口，但也正是我們最為關注的，就是：當馬來族選民在所有選區都屬於少數族群的情況下，還是不是能有足夠人數的馬來族候選人能憑自己的能力在選舉中勝出？我們關注的是馬來族在國會中的代表性不足。你喜不喜歡都好，一到了選舉，種族因素總會起著一定作用。問問你自己。誠實地說，你的答案會是什麼。

問：不過，集選區的規模愈來愈大，不也同樣稀釋了少數種族代表性的論述嗎？

答：那就有另一番解釋了。為什麼要有六人一組？為了引進新候選人。而當張志賢[22]透過一九九二年補選進入政壇，李光耀就為這個說法找到了合理的依據。他總愛說，如果沒有集選區制度，張志賢在單選區單槍匹馬上陣，未必能贏得了像徐順全這樣的人。張志賢當時是個出身新加坡武裝部隊的年輕新鮮人。一屆過後，他在下一屆大選就能獨當一面，領軍參選。看看現在的他。這就是集選區制度的價值所在。

問：為什麼需要如此？早期的政治人物如您本身，不也一樣沒有任何從政經驗，

---

22 張志賢現任新加坡副總理。他原為新加坡武裝部隊海軍總長，一九九三年經由馬林百列集選區補選踏入政壇，當時的競選對手是新加坡民主黨團隊，其中包括民主黨新星徐順全。一九九七年大選，張志賢轉戰白沙集選區，成為行動黨候選團隊的領軍人。此後在白沙集選區連任至今。

而還是能夠獨當一面投入選戰？

答：整個環境與氛圍今非昔比了。早年，行動黨品牌響噹噹，候選人要擠進國會不難。可後來我們壟斷國會，一連兩、三屆選舉都幾乎大獲全勝，選民的心態就漸漸改變了。人們覺得這個現象對國家不是那麼好，必須有反對黨的聲音。對我們來說，最關鍵的還是如何引進優秀人才參選，把國家引向未來。我們的出發點是為政治傳承，要藉由這個方法引進新血。當然，媒體和反對黨人紛紛給集選區制度冠上各種色彩豐富的詞彙——夾在腋下保送進來等等。

問：搭順風車。

答：是的，搭順風車。不是夾在腋下。那是一種比較好聽的說法。

問：只是，看看集選區制度後來的發展，似乎變得有些反常了：有部長連續好幾屆選舉都沒有競爭對手，從來不曾真正面對過選民。

答：不，那可不是集選區制度的問題，而是因為反對黨候選人素質差，或者說，有能力的人才對加入反對黨政治不感興趣，所以，他們無法推出有素質的候選人。

我們是按原則來辦事。集選區制度當然會給予原任者一定的優勢。這是理所當然的。你有個部長坐鎮，一個新候選人，組成三四人團隊，或甚至是雙人組合。都會讓執政團隊掌握優勢。這是事實，也沒什麼不對。每一個原任者都會有優勢。公眾說，不行，你就是不能有這樣的優勢。但人生不是這個樣子的。原任者，放諸世界，如果他在任內表現不錯，理所當然會在選舉中占有優勢。不過，一旦原任者在任內沒把工作做好，原任就反而成了劣勢了。

我們並不否認集選區制度從某一方面說的確讓我們從中得利。可是競爭還是公平的。唯一的優勢就是原任優勢。也因為如此，硬是要反過來說的話，我們輸了阿裕尼集選區，也並非完全是壞事。「看吧！我都說過，這是一場公平競爭。只要你能推舉優秀的候選人，即使面對的是部長級人馬，你一樣可以獲勝。」所以，集選區有六人、七人、八人，都不成問題。勝負關鍵全看大環境大氣候，看選情如何變化，而你自己又如何充分利用局勢。所以，如今回想，我們做對做錯？我們做對了！原任，的確會給我們一些優勢，但世事無絕對。我們的阿裕尼團隊，有多達三個高層級、非常能幹也非常勤奮的部長：楊榮文、再諾、陳惠華。一個華人、一個馬來人、一個婦女，你還想要什麼？結果我們還是輸了。[23]

問：如今看來，您覺得集選區的理想規模應該有多大？

答：綜合吧。我不知道總理有什麼想法。我是覺得四人集選區應該很理想，畢竟四個人聯合管理一個集選區正好。三人的規模嫌小了些。所以我會說，就是單選區、四人集選區，也許還有五人集選區，和非常少數的六人集選區。你也許會說，六人集選區自然是保留給你們黨內的重量級人馬領軍出征，如總理、也許還有副總理。那也會是因為你在國會實力更強，你才有本事一次帶進另外五個議員。可是如果有一天，總理變得不受歡迎了，你就看看會發生什麼狀況吧。你可能一下子痛失六個議席。不能保證總理就一定會贏。霍華德就在任內輸掉了自己的議席。[24]

到了一九八八年，吳作棟和他的團隊實際治理國家已有四年；儘管各有專長、作風各異，他們卻也證明了能集體推動政經兩全的雙軌發展路線：建立起一個穩定的政治體系，撐起強勁的經濟表現。而吳作棟這位總是掛著溫和笑容的高個兒，在必要時，比任何人都敢於揮舞大棒。他已準備就緒，要迎接更大的重任。然而，正當一切看似按照原訂計劃循序漸進，一個曲線球突然朝他迎面飛撲而來——擲球的不是別人，正是李光耀本人。

---

23 二〇一一年全國大選，工人黨五人團隊在阿裕尼集選區勝選，使行動黨歷來第一次在選舉中輸掉整個集選區。當時行動黨團隊候選人包括領軍的外交部長楊榮文，總理公署部長陳惠華、高級政務部長再諾。工人黨團隊則以黨魁劉程強為首，另有黨主席林瑞蓮、重量級新候選人陳碩茂。

24 澳洲總理霍華德（John Howard）在二〇〇七年澳洲聯邦選舉中輸了給工黨候選人瑪辛・麥嬌（Maxine McKew），失去自己在雪梨貝尼龍選區的議席。霍華德是自一九二九年斯坦利・布魯斯之後，澳洲第二位失去議席的在任總理。

part 4

邁向總統府

“到了一九九〇年，我準備好了。
在我心裡，我準備好了。”

第十章　這就是我

吳作棟難得的一點是，他從來沒想要當另一個李光耀。他就是做回自己，而那反而對人民有吸引力。而人民也已經做好準備，接受一個不是李光耀的國家領導人。

——丹那巴南

吳作棟安坐在嘉龍劇院最前排的一張紅色軟墊坐席上，這是他這些年來再熟悉不過的座位了。在這一年一度的國慶群眾大會上，做為新加坡總理李光耀最有可能的接班人，他總是在一千八百人的觀眾當中獲配最好的位置。這項全國常年大會，論風格論時長，新加坡都是獨一無二的，也漸漸成了這個國家的傳統，是李光耀就來年的重大挑戰與政策向全國人民發表談話的平台。吳作棟在現場當觀眾已經十餘年了，也養成了一些演說開始前的好習慣。有一點最重要：進劇院之前必得先去一趟洗手間，因為他深知很少有人的內急能承受得了李光耀總理的滔滔演說才能，一個晚上下來，他可以連續用三種語言不間斷地發表足足四個小時的演說。

一九八八年八月十四日這一天也不例外。吳作棟穿著舒適的淺藍色短袖上衣和深色長褲，左右兩邊坐著的是李夫人和內閣同僚陳慶炎。他其實已經大概知道李光耀待會兒準備談些什麼。李光耀都會事先請內閣幾位要員看看有什麼需要補充或者修正的；身為第一副總理，吳作棟已經大略看過講稿。只是眾所周知，李光耀最愛即興發揮、脫稿演說，而吳作棟也很清楚，這些臨場發揮的雋言妙語，往往也正是整場演說中最精采最幽默的部分。不過，接下來要出現的狀況，倒是他完全始料不及的。

李光耀談了反貪汙、生育率、偽西方社會，以及其他不少課題之後，群眾大會演說來到了尾聲。他告訴大家，自己要「冷靜清醒」地做一番總結。他接著說：「沒錯，我們成就斐然。沒錯，我們已經建立起一支團隊能確保政權順利交接。可是我得先聲明一點，因為不想萬一出了什麼差錯大家會怨我。我盡力了，也認為當下形勢這是最好的安排。」而後，李光耀第一次在公開場合上對吳作棟和他同屆的所謂「第二代領袖」一一點評；讓不少人當下為之震驚的是，他毫不諱言地直指吳作棟並非他的首選。他直白地說：「在我心目中，首選是陳慶炎。雖然吳作棟思維更敏銳——他的確如此，是的，非常機智——可是陳慶炎行事更果斷。他會聆聽，吸收各方意見，然後當機立斷做決定。你總不能沒完沒了地聽取意見。聆聽過後，你必須坐下來聽聽自己的良知、自己的判斷，然後說：『好，我們就這麼做！萬一出錯了，我會負起全責。』我告訴吳作棟：『你總是在試著討好所有的人——甚至對記者，他們對他糾纏不休，而他也總是不厭其煩地一一予以回應。我說：『乾脆別理他們！』」

全場笑了起來。而讓李光耀排在第二位的吳作棟，只能尷尬地陪笑著。事隔三十年後第一次對這段往事抒發自己當時的感受，吳作棟坦言，這個突如其來的震撼彈讓他驚呆了。「他說得如此毫無保留，我當下只覺得困惑、震驚，目瞪口呆。我還得承受大會結束後面對一大群人的尷尬場面，得在散場時像木頭一樣走出去。」他說道，借李光耀在一週後對他的二度嘲諷幽了自己一默。「你還能怎麼樣？人們看著你，跟你握了握手，說聲：你好。除此之外還能說什麼？」團隊中的前線戰友一樣深感納悶。陳慶炎告訴吳作棟：「很不尋常的一次演說，極度不尋常的演說。」《海峽時報》引述賈古瑪說他感到「不解」。李顯龍說不記得自己當下的感受，但笑著說：「當時被點評的所有人，站在他們的立場，我能想像換作是我，當時一定會精神衰弱，惶恐不安。」

吳作棟對老朋友麥馬德說，如果李光耀隔年再如此對待他，他會「拂袖離場」。麥馬德回應：「我會同你一起離開。」麥馬德在淡出政壇後罕見受訪時，分享了自己三十年前的感受，他說自己深為好友「覺得尷尬」。「這意味著他不是首選，不是原任總理心目中最想要的接班人選。可是這是我們集體達成的共識，同意由吳作棟領導大家，而李光耀也接受了我們的選擇。他為什麼還必須公諸於世，讓人民，讓全新加坡人，甚至讓全世界知道，現在選定的接班人並不是他心目中真正想要的人選？」

這個問題同樣困擾著吳作棟。「我百思不得其解，思索著他為什麼這麼做。」他最終總結出李光耀背後的可能動機。首先，是李光耀在群眾大會上所說的預設前提條件：如果吳作棟失敗了，他不想人民埋怨他選錯人。李光耀一改亞洲地區大多數政治強人的作風，刻意不欽點自己的接班人。吳作棟說：「所以，他想說的是，如今選定的接班人在他看來可能會失敗，也可能並非最理想人選；所以，他不想日後被怪罪。」其次，李光耀有意要拔除吳作棟的總理接班人地位。「這個可能性，在我腦海中閃過無數遍了。」吳作棟幽幽地說著，暴露出他當時對自身地位的信心大受打擊。「我反覆在想的是，他可能試圖藉此操縱和影響，促使團隊重新考慮，將陳慶炎推上首選。也許，他不過就是為其他可能性打開一道門——不是讓他自己，而是讓大家——有個更換人選的機會。」

那一場國慶群眾大會演說，就這樣不經意地成為李光耀最令人難忘的其中一場演說，當時著實讓舉國上下震驚不已，因為全國人民都以為領導層接班是老早就決定了的事。更甚的是，才剛在一個月前，一九八八年七月間，吳作棟在接見到訪的印尼媒體採訪團時才剛向大家透露，自己對成為下一任總理有十足信心。《雅加達郵報》報導引述吳作棟當時的話說：「我們在兩個月前又開了一次會，我問大家（年輕一代部長）希望由誰充當大家的領導；所有人，包括「李準將」，重申了對我的信心。所以我其實沒得選擇。」吳作棟口中的「李準將」正是李顯龍。不過報導也提到吳作棟也「急忙補充說政治往往是充滿變數的」。還真是一語成讖。儘管李光耀並未明說要重啟接班人競賽，但他在群眾大會上赤裸裸擺出的硬道理，至少透露了他對吳作棟這個準接班人並不全然滿意。正當吳作棟在這條曲折迂迴的道路上攀爬至臨界峰頂的最後一里路之際，突然迎頭撞上了一道最要命的路障——由他的恩師，何其頑強的李光耀，築起的一道巨大的路障。

有關一九八八年的那一場演說，有些背景資料也許在這裡值得提一提。李光耀雖然從未公開宣布自己何時退位，卻好幾次提到他欣賞美國大企業的交棒模式，總裁全在六十五歲退休。他在《李光耀回憶錄》一書中如此寫道：「但是退休前好幾年，他們就必須向董事局推薦至少一位候選人，讓董事局從中選定一位接班人。我決意在這方面絕對不能棋差一著，在退下來之前，必定要把新加坡安然交在可靠的人手中。」[1]到了一九八八年，李光耀滿六十五歲。換言之，他預料會在那一年把領導棒子交到吳作棟手中。

但是國慶群眾大會上的發言，強烈示意他還不準備全然放手。批評吳作棟之餘，李光耀也對自己出任民選總統的可能性留了條後路。對於民間盛傳他想當總統，他也不準備闢謠：「也不是全然不可能，時機到來時，我自會考慮。」但是他也補充說自己不需要當總統也能繼續掌控：「憑我的身分，還有跟許多人的關係，我需要做的只是繼續擔任行動黨祕書長即可。我不需要當總統。只要繼續是黨祕書長，我就掌握決定權，施政方針也會是我說了算。我根本不必成為總統，我也不再找工作。請相信我。」

而如果還有人無法意會他所要傳達的資訊，他還有一句廣為人所知的經典名言：「我是新興國家開國元勳的專屬俱樂部成員——一個新興獨立國的開國總理或總統。即使我臥病在床，即使你已將我葬入黃土之中，只要我覺察到新加坡有任何閃失，我會即刻跳出來。那些以為我不當總理後就會永久退休的人，實在應該去檢查一下自己的腦袋。」

---

1 李光耀著，《聯合早報》編務團翻譯，《李光耀回憶錄（1965—2000）》。新加坡：《聯合早報》，二〇〇〇年，第七四〇頁。

吳作棟事後回想，那次演講其實很顯然是經過精心策劃的，為的是向國人發出資訊：李光耀還不準備退休。「他說那番話時，想必已經決定自己還不準備引退。所以很可能，他其實也是在為民間可能有的反應做準備。民間也許會引述他自己說過的話，他說會在六十五歲退休，那現在時候到了怎麼還不願退下？他得有個說法，得給我個交代。他之前拉抬了民間的期望，說我會在一九八八年接班；所以他眼下也必須公開地就我的情況、就整個團隊的情況，向人民交代，說我其實尚未準備好接棒。所以，這很可能是他為什麼說那些話的理由。」

如果李光耀的用意是要促使年輕部長另立領導，那他顯然白費心機了。短短一週內，兩位最有可能取代吳作棟的競爭對手陳慶炎和李顯龍，同時在不同場合公開重申了對吳作棟的支持。[2] 陳慶炎說：「我完全看不出有任何理由讓我們必須改變決定。」他指的是早在一九八四年就已達成一致共識的最初選擇。李顯龍則在為此書接受訪問時說，當時讓他接過父親領導棒子的這個可能性「並不在計畫中」。「而且所有部長和議員也不會接受的。李先生自然有說這些話的特權。只是我們之間已經商議過，也一致推舉了吳先生，沒人打算改變主意。我們不認為在那個時候改變主意會有任何幫助。我們都對這個決定很滿意，也願意成就這個決定。這一路走下去，也許需要做些許小調整，但我們看不出必須改變決定的理由。」這也就是為什麼他迫不及待向大眾重申自己會繼續支持吳作棟。他說：「以當時的形勢看來，不清楚表態的話，會引起更多揣測，將坊間的情緒愈推愈高。」受到兩位競爭對手力挺，讓吳作棟頓時有些「受寵若驚」，他透露自己從未問過兩位搭檔當年為何義不容辭這麼做。

但李光耀顯然意猶未盡。一週後，在新加坡國立大學舉行的一場學生論壇上，他又談到了接班人課題，中間特別提到吳作棟，還解釋、並進一步具體詳述了較早前對他的批評。他一開始就說：「如果我淨是滿口讚語，那不就像極了在為洗衣粉打廣告，簡直是浪費時間。」他進而充滿感情地讚揚了吳作棟，對他在海皇時期能

2 一九八八年八月二十一日，李顯龍在行動黨群眾大會上呼籲全體黨員一致支持黨領袖吳作棟。同一天，陳慶炎則在三巴旺選區活動上回答媒體詢問時表態支持吳作棟。見〈吳作棟是我們的領袖〉、〈第二代領袖一致決定吳作棟為總理接班人〉。《聯合早報》，一九八八年八月二十二日。

不受誘惑維持正直清廉予以高度肯定，誇他讓公司轉虧為盈，還有不懼怕競爭。行動黨在一九八〇年、一九八四年、一九八八年三屆大選中推出的六十一位新候選人當中，有三十位是吳作棟發掘的。李光耀形容：「他完全不忌才。」

豈料話鋒一轉，李光耀再論及吳作棟的缺點：「他在一對一、面對面或小組討論時沒問題，一旦上了電視或在群眾集會上，就無法有效地傳達資訊。我也想不通怎麼會這樣。我曾經向他提議，可能在心理上需要做一些調整，也許應該去看精神科醫生，他有某種心理障礙。他面對廣大群眾時就會變得木訥——但是他其實不是這個樣子的。一對一跟他交談時，他總是充滿熱情。一上了電視，就難了。他也不是沒進步，我會說改善了大概二〇％吧。但是他必須取得超過百分百的大躍進。」3

一如既往地，而這也應該是李光耀所預料得到的，他在國大對吳作棟的讚語很快就被人們淡忘；在「散播」兩個字的語境還只限於疾病病毒蔓延的那個年代，廣為散播開來的反而是那些最為犀利的負面評價，尤其是「木訥」之論；這一「木訥」的標籤一安在吳作棟身上，就如同病毒感染似的一發不可收拾。確切地說，要說吳作棟自此以後無論好壞都再也擺脫不了這個標籤，一點也不誇張。就連吳作棟本身也坦言，李光耀在國大那場論壇上說的話，在他記憶中也只留下這兩個字：「我就只記得『木訥』，其餘的我全不記得了。」

只是，吳作棟拒絕就此被擊垮。「就再承受一次吧。第一拳都沒把我擊倒，再來一拳，又算什麼？」他如此說道。「困擾我的並不是『木訥』兩個字；對於自己的演說能力，我有自知之明。那不是問題。讓我難過的是叫我去看精神科醫生，這句話有可能會徹底讓人民對我產生誤解。不過，你還能怎麼辦？我如果出面向人民澄清我為何不會去看精神科醫生，那我才真的需要去看醫生。大家都會嘲笑我。所以，我只能不當一回事。」覺得難過懊惱的不只是吳作棟本身，也包括他的內閣同僚如麥馬德。「一聽到他給吳作棟的建議，我是又生氣又難過；精神科醫生？去看精神科醫生讓自己放鬆一些？」他說著，不自覺地抬高了聲量。「對我來說，精神科專家是專門診斷和治療精神病的醫生。面對群眾會緊張，這難道也算是一種精神病嗎？」

---

3 "Prime Minister's Assessment of Goh Chok Tong"〈總理點評吳作棟〉, *The Straits Times*, August 24, 1988, Home, p. 17.

就吳作棟本身來說，真正幫助他度過一九八八年八月這段黑暗時期的支撐力量，是他內心深處對李光耀的絕對信任。「我相信他這麼做絕不是為了摧毀我，畢竟我不是他的政敵。如果我是他的政治對手，而他一心想把我擊垮，然後將他心目中的人選推上台，例如自己的兒子，那情況就會不一樣。這些舉動都不是背後插刀的陰險手段，而是開誠布公的批評，所以我犯不著為此而生氣。」

相反地，套用吳作棟自己的話說，這番「羞辱」，反倒成了這位天生不是政治家的接班人的另類排氣閥。遭到自己的領導兼恩師如此公開地狠批，讓他的政治生涯霎時仿似墜落谷底，重重觸礁；而就在最深處的絕境中，吳作棟一個轉身反彈，要把這場個人危機轉化為轉捩點：他要正視自己的本性，也籲請新加坡人民接受他的本性。他在國大論壇隔天公開做出回應，向人民喊話：「不要因為李總理對我的評價而覺得困擾或混淆。請大家接受我的本性。在李總理引退之後，領導層接班人不會有任何改變。第二代領袖已經做了決定。就是這樣。」[4]

他讓發聲與語言訓練導師蘇・格林伍德增強培訓密度，加倍努力改善自己的演說能力。「她才是我的『精神科醫生』。」他笑著說。這位來自英國的語言訓練導師，同時也訓練其他內閣部長。她對吳作棟的培訓方法是，教他躺著呼吸的技巧（好讓聲音投射得更遠），訓練他邊走路邊說話，以及每說完一句話就要踢一下枕頭（逼自己在每個論點句末吐出所有氣息，形同說話時注入標點符號），甚至解讀文學作品的某些段落（加強語言與情感的聯繫）。漸漸的，語言培訓發揮了作用，吳作棟開始覺得自己不一樣了。格林伍德回憶道：「他有一天對我說：『過去我只懂得念出文字，現在我知道得在語言中注入感情。我的聽覺也變得敏銳了，知道怎麼靠聆聽來辨別。』」

吳作棟信心倍增。而如今既然李光耀的批評已是攤在陽光底下向全國公開，他選擇既來之則安之，以自嘲擁抱自己；這其實也是他向來最擅長的。一九八八年八月底的那次回應，他說：「能讓公眾瞭解我的本性，這也還是好的，大家就不會期望我會是個出色的演說家。我並不是雷根總統，不善於說笑話。我也不是李總理，

---

4 "'Take me for what I am' — Response from Chok Tong"〈吳作棟做出回應：請大家接受我的本性〉, *The Straits Times*, August 24, 1988, p. 17.

可以滔滔不絕演說三小時。」[5]到了一九八八年九月，就連李光耀也開始喜歡這個煥然一新、更自在放鬆的吳作棟了。他在競選群眾大會上說：「我告訴他：『大聲說出心裡話！生氣了就要顯露出來，大聲說！』結果呢？他突破了心理障礙。他如今可以面對群眾坦然說出自己的不自在，也在這個過程中釋放了自己。」[6]

李光耀籲請全國人民支持吳作棟：「我覺得我已經推了他一把。你們也應該幫幫他。陪著他笑，要嘲笑他也無妨，但一定要繼續為他加油打氣。」而人民確實這麼做了。普辛德南說：「老人家說的那些話，反而為吳作棟爭取到不少同情分。人人都希望他成功，向李光耀證明自己。」到了一九八九年四月，觀察家覺察到這個人變得有些不一樣了。《亞洲雜誌》寫道：「今天，他展現了迥然不同的形象。他是一位好好先生，像普通人一樣跟公眾打成一片，會停下腳步親親小寶寶，和少年打打桌球。他的笑容親切友善，說起話來簡樸而溫暖。那張目無表情的木訥臉孔，不善辭令的僵硬作風，一去不復返了。」

如今回看這段過去，吳作棟說，整個八月所發生的事，讓他裡裡外外徹徹底底地擺脫了成為另一個李光耀這種自我期許或別人強加在他身上的要求。那之後，

「某種自信突然油然而生；我要建立起自己的作風」。他說：「過去總有一股無形的壓力，當領導人就必須得像李光耀一樣。而到了一九九〇年，我對自己說：不，我要以自己的風格行事，要以自己的方式溝通。」這個策略顯然奏效了，陳慶珠如此說道：「吳作棟說的是新加坡式英語，他也並不是一位嫻熟的演說家。但從某種意義上說，普羅大眾反而更喜歡他，因為他跟大家沒什麼不同——『嘿，我也是這麼說話的。』」

吳作棟這股新萌生的自信心氣勢如虹，乃至於當李光耀在那場競選午間群眾大會不久後向吳作棟確認自己還不打算退下，也不足以動搖吳作棟的自信。「那場群

---

5 同上。

6 李光耀一九八八年九月一日於浮爾頓廣場舉行的行動黨午間競選群眾大會上坦言，自己之前對吳作棟的嚴厲批評是為了讓人民清楚他對這個未來領導人的誠實評價，更為了考驗吳作棟的抗壓能力。結果這一招奏效了。他呼籲人民在大選中給予吳作棟和他所領導的行動黨團隊一個「響亮的委託」。見 "PM gives Chok Tong clear vote of confidence"〈總理為吳作棟投下信任票〉, *The Straits Times*, September 2, 1988, p. 17.

眾大會後的某一天，我們相約吃午餐。他告訴我他認為我還沒完全做好接棒的準備，問我他是不是可以再多留任兩年。」吳作棟回憶道，第一次揭露了李光耀在一九八八年後繼續留任是他自己的意願，而這也完全在吳作棟的預想之中。「我說：當然，您繼續留任吧。所以，他再多做了兩年。」

問與答

問：邁向一九九〇年之際，您對自己要成為怎麼樣的領導人有什麼想法？

答：有個問題是你會先問自己的，也是同僚首先會想知道的，就是，你會主張改革還是延續？這也是李光耀曾經問過我的。他當時這麼問，是因為我正在考慮搬到總統府迎賓別墅[7]，在那裡設總理辦公室。我很清楚自己在接任後不會要李光耀撤走，將原來的辦公室騰出來給我。

問：這是為什麼呢？

答：因為他的影子會無處不在。我並不想接管那間辦公室。不是開玩笑的，但我會覺得整個房間都充斥著李光耀的氣息。每一個角落都會有他的影子。你根本無法工作。還有，出於對他的尊重，他理應可以繼續使用那間辦公室，畢竟都那麼多年了。但關鍵還是，你會感覺自己走進了他的空間——就像是上他的住所去幫助他管理新加坡這個家似的——這會很難做。所以，我有意把總理辦公室遷到別處。我其實看中了總統府迎賓別墅，相當喜歡在別墅內而不是主樓內設立一個小型總理辦公室的想法。

在李光耀的時代，總統府職員人數是不多的；我的年代也一樣。就只是我自己、首席私人祕書、隸屬於通訊及新聞部的新聞祕書，和兩位書記。我的職員人數就這

7 總統府迎賓別墅（Istana Villa）是總統府園地範圍內主建築之外的其中一棟附樓，臨近烏節路大門，規模較小，屬殖民時代黑白屋建築風格。總理和總統辦公室均設於主建築內，建於一九〇八年的迎賓別墅則在二十世紀初曾充作私人祕書住所，一九五〇年代曾為總檢察長辦公室，而後成為總統府國賓接待別墅直至一九八四年末；中國國家主席鄧小平、馬來西亞首相馬哈迪、加拿大總理特魯多都曾在這裡下榻過。

麼多。李光耀也差不多。那就是新加坡的「白宮」了。內閣祕書都不屬於你的直屬團隊，他們負責處理內閣檔，更像是行政人員。新加坡體系的作業模式是，由總理直接與部長及各政府部門接洽。所以，如果我想做些什麼與經濟相關的事，我會直接找財政部長，而財政部長會動員財政部去進行。所以，總理公署的人員編制是很精簡的。當然，貪汙調查局和其他一些單位隸屬於總理公署，但那是另一套運作方式。選舉局，也是不一樣的。總之，總統府內的人員編制是很精簡的。以這樣的人員規模，在迎賓別墅內辦公應該是恰恰好，會是很舒服自在的總理辦公室。

我把自己的想法告訴了李光耀，也說，我在施政上會強調延續性。他的建議是，既然我主張延續性，那就別遷出總理辦公室；如果將辦公室遷到新處，那發出的信號就是改革，也會顯示我刻意與舊時代疏離。他說他要我接管他的房間，也就是現有的總理辦公室。我對他說，不，我並不想用您的辦公室。

問：如果您遷入接管他的辦公室，那他會遷往何處？

答：以其他國家的情況來說，這是卸任總理的問題了，而不是在任總理應該處理的事。你卸任了，就跟普通人一樣了。像梅傑或布萊爾，卸任可以以後到處去，[8]這是他們的體制。我們的做法很不一樣，而現在也在順利運作，自有一套體系照顧前總理。但當時完全沒經驗。所以我對他說，您留下來，不必搬。李光耀見沒法讓我打消念頭，改而建議我考慮他辦公室樓上的空間。那裡原本是他的飯廳，整層是空著的，就只是把一個角落劃出來充當他用餐的地方。他說，空間相當大，我正好用得上。我問，那他要到哪裡用午餐？他說沒問題——他後來在辦公室的另一層闢了個小房間充當用餐室。我們都是很實在的人，不講究排場。所以，後來整個第三層樓裝修成我的辦公室。地毯和家具都由我決定。

問：如此一來您就真正是處在他之上了。這個安排您還自在嗎？

答：是的，的確，就是我在他之上了。不，這不過是玩笑話而已。讓我再告訴你另一個小故事。我得選家具，就在想，應該選擇軟沙發還是硬沙發？他用的是硬沙

---

8 梅傑（John Major）和布萊爾（Tony Blair）都是英國前任首相。

發，木質框架，薄薄的一層坐墊。他也一直引以為豪的。我就得決定了：是要以他為榜樣，也表現節儉樸實的作風，還是要換更好的？我最終選擇了軟沙發，我當時考慮的是那畢竟是一九九〇年代了，接待外賓時，我不需要再像李光耀那樣讓他們看到我們有多節儉。後來他來參觀我的辦公室，說布置得很不錯。有人就提醒他說他的辦公室也該是時候翻新了。所以，他問我能不能讓他借用我的辦公室，把自己的騰空出來進行翻新。我的辦公室在我正式就任好幾個月前就裝修好了。我說：沒問題，就用吧！所以，在我的辦公室辦公的第一位總理其實是李光耀，不是我！我的辦公室，他是第一個使用的人，而我在自己的辦公室，繼承了他的位子！這也實在是有趣得很。不久後，他的辦公室翻新好了，我去參觀，發現薄墊木質沙發椅不見了，他也改用了軟沙發！

問：您怎麼還能跟他維持如此融洽的關係？尤其在他公開地批評您之後？

答：我們可以坦誠地面對彼此。我一直信任他，對於他的坦誠、用心、誠信，我從不懷疑。我也從沒懷疑過他希望我成功。他不過是對我缺乏溝通技巧而惱怒。如果他想讓李顯龍繼承他，他也一定會坦白地告訴我。這也就是為什麼我能繼續跟他合作的緣故。我其實很早就總結出他不會想讓兒子直接繼承他，他想要另外找人。這是很明顯的。公眾的解讀是他找我來暖席。但我瞭解他的用心，也很清楚自己走進總統府不是為了當一個暖席者，我會在力所能及的時日裡持續掌握主導權。換句話說，他一心一意要在李家之外尋找一個真正的接班人。

問：您怎麼知道自己不是暖席者？

答：透過與他的溝通，還有對他的信任。我如果懷疑他讓我給他的兒子暖席，就暖個兩三年，那有意義嗎？那我一定會對他說：「讓我們想個法子讓李顯龍直接接班吧。」根本不需要多出我一個，一點意義也沒有。可是我從來不受這個「暖席者」玩笑的影響。在我心裡，我知道李光耀從沒把我看作「暖席者」。政治人物一定要臉皮厚，懂得一笑置之，因為在我心裡，這並不是李光耀內心的想法。做人一定要自重。如果李光耀利用我達到自己的目的，那我存在還有什麼意義？歷史也會嘲笑你的，不是嗎？我有足夠的信心，願意全力以赴把工作做好；而我也很清楚他是真誠對我的，也願意坦誠說出我的強處和弱點。

問：您可曾擔心過即使自己成為總理之後，李光耀也可能隨時把您換下來？

答：上任第一年內曾想過。

問：為什麼只有在第一年這麼擔心過？

答：那是因為他當時還是行動黨祕書長。[9]他說一般上黨祕書長都會由總理擔當。我把總理的棒子交給你，但還繼續擔任黨祕書長，你同意嗎？所以，這意味著什麼？他不確定我會不會變質，或者能不能成功。無數人在當上總理後變質——撤換所有元老，起用自己的人馬。權勢會改變一個人。所以他問我是不是可以繼續讓他擔任黨祕書長。你也知道我的作風的，我說好。那也就是說，他隨時能以行動黨祕書長的身分將我換下。這是不言而喻的。他甚至可以選擇將我逐出黨，我一失去黨籍也就失去議席。這就是我可能會被換掉的方式。

但他繼續擔任祕書長的事實並沒讓我覺得不安。我有足夠的自信。我的意思是，他終究是要退下的。如果我說不同意，而他選擇脫黨，那他很可能就會成為另一個馬哈迪（Mahathir Mohamed）[10]，或與馬哈迪幹同樣的事。看看馬哈迪在九十二歲高齡還做了些什麼！如果李光耀感覺到這個國家走偏了，他也會與馬哈迪有著同樣反應。所以，只要他還留在這個政黨裡面，凡事都還可以有商有量，彼此信任，釐清任何疑慮。對我的最大肯定還是在二〇〇四年，當我告訴他我準備退下時，他問我為什麼，說無需急著在現在退位。我對他說，我還沒老到不能做了，但是我的副

---

9 李光耀在一九九〇年十一月卸下總理一職，交棒給吳作棟；但在行動黨內仍然擔任祕書長直至一九九二年。

10 馬哈迪是馬來西亞現任首相。他在一九八一年出任馬來西亞第四任首相，至二〇〇三年卸任，任期長達二十二年，是馬來西亞在任最久的首相。他卸下首相一職後不久，於二〇〇六年開始猛烈批評自己提拔的繼任首相阿都拉巴達威（Haji Abdullah bin Haji Ahmad Badawi），以及下一任首相納吉（Mohammad Najib bin Abdul Razak）。二〇一六年，馬哈迪退出長期執政的巫統，幾個月後成立新政黨「馬來西亞土著團結黨」。二〇一八年五月十日率領反對黨聯盟在馬來西亞大選中取得歷史性的首次勝利，終結了國陣六十一年執政，成就了馬來西亞一九五七年建國以來的首次政黨輪替，更以九十二歲高齡成為馬來西亞第七任首相。

手顯龍年紀是愈來愈大了。他馬上就明白了。

無論如何，我想，從李光耀的角度，他擔心的從來不是我的人品，我猜他還不太能確定我是不是能勝任。不是治理方面。而是，有沒有能力贏得選舉。關鍵永遠是，你能不能在大選中勝出。這也是我現在想問第四代領導層的問題。他們有能力治理，但是否也有能力贏得選戰？這才是關鍵。你有沒有能力動員人民，讓人民追隨你？

問：甚至當他說了一些難聽的話，您也願意置之度外，就因為您完全相信他是為了顧全大局？

答：沒錯。全無私怨。他並不是為了私人理由要羞辱我，即使我的確感覺到受羞辱了。

問：您的分析並不是所有人都同意，有不少人還是認定李光耀別有居心。可是對您來說，您相信了這一套，也因此有了相應的行為，而結果證實行之有效？

答：正是如此。可能是我天真吧。人們認為是我太天真了，被他利用了；當了他的奴才自己卻還懵然不知。人們的結論是我很笨。我的確能屈能伸，但我並不是任何人的奴才。我們的關係是十分融洽的，彼此溝通交流，定期共用午餐，他對我也能暢所欲言。在某種意義上說，他造就了我；而因為我瞭解他和他的用心，我願意信任他，而他也學會不逼著我改變自己的本性。

我的團隊也合作愉快，重點是我們三人：李光耀、我、李顯龍，合作關係十分融洽。我們從不懷疑彼此的居心。顯龍，我對他從沒有疑慮。他從來不急著接棒。如果他急著取代我，那我會以很不一樣的態度回應：「你的野心太大了，成天想著當總理，急著掌權。」以他的情況來說，他是準備接棒的，但並不心急，也準備支持我到底。而這位父親到最後也樂見這樣的安排發揮了作用，對我的表現也算滿意。

問：您一定也聽說過「父、子、聖吳」這個說法吧。您對此是什麼想法？

答：我不是基督教徒，所以只是略懂這句話的意思。對我來說，這三人是一體的——「父、子、聖吳」——三位一體，正面合作。

問：但更重要的問題是，父子倆同在您的內閣，您當初想過會是什麼樣的一種情

況嗎？

答：不是的。在內閣中就不會有父子這回事了，因為顯龍也必須向其他內閣部長證明他不是父親的傀儡。這一點非常重要。有時候他也會不同意父親的說法。其實更多時候他會站在我這一邊，因為我們總會在內閣會議之前或者開過幾次會私下討論過，他會更瞭解我的想法。有時候父親會提出某些觀點；顯龍會提出他自己的觀點，或有些時候是提出我們的觀點。所以，我們三個人是獨立自主的個體。

問：說起內閣，您接任總理後，選了王鼎昌和李顯龍為副總理。為什麼是這兩位呢？

答：我不是沒想過陳慶炎。但我希望可以有互補，而這個互補的人選一定是鼎昌，畢竟他是受華文教育的，能幹、可靠，值得信任。他可以照顧華社那一塊，幫助我爭取民心。[11]而陳慶炎與我背景相似。起初我決定只委任一位副總理，那就是鼎昌。李光耀想知道我的人選。

問：李光耀有什麼反應？

答：他的反應不是很好，問為什麼是鼎昌。他倒沒說為什麼不是李顯龍。但從他提問的方式，我能感受到他著眼的是未來，而未來可託付的是李顯龍，而非王鼎昌。李光耀擔心的是未來，想著的是顯龍有潛質當總理，而萬一我發生了什麼事，鼎昌接手的話，就會擾亂了未來的政治接班程序。

我並不是說，因為顯龍是他的兒子，他想讓自己的兒子坐上那個位置；他想讓顯龍上位，是因為認為他是個更好的人選。他問我為什麼是鼎昌，我也把理由告訴了

---

11 王鼎昌是李光耀內閣後期的第二副總理（一九八五年—一九九〇年），吳作棟內閣的兩位副總理之一。一九九三年卸下內閣職務投入新加坡首屆民選總統選舉，當選為新加坡第五任總統，一九九九年因健康理由放棄競選連任，結束六年總統任期赴美就醫，二〇〇二年六十七歲時病逝。王鼎昌是建築師出身，受華文教育，熱愛文化藝術，而後留學澳洲和英國；一九七二年步入政壇，是第二代領導層「政壇七俠」之一，也是同代行動黨要員中罕見的華文教育背景精英。也曾在一九八三年至一九九三年間出任全國職工總會祕書長。從政期間以溫文儒雅卻堅定鮮明的作風深得民心。

他。後來，是我自己決定應該要有兩位副總理。在當時，要爭取華社的支援，我會更需要鼎昌而不是顯龍。但何不也任命顯龍為副總理？這項安排就會是為了國家的未來，也藉此發出信號：顯龍有潛質成為我的接班人。

問：您說發出信號，是指對李光耀嗎？

答：不，我說的是人民。我是從我的利益和國家的利益做盤算。為了我的利益，我需要王鼎昌；為了國家的利益，我任命李顯龍。不過，當然我也開誠布公地跟鼎昌說了，顯龍會是我的團隊裡的潛在接班人。所以，在我休假期間，我會委任李顯龍為代總理。

問：所以李光耀自己完全沒主動提起李顯龍？他所傳達的資訊，已足以讓您明白他心裡在想些什麼？

答：他提了。但我從來不認為他希望顯龍出任副總理是因為他們是父子。如果他的所作所為讓我得出這樣的結論，我是不會照做的，因為我反對王朝政權。但如果顯龍確實是可託付國家未來的最好人選，我們也不應當因為他是李光耀的兒子，就斷了他的所有機會。

問：李光耀是怎麼跟您說，他準備好要交棒給您了？

答：其實一九八八年由他繼續擔任總理我是很樂意的，他當時還年輕，我也還不急於接班。但到了一九九〇年初，有一次一起吃午餐，他告訴我現在是時候交棒了。他要我選個日子交接。所以，他是個君子，遵守諾言交棒。他六十五歲時沒退位，因為有感於當時我還沒做好準備。一九九〇年，他就只是說，交接的時候到了，我就說好。就是這樣。新加坡的政治交接就是這麼一回事。其他地方都是得靠鬥爭拚來的。

他進而補充說，自己還想繼續待在內閣。是因為他還想扮演一定的角色，或者他對我還不是完全有信心？我想他是對我沒有十足的信心。其實任何人要接手，他都不會立刻很放心地完全放手。他想繼續引導和扶助，而不是指揮或者控制。

問：當他說他想繼續留在內閣，會讓您覺得意外嗎？

答：其實並不會。我反而樂見其成。李光耀留在體制內總比出到體制外好吧！記得他曾經說過一發現什麼不妥就會從黃土之下跳出來嗎？如果有什麼事情出錯了，他難道會默不出聲嗎？他難道會說，國家有了新總理，他會從旁觀察，而不馬上介入嗎？一九八八年知道他要繼續多做兩年才交接，我其實鬆了一口氣。到了一九九〇年，我準備好了。在我心裡，我準備好了。

一九九〇年十月十五日，吳作棟出發到北京訪問之前，在新加坡機場召開記者會，宣布自己將在十一月二十八日接任總理。[12]「我並未請示任何星相學家。」他打趣地說。秉持著一貫的務實作風，他解釋說選擇那個日子，因為當天是星期三，他想把就職儀式安排在週間中段，讓新內閣可以就在同一週開始投入工作。這是新加坡獨立建國以來的第一次領導層更替，但是對吳作棟乃至新加坡普羅大眾而言，幾乎就跟其他日子沒兩樣。「也不是什麼大事，就像李光耀也一直希望大選就是再普通不過的一件平常事。大家都可以預知行動黨會勝出，而我們也不出所料勝出了。隔天，就投入工作了。所以對我來說，領導棒子交接也應當是件平常事。我都準備了那麼些年了，而他也還在內閣，我也沒想要把他踢出去，沒有革命。又何須慶祝？」

可是他也認為，新加坡「還是必須為這個事件做個紀錄」。李光耀向吳作棟建議，既然他要強調的是延續性而非改革，那就在政府大廈舉行就職儀式，這也是李光耀在一九五九年宣誓成為新加坡自治邦首任總理的地點。「我去看了那個地方，感覺很不錯，我說好，地點就選定這裡了。我們就這樣決定了政府大廈。」吳作棟回憶起當時的情景。「我們兩人有某種默契，他是在引導我，因為我此生還從未經歷過任何交接儀式。」

一九九〇年十一月二十七日，吳作棟正式在總統府接受總統黃金輝的任命，出任總理。吳作棟在呈遞給黃金輝的一份資料夾中，詳列了吳作棟首屆內閣名單。李光耀會是內閣資政，而王鼎昌、李顯龍出任副總理。內閣中唯一的新成員是楊榮

---

12 白士德，〈十一月二十八日吳作棟就任總理〉，《聯合早報》，一九九〇年十月十六日，第一頁。

文，他將掌管全新設立的新聞及藝術部。

一天後，吳作棟在政府大廈宣誓就職，全程電視直播。他身上穿的既不是量身定做的新西裝，也不是新上衣。出席觀禮的嘉賓包括政治人物、公務員、基層領袖、工會會員，和主要來自東南亞國家協會（ASEAN）的駐星外交使節。他說：「是個簡單的小規模儀式。」人潮在政府大廈外聚集，大多是來自馬林百列區的支持者。一聽說他們都來了，他馬上走出政府大廈，向場外歡呼的人群揮手致意。李光耀緊跟在後，而他的新內閣成員也尾隨而來。這個歷史性的瞬間，定格成一張深具代表性的照片。鏡頭中，數十年來第一次，李光耀退居幕後，由吳作棟昂首闊步走在前頭。這張照片的象徵意義，當事人尤其珍惜：「我把這張照片擺在家裡了。」吳作棟分享著自己的心情。

而這事就這麼結束了。吳作棟一如既往，一與政治扯上關係就毫無浪漫可言，儀式一散他就直接回家去了。沒有晚宴舞會、沒有慶祝會、沒有開香檳儀式。他說：「這是個嚴肅而正式的就職儀式，我們並不是為了電視轉播而做的。就像我之前說過的，我從沒渴望過這份工作，憧憬著有一天會成為一國總理。這不過又是另一個里程碑，是從李光耀手中接過領導棒子的其中一個漸進式環節。而他也不過只有六十七歲，還很活躍硬朗。這位最偉大的強人決定規劃自己的接班程序；而好好地接管政權，確保新加坡繼續往前走，是我們的責任，我和我的團隊的重任。我們都有一種責任感，必須接管這個國家。就是這樣。」

然而，此番歷史性的首次領導層更替，象徵意義遠勝於簡單儀式所涵蓋的。對李顯龍來說，它象徵了這個國家的可持續性：「意味著你創造了一個體系，可以超越個人的政治生涯乃至生命，繼續如常地發揮作用。而你必須秉持著如此精神和信念，認識到你有責任照顧好這片土地，以便可以在最好的時機把它交到另一個人手中，讓他接管這份責任，在你退下之後確保體制繼續運作。而這個代代相承延續的方式是可行的。」

人民也已經做好準備，迎接李光耀之後的下一任領導人。這是第二代領袖與政治觀察家都有的共同感受。丹那巴南說：「人民也已經做好準備，接受一個不是李光耀的國家領導人。作棟有能力凝聚選民的期望，在爭取民心支持方面也很成功。」政治評論員契連．喬治在著作《新加坡：空調國度》一書中形容「吳作棟是那個年代理想的行動黨領袖」。他說：「當他承諾要使新加坡變成一個更包容的社會，更願意給予人們重新來過的二次機會，人民能感受到他是真心希望能做到；畢竟，被人報以不切實際的完美高標準審視，個中滋味，他肯定感同身受。」[13]

民間的期待，吳作棟在宣誓就職前夕也能感受到：「人民渴望一番新氣象，李光耀在位幾十年了，人民如今希望看到改變。而大家都知道我不是李光耀，可是大家都願意接受我。也許他們實際上還更渴望能有一個更為平凡的總理。一個更貼近凡人的總理。」

他也許並非一開始就渴望這份工作。他也許並非李光耀心目中的理想人選。政治也許並非他的選擇。可是新加坡如今卻正要在他的統領下，邁向一個全新的黃金年代。這位高個兒，成功履行了他的高難任務。

---

13 Cherian George, *Singapore: The Air-Conditioned Nation*（《新加坡：空調國度》）.Singapore: Landmark Books Pte Ltd, 2000), pp. 37-38.

“我並沒有選擇政治，
而是選擇了為國服務。”

後記

吳作棟

回溯自己人生七十載，遠非透過望遠鏡回望過去那麼簡單。當局者往往難以看清全貌。白勝暉蒐集了許多資料，用他的望遠鏡聚焦在他認為讀者會感興趣的片段。這本書並不是為我而寫的，我並不需要。這本書寫的是新加坡從李光耀到第二代領導層的交接與傳承，而我恰好是這個過程中的主要人物。

我在接受白勝暉的採訪提問時總是直截了當回答，記得住的都盡可能說得明確。但敘述得最清楚的往往都不是事件的細節，反倒是在做某些決定時背後的感情和思考。

新加坡的誕生，是個不可思議的奇蹟。李光耀和他的那一代人為了小島的獨立自主而鬥爭，上演了一段何其扣人心弦的故事，交織著掙扎、犧牲、生死存亡。

而我所走過的政治旅程，卻是極不尋常且意想不到的。我這一代人肩上的任務是：讓新加坡繼續往前走。這項看似再平凡不過的使命難以激起任何想像；也少有人能認清繼任規劃的重要性，以及這項工作是何其的艱巨而任重道遠。

但是我們當中一些人意識到了。我們都被空降送入政壇，卻也因此而愈發瞭解到將這一重任妥善平穩地傳遞給未來世代的重要性。我們同樣是一群意想不到的政治人物，被拋入政治沙場那一刻起何嘗不也歷經了某種形式的「掙扎、犧牲、生死存亡」，才得以守好第一代開國先輩奠下的基礎，並在這個基礎上再開創。

今時今日的新加坡是個成功富足的小國。五十年來穩健成長，縱有零星危機乍現，也總能迅速地迎刃而解，讓新加坡人民誤以為這一切的增長、繁榮、穩定、社會和諧、和平與安全，全是再自然不過的事。不過華人有句老話說：「富不過三代」。如果不加戒慎，我們很可能會盛極而衰，自食其果。

世界瞬息萬變，愈發分裂複雜。新加坡亦然。

希望我的傳記會激勵更多新加坡人挺身而出，為國家做出奉獻。

第一章：政變

我的曾祖母、祖父、父親，都在幾年內相繼離世。家人尤其祖母流淚哀號的樣子讓我至今印象深刻。至於曾祖母和祖父的模樣，腦海中卻是十分模糊。我也記不起與父親共度的時光，唯一依稀還有印象的是一次他帶著我到牛車水找朋友的情景。

母親跟外婆和舅舅阿姨們很親。她經常趁學校假期到居鑾（Kluang）和峇株巴轄（Batu Pahat）探親，而後母親娘家舉家到新加坡定居，來往就更頻繁了。我經常隨母親同行，所以跟舅舅阿姨以及年齡相仿，表弟妹也熟絡。

我為自己能擁有這麼一個大家庭而深為感恩。身為同輩中的長男，我每一年都會辦場家族新春團拜，讓大家庭成員聚首，相互賀年，也借此鼓勵年輕一代繼續維持大家庭的聯繫。但這並不容易。吳、柯兩家的後代子孫各有百多人，兩個家族的年輕一代成員並不熟絡。

我不當總理之後，到祖籍家鄉永春去了一趟，那一趟回鄉，能感覺到一股鄉情牽動著我的心，尋根回溯整整十七代，吳家出過不少秀才、官吏、將軍。永春家鄉其實是個務農社群，以種植蘆柑為主。永春蘆柑如今也已出口到新加坡來。

我會對祖先的發源地感興趣，也因為祖母過去常常告訴我們許多關於家鄉的故事。只比我大八歲的姑姑素娥也為了這本書受訪，分享了我的出身背景和童年情景。姑姑是個好學生，可惜因為家裡負擔不起而無法讓她繼續升上中學。

這種慎終追遠的精神，也與自己在成長過程中經常接觸傳統宗教祭祖儀式有關。例如每一年清明時節為先人掃墓。祭祖懷先的那一刻，你會愈發追思自己的出身、自己的根。

我的子女和孫兒孫女們都不一樣了。他們信奉的是上帝。我希望這一章會引起他們對祖先的興趣，讓他們更願意去認識自己的根。

第二章：企業官僚

我在公家單位服務的那些年形塑了我日後的價值觀與人生態度。

我有幸能在政府部門裡為兩位最有智慧的主管工作。這兩人就是吳慶瑞博士和比萊。財政部長吳慶瑞對待國家財務就好比對自己的財產一般節儉。我曾從旁協助他為財政預算案演說蒐集相關資料。那個時候他就曾苦笑著對我說過，每一次有部長走進他的辦公室，沒等對方開口，他就會先說「不」。來者的目的他心裡很清楚。當部長開口要求為自己的部門增加預算撥款，吳慶瑞還是說「不」。只有在部長鍥而不捨的時候，他才終於肯聽。

今時今日，人民與輿論持續向政府施壓，要政府增加預算開支，甚至動用儲備金。公眾要求政府增加撥款的胃口是永遠無法滿足的。現任和未來的財政部長都得向吳慶瑞看齊，除非理由充分，否則須得有說「不」的自律精神，對於管理國家財政，應當把眼光放遠。

遺憾的是，我曾經讓吳慶瑞失望過，此事讓我至今無法釋懷。我自威廉斯學院學成歸國後，他原本安排我到世界銀行去工作三年，希望我去吸取經驗、建立人脈，方便新加坡一旦有需要時能向世界銀行借貸！

就那麼不巧，當時妻子正好生下一對雙胞胎。要我們一家到華盛頓生活，無論經濟上或生活上都相當不容易。我只好婉拒了這個機會。吳慶瑞當時暗地裡非常不高興。

但他並沒有因此而對我置之不理。不久後，我在經濟發展司領導一組年輕官員。幾年後出任國防部長，吳慶瑞還親自為我上了一堂速成課，教導我該知道什麼該做些什麼。

我在經濟計畫組的上司比萊，則是我事業發展的啟蒙規劃師。是他把我送到威廉斯學院攻讀發展經濟學。我回國後，李光耀要我去當他的首席私人祕書。比萊低聲向我抱怨說：「我送你到威廉斯學院深造，可不是為了讓你給總理當私人祕書！」我後來在經濟計畫組留了下來。

之後，他應了我的請求，將我借調到海皇船務公司。海皇當時正在虧錢。比萊以常任祕書身分加入公司董事局，嘗試扭轉局面。巴基斯坦籍董事經理辭職後，董事局委任我和原任執行董事出任聯合董事經理。雖說「一人計短、二人計長」，這個二人組合卻發揮不了作用。最終只任命我一人當董事經理全權負責。

吳慶瑞和比萊象徵著我們先驅一代部長和公務員的價值、精神、革新胸懷。無論是新加坡武裝部隊、裕廊工業區、飛禽公園，還是新加坡航空公司、星展銀行（前身是新加坡發展銀行）、海皇船務公司等等，他們都從無到有，創造了價值。

他們也關心員工發展，竭盡所能發掘和培育人才。

第三章：馬林「百例」

如今回顧，要讓一個曾在企業界工作過的前公務員以國會議員身分做好基層工作，看似並不太難。人民行動黨的執政品牌是響噹噹的，強勁的經濟增長帶動了各方面的發展，讓每一個新加坡人的生活都變得更好。群眾民情一片大好。

馬林百列是個新選區，沒有黨支部，沒有基層組織。我的競選總幹事就是海皇的行政經理。

我借助海皇的經驗，把黨支部與社區網路組織起來。很快地，居民、攤販、支持者紛紛挺身而出助我一臂之力。

我得對素未謀面的陌生人進行評估。我委任陳欽亮及普辛德南擔當要職。兩人均是辦事很有效率的組織人才。陳欽亮後來搬到馬林百列以外的一棟私人住宅，也離開了黨支部。普辛德南則繼續留在馬林百列，活躍至今。

前公務員從政有個優勢：他們較熟悉政府的運作、思維和價值觀，也可能與好幾位在任部長相識，還有許多前同事。就價值層面而言，他們一般上都不會追求榮華富貴。

前公務員擔任高官確實勝任有餘。然而物極必反。如果企業界優秀能幹的人才不願意被招攬入政壇，內閣人才和思維方式就會愈來愈單一化。

企業界佼佼者為何都不願意從政？主要原因包括生活方式改變、失去個人隱私、犧牲個人自由、家庭因素、部長的責任過重。大幅減薪也是個因素。這個現象也和新加坡今時今日的成就有關。國家如今富足了，名成利就的新加坡人就更寧願追求個人的理想和抱負，而不願意踏入政壇後必須面對大眾的嚴格審視乃至惡意誹謗中傷。如今有了社交媒體和假新聞，只會讓這個局面更加難以收拾。

期盼有能力的新加坡人不會都等到飛機引擎劈啪作響的時候才願意上機搶救。

如果國家無法結集最強的團隊服務人民，新加坡終有一天會淪為平庸之國。延攬最優秀的人才為國效力，其實遠超人民行動黨的利益，攸關的是你我共同的福祉。這是我們當仁不讓的責任。

第四章：豪勇七蛟龍

如此按部就班、井然有序的政治接班模式，是新加坡獨有的特質。我和王鼎昌、丹那巴南、林子安、陳慶炎，都並非天生的政治家，而是技術官僚。我們都並非有備而來，但絕對心甘情願。一開始雖然沒有什麼烈火雄心，心中明火卻愈燒愈旺。對於推動新加坡過渡到全新階段發展的這份重責，我們心中所懷有的熱忱與激情，並不比任何人來得少。

如今國內局勢和全球形勢都出現了翻天覆地的變革。我們需要培養一支不一樣的領導團隊，更能貼近年輕人，也更熟悉國內與世界的新秩序，帶領新加坡往下一個階段邁進。

李光耀在六十七歲那年卸下總理職務。我六十三歲引退。現任總理李顯龍說過，他希望第四代領導班子能在他七十歲之前接棒。

當前第三次政治傳承以及之前兩代的準備過程何其謹慎而系統化，反映了要確保領導棒子順利交接是一件多麼艱巨的挑戰。畢竟派別鬥爭、既得利益、紛爭、機能障礙、體系中斷，均是政治傳承中再普遍不過的現實。

我們必須避免陷入一種處境：讓年屆九十二歲高齡的前首相還得披甲上陣重返政壇來拯救國家！

第五章：安順

安順區補選一次完全意想不到的失敗，摧毀了人民行動黨所向披靡的光環，硬生生地把選舉政治殘酷的現實面擺到我們眼前。不管我們治理得有多好，地方上的民生問題終將是決定地方選舉結果的關鍵因素。

看著李光耀如何處理這場失敗，著實讓我獲益良深。他召集所有國會議員，一起分析敗選原因，接著討論並決定下一步應該怎麼走，以避免失去更多選票。他沒有秋後算帳，反而鼓舞將士們的士氣。我真該感到慶幸，否則第一個人頭落地的就會是我！

失去議席後的反射性第一動作就是要「懲罰」支持反對黨的選區，以發揮殺雞儆猴的作用，嚇阻其他選區跟風。可是現實是，新加坡愈來愈傾向以既得利益為導向的自由民主制，選民要求的是公平競爭，也希望看到競爭。

新加坡宣導的穩定的民主體制和有計劃的政治繼承模式能否長久持續？一黨優勢制加上國會中一個主要反對黨的現有模式，能否符合新加坡未來的發展需求？抑或者，新加坡終將開啟政黨輪替組織政府之路？

放眼世界，政治似乎已變得更像是一場交易，美國前總統甘迺迪的名言似乎也已徹底被翻轉，成為：「別問自己能為國家做什麼，應該問國家能為你做什麼。」

民主理念在許多國家都已日漸式微，搖搖欲墜。新加坡的民主模式能不能繼續發揮作用？

第六章：醫療制度的革新者

第六章裡，似乎我從一開始就想當醫療制度的革新者。其實不然。我並未懷抱著什麼思想使命，要把醫療體制從一個高度津貼的社會主義模式轉型為以市場為基礎的制度。我只不過是把自己的經濟學訓練、企業界所累積的判斷經驗，以及大家都有的基本常識帶進來而已。

我發現當時的衛生部有一種排他的態度；不把私人領域的醫生納入國家醫療體制之中，將那些離開公立醫院轉投私立醫院者拒於千里之外。我決心把這些觀念上的偏差都糾正過來：召集公共和私人醫療人員一起開了幾次會議，使雙方彼此瞭解，建立互信，共同來承擔照顧全體新加坡人民健康的責任。

一個國家的醫療護理制度，往往是其施政治理與社稷福祉的指標。我們的嬰兒死亡率是全世界最低的，人均壽命比起其他很多國家都來得長。當今的醫療政策著重的是預防性醫療護理，目的更是在於使人們活得更健康更長久。

可是這也就意味著，國家在醫療護理方面的財政支出將會迅速膨脹。假設每一個人多活三年，總的來說國家要照顧的就會多出逾千萬個人年（man-year，每人在一年中完成的工作量）！

新加坡人能否身心健康度過一生？還是我們會因為體弱多病、行動不便，為醫藥費憂心忡忡，而只能蹣跚度日？

政府推出了終身健保和終身護保，為全民提供醫療保險和長期護理保障。提供這重安全網是沒錯，但我們必須慎防醫療護理供應者或患者出現「自助餐症候群」現象，濫用制度。

就如慎防自己腰圍變粗一樣，我們也要用同等的態度審慎看待衛生部的預算。

第七章：前鋒出場

新加坡的領導層交接，既不是王朝代代相繼，也不是一番你爭我奪的政治權力鬥爭，或是突如其來的強行換擋。而是小心翼翼地發掘並確認哪些人才具備潛質和決心，足以領導國家、服務人民。

身為領導者，必得有能力讓所有的部長和議員一起合作。他所扮演的角色絕不僅僅是一名行事有效的經理或黨督，他還得有能力領導一個強大而能幹的內閣和一群有主見有想法的議員，最終還得有能耐將觀點廣泛多元的人們凝聚起來。共同使命絕對有必要。信任，也是。

剛升任總理時，我仔細考慮著該委任誰為我的副手。

我最終的決定是，任命顯龍為第一副總理，鼎昌為第二副總理。鼎昌比我年長五歲。顯龍則小我十一歲，會更貼近年輕一代。

鼎昌無私地贊同我的決定。他同樣著眼於未來。顯龍給予我全力支持。他並沒有急於接任。他應該會是候任最久的一位準總理了吧！還不曾有過任何一位英國副首相或澳洲副總理願意等上足足十四年的！我當個「夾心吳」，是怎麼熬過來的？那是因為這對父子並沒有對我「雙面夾攻」。

十四年後，當我向李光耀透露，我交棒給顯龍的時候到了，讓他有些意外。我當時正處在政治事業的巔峰，他說我做得很好，應該繼續做下去。這對我來說是一種認可和嘉許。

我很欣慰自己能選擇最好的時機引退，將新加坡在良好狀態下交出去。

第八章：不做保母當夥伴

李光耀要我以堅決強硬的手段治理新加坡，讓政敵、異議份子、麻煩生事的人產生畏懼。

可是，進入一九九〇年代，新加坡人民更常接觸到西方民主，受英文教育者愈來愈多，也有更多人升上理工學院和大學。我們身處亞洲，卻變得愈來愈西化。儒家倫理中所謂的君臣父子等三綱五常的觀念，則早已日漸式微。

我希望建立的是一個更寬容、更溫和的社會。我相信協商式、參與式民主能釋放能量，推動新加坡邁向下一個階段。我要讓全民都參與這個過程，讓每一個人都成為利益相關者，與政府一起合力形塑新加坡的未來。

對於我所主張的協商式治國作風，李光耀最初十分不屑。他認為這是在浪費時間。可是對我、對新加坡來說，這套模式是有效的。我決心忠於自己的承諾，走出自己的路子，而不是遵循他的腳步。

「更寬容、更溫和」，也意味著電影審查制度變得開放了。雖然這個方向頗受年輕一代受英文教育的新加坡人支持，卻讓社會保守派尤其是非受英文教育社群覺得不自在。

順道提一筆：李光耀其實要比我們大家想像的開明得多。或者說，要更務實。當年旅遊業低迷，他曾經拋出一個吸引遊客前來的想法：在聖淘沙或選擇岸外的一座小島闢設天體營！最終反而是年輕一代的部長否決了他的這項建議。

社會發展並非一成不變的。每一代領導層都必須能為自己和人民建構一套最適合新加坡的理念。

放膽形塑屬於你們自己的治國作風，探索最好的方法去爭取人民的信任。

第九章：刺蝟先生

我並不是個帶刺的人。但第九章把我形容為刺蝟，我想勝暉這麼寫是為了吸引眼球吧。

他從新聞工作者的視角來看我，翻閱許多我所提供的機密資料和已公開的資訊資源。就這一章而言，我必須憑記憶為他提供當年那起「馬克思主義陰謀」的背景，有關這個馬克思主義份子組織與馬來亞共產黨的聯繫，以及組織成員何以會對內部安全構成威脅的情境。

我很清楚，當年有好些人對於政府把這次事件界定為顛覆國家的陰謀並不完全信服，這些人相信被拘捕的許多組織成員不過就是一些「想行俠仗義的理想主義者」。丹那巴南正是如此。

事實上，丹那巴南是第一位評論馬克思陰謀的內閣部長，他是在一九八七年六月對外國記者協會發表演說時談起這事。然而，無論他對政府所採取的行動再怎麼有所保留都好，內閣已做了決定，他也就必須共同承擔集體責任。

儘管如此，我能體諒他背負著的包袱。他最終決定離開我的內閣。李光耀為此勃然大怒，說他不該在推舉我為總理之後又捨我而去。我接受了他的請辭，因為我知道要他昧著良心繼續留任內閣，會讓他很不好受。

但丹那巴南並沒有因為此事而企圖攪局。他從未公開表達過自己對逮捕那些馬克思主義分子的行動並不認同。為了化解他心頭上默默承受了那麼些年的沉重負擔，我決定在《白衣人》一書中披露他對此事的不安與焦慮。我也請勝暉把丹那巴南就此事的立場在這本書中留個記錄。丹那巴南曾在我的內閣中做出巨大貢獻。他是一位總會給予堅定支持的第二代領導團隊成員。我理應讓他從此卸下為馬克思陰謀逮捕行動背負集體責任的沉重包袱。

這場馬克思主義事件倒是讓我回想起年少時期與政治部——內安局前身——一

次單純而無辜的接觸。那一年我正在準備劍橋普通水準大考，有一晚在巴西班讓住家，已是夜深人靜之時，屋外突然傳來不間斷的狗吠聲和沉重的腳步聲。接著就有人重重地叩起了我家大門。我打開門，只見門口站著好幾名男子，全是當年讓人聞之喪膽的政治部派來的。這群人要我出示身分證，他們看了一眼，就把身分證還給我了。我並不是他們要找的人。

幾個月後政治部的人又來了，這一次是光天化日之下來抓人。他們搜了我的書桌，帶走了幾本中文書；那些書都是我那位左傾的叔叔佳璧所有。我當時很為他擔心。

後來看報才得知他們找到了要抓的人。這人是與我們同租一屋的林姓家庭的一名親戚。這名親戚來自馬來亞，曾經幾次到這裡來拜訪林家。他幾年後獲釋，有一次再度上門拜訪時，我跟他見了面。他是一位誠摯友善的年輕人。

共產主義從一九四八年起就對馬來亞和新加坡構成嚴重威脅。一九五五年，馬共領導人陳平同馬來亞首席部長東姑．阿都拉曼（Tunku Abdul Rahman）與新加坡首席部長馬紹爾舉行華玲會談，雖然我當年不過十四歲，卻津津有味地緊跟《海峽時報》報導。陳平最終放下武器走出森林那一刻，更是振奮人心。

當年的新加坡政府將共產主義視為國家內部安全的洪水猛獸，為此而逮捕了好幾百人。單在一九五六年十月，就有超過二百人因涉嫌參與馬共滲透組織所策謀發動的大規模暴亂而落網。一九五八年又有一次大規模逮捕行動。可以說這些事件導致我在很早的時候就對馬共給國家內部安全可能構成的潛在威脅培養起了一定的敏感度。

今時今日，新加坡所面對的內安威脅不再來自共產主義份子，而是激進化的伊斯蘭教極端份子，為達到目的隨時準備以暴力手段大開殺戒。眼前的威脅再清晰不過，然而要確認並一一揪出極端份子，仍有賴於縝密的偵察工作。

全賴安保系統人員的不眠不休，才為你我換來了無數個安眠之夜。我為他們的高度警覺精神致敬。

第十章：這就是我

閱讀自己的傳記是一種很奇妙的感覺。一個人有三個層面的自我：自己眼中的自我，他人眼中的自我，真正的自我。在勝暉與我進行的多次採訪中，我從未試圖裝好人；他蒐集了大量關於我的資料和資訊，採訪了我身邊的童年好友、多位工作上的夥伴、同僚、同志。他筆下的我，似乎算得上是真正的我了。

這本書記述了我如何在無心插柳之下當上了新加坡第二任總理，還有我一路走來歷經的無數次試驗與失誤。即便在面對最嚴苛猛烈批評的低潮期，我仍然昂首闊步繼續前行，因為我知道自己輸不起。我害怕的並不是個人失敗後必須面對的恥辱，我害怕的是上一代精心籌劃的政治傳承與繼任毀在我手上，而這又會給新加坡帶來什麼樣的後果。

所以，由衷地，這本書記錄的是新加坡在李光耀時代以後如何轉型過渡的故事。我只不過恰好是這個過程中的主要人物而已。

這本書讓新加坡的治國重任看似簡單，最主要原因是，我在回顧這段歷程時，內心是心滿意足的，不帶任何遺憾。我並沒有選擇政治，而是選擇了為國服務。

銘謝

白勝暉

為總理寫傳記，應該是個叫人戰戰兢兢、緊張兮兮、又極具挑戰性的事。至少我是這麼聽說的。可是事實正好相反，整個過程讓我覺得有趣好玩，十分享受，我甚至數不清有多少次在總統府內採訪時笑出聲來。我最要感謝的是榮譽國務資政吳作棟，他的耐心與無私分享，甚至在我們要求他回溯好幾十年前的往事時，也有求必應。面對一些較難應付，並時而刻意尖銳的提問，他也從不發火；反而選擇以自己的魅力和善於自嘲的幽默感來回應，而這種吳氏幽默感，是我開始為他寫自傳後才發現的特質。我如今已迫不及待想馬上開始寫下一輯了。

寫書，從來就是一件寂寞的事。但是這部作品從無到有的製作過程，我卻是半點兒也不感到寂寞。馬林百列基層領袖黃福來、黃健華、蔡于植、郭伯洲和陳奕翔，熱心為我提供許多建議。尤其伯洲，總是直率地提出回饋，他的誠摯和用心讓我感恩。吳資政的兩位副官：新聞祕書邢益耀和特別助理杜國樑幫我聯繫多位採訪對象，找出許多塵封已久的舊資料，給了我不懈的支持。我還要感謝陳慶珠教授、陳榮順教授、陳繼豪，以及賈古瑪博士為我審閱初稿，他們的寶貴意見，讓這本書最後的成品更充實完善。

搜索舊照片的過程並不容易，尤其是海皇那些年的舊照。沒有國家圖書館管理局職員薩比蒂·大衛（Sabitri Devi）、李美珍和方國安的幫助，我們不可能有所突破。感謝APL船運公司允許我們使用那些照片。我也要感謝通訊及新聞部官員朱素汶在搜尋照片方面所給予的協助。

能再一次與《海峽時報》前老闆韓福光一起合作，是我的福氣。他對新加坡政治、歷史，和政府體制的透徹認知，讓我和團隊獲益良深；他對我的初稿所做的點評並沒讓我意外：敏銳深刻、一針見血，卻總是帶著善意與溫柔。

世界科技出版社毫無保留地對這個寫作計畫付出支持和熱忱，我還真是想不起有哪一次他們對我的要求和建議說「不」的。作者能與出版社有著如此融洽的合作關係，是我的榮幸。謹此向潘大揚、蔡奉坤、邱意紅、劉濟琛、李貞蓉與江育霖致謝。本書主編王她麗娜（Triena Ong）讓我的文字生色不少，由衷感謝。

張國輝（Truong Quoc Huy）的設計作品我仰慕已久，每個週末都為他給香港《南華早報》的出版物《亞洲一周》所設計的封面而醉心不已。所以，能讓他點頭同意為此書設計封面，在我心中堪稱個人的一項小小成就。看到他那高雅又極具現代感的封面成品，我格外興奮，感謝他給了我的文字一個格調如此優雅的門面。

沒有我在納高的團隊，這部作品不可能順利誕生。尤其是謝瑞英、劉錦華和李珮瀅，不止與我一起投入總統府的採訪工作，也個別與其他受訪者進行採訪，為我提供所有一切必要支援。是他們的想法、觀察、友情，使我的文稿變得更豐富細緻；瑞英、錦華、珮瀅所給予的坦誠回饋，是我深感虧欠的。他們也都在工作上為我扛起其他職責，好讓我能專注於這個項目。珮瀅甚至在第一胎妊娠最後三個月，還在為找照片寫說明而堅持不懈地全情投入。這部作品是團隊努力的成果，而我有幸能與業內最優秀的夥伴們並肩作戰。

最後，我要對身邊的家人所給予我的愛和信任，致上最深的謝意。父親母親、姐妹、岳父岳母，以及工作上生活上不離不棄的伴侶瑞英，他們全是我最堅定的讀者，一直在默默地支持著我，給了我力量去追尋用文字雕琢而成的人生旅程。我的父親更是本著與新加坡政壇曾經的親密接觸而成了本書內容初稿最好的諮詢顧問。我大概再也找不到比他更好的無償專業顧問了。

索引

按中文筆畫順序排列

五劃

六劃

七劃

八劃

九劃

十劃

十一劃

十二劃

十三劃

十四劃

十五劃

十六劃

十七劃

十八劃

二十劃

二十二劃

國家圖書館出版品預行編目(CIP)資料

吳作棟傳(1941-1990)：新加坡的政壇傳奇／白勝暉著；林琬緋譯. -- 第一版. -- 臺北市：遠見天下文化, 2019.12
　面；　公分. -- (社會人文；BGB477)
譯自：Tall order : the Goh Chok Tong story
ISBN 978-986-479-883-4 (精裝)

1.吳作棟　2.傳記

783.878　　108020982

社會人文 BGB477

吳作棟傳（1941-1990）

新加坡的政壇傳奇

Tall Order: The Goh Chok Tong Story

白勝暉 — 著
林琬緋 — 譯

總編輯 — 吳佩穎
責任編輯 — 陳珮真
校對 — 郭芳萍
封面設計 — 張議文
全書圖片 — 彩頁照片來源見各圖標示。內文 p.5, 18, 23（中間一列照片）,24, 102-103, 198-199, 342-343, 380-381 為新聞及藝術部藏品／新加坡國家檔案館提供；p.22-23（第三列共三張照片）為新加坡國家檔案館提供；其餘除個別標示外，皆為吳作棟提供，謹向所有提供單位及個人致謝。

出版者 — 遠見天下文化出版股份有限公司
創辦人 — 高希均、王力行
遠見．天下文化 事業群董事長 — 高希均
事業群發行人／CEO — 王力行
天下文化社長 — 林天來
天下文化總經理 — 林芳燕
國際事務開發部兼版權中心總監 — 潘欣
法律顧問 — 理律法律事務所陳長文律師
著作權顧問 — 魏啟翔律師
社址 — 臺北市 104 松江路 93 巷 1 號
讀者服務專線 — 02-2662-0012 ｜ 傳真 — 02-2662-0007；02-2662-0009
電子郵件信箱 — cwpc@cwgv.com.tw
直接郵撥帳號 — 1326703-6 遠見天下文化出版股份有限公司

電腦排版 — 極翔企業有限公司
製版廠 — 東豪印刷事業有限公司
印刷廠 — 中原造像股份有限公司
裝訂廠 — 精益裝訂股份有限公司
登記證 — 局版台業字第 2517 號
總經銷 — 大和書報圖書股份有限公司 電話／(02)8990-2588
出版日期 — 2021 年 12 月 30 日第一版第 2 次印行

定價 — NT 600 元
ISBN — 978-986-479-883-4
書號 — BGB477
天下文化官網 — bookzone.cwgv.com.tw

天下文化
BELIEVE IN READING